COLLECTION FOLIO

Alix de Saint-André

Garde tes larmes pour plus tard

Gallimard

Alix de Saint-André a été journaliste à Paris avant de se consacrer à la littérature.

Elle a écrit entre autres un roman policier, *L'ange et le réservoir de liquide à freins*, un essai théologique, *Archives des anges*, un roman sur les grands hommes, *Papa est au Panthéon*, et le récit picaresque de ses trois pèlerinages à Saint-Jacques-de-Compostelle, *En avant, route !* Son septième livre, *Garde tes larmes pour plus tard*, est une enquête sur les mystères de sa vieille amie Françoise Giroud, fondatrice de *L'Express* et première secrétaire d'État à la Condition féminine.

À Alain et Caroline,
les enfants de Françoise

Il n'est point de secrets que le temps ne révèle.

Jean Racine, *Britannicus*

1

VERLAINE

Un Verlaine en Pléiade au dos tout creusé, et une paire de chaussures dorées avec un trou au bout pour laisser passer deux doigts de pied… Étrange. Je n'aurais jamais imaginé Françoise plongée dans la poésie (et à ce point d'usure d'une collection réputée si solide, il en avait fallu des lectures !), et ces sandales incongrues, façon Midi Riviera, presque vulgaires, beaucoup trop dorées, accessoires d'une féminité arrogante, mais qu'elle avait quand même emportées dans ce palace breton plein d'enfants où nous avions atterri alors qu'elle était malade et très âgée, un peu déboussolée.

Le Verlaine m'émut ; les sandales me surprirent, révélant un autre pan de sa vie privée, à une époque où je ne l'avais pas connue et où elle devait avoir de sacrés pics hormonaux. Avant qu'elle soit rangée des voitures, à tous les sens du terme, et n'adopte cette phrase de Coco Chanel, souvent répétée : « Un homme vieux quelle horreur, un homme jeune, quelle honte ! » La question semblait close, mais elle me demandait si je draguais le soir, comme si c'était la seule chose à faire, à mon âge, soulignant que l'amour donne bonne mine — idée absurde à laquelle elle était très attachée, mais dont ma pâleur naturelle, cendrée de tabac, ne pouvait guère fournir d'utile contre-exemple.

J'étais bien plus à l'aise pour lui parler de Chateaubriand, qu'elle avait aussi embarqué et dont elle était étrangement familière. Pourquoi « étrangement » d'ailleurs ? Comme si l'on adoptait le style des écrivains qu'on admire... Beaucoup prétendent relire des classiques en vacances ; Françoise le faisait pour de vrai. Par plaisir. Pour la secrète volupté que procure la littérature dans sa jouissance poétique originelle, où chaque lecture est meilleure que la précédente, comme une mélodie qu'on a toujours plus de joie à réécouter ; dans la mythologie grecque, les Muses, mères des arts, ne sont pas pour rien les filles de Mnémosyne, la déesse de la Mémoire.

Je lui soutenais que tous les chefs-d'œuvre étaient drôles : le Noble Vicomte, précipité au bas de son cheval, les quatre fers en l'air devant Louis XVI, pour leur première rencontre, c'était plutôt cocasse, non ? Et, en Angleterre, quand il veut épouser la fille du pasteur, et oublie qu'il était déjà marié ? Ou, en Amérique, son rigodon avec les sauvages ? Mais l'humour de François René ne lui sautait pas aux yeux ; son rapport avec les auteurs n'était pas désinvolte ; elle était très sérieuse, Françoise.

Un Verlaine et des sandales... Elle ne s'en est pas servie. Sa cervelle était trouée comme ses chaussures ; elle avait une cheville abîmée, souvenir de « ces messieurs » pendant l'Occupation, disait-elle, et redoutait les escaliers ; plus tard l'un et l'autre, sans qu'on sache qui avait commencé, de la cervelle ou du pied également incertains, l'entraîneraient dans une chute fatale sur le tapis rouge du grand escalier de l'Opéra-Comique.

L'adjectif « comique » flanque un peu par terre la fatalité ; il n'est pas sûr que le tapis fût rouge, ni surtout même qu'il y en eût un, et elle ne mourut pas sans passer par un séjour à l'hôpital, comme il arrive de nos jours où les frontières entre la vie et la mort se perdent dans un no man's land de machineries entuyautées — au moins le sien fut-il rapide.

J'aurais dû la revoir en décembre cette année-là ; elle m'avait invitée sur le pouce, au téléphone, pour du caviar et du pain azyme, un soir que je passais par Paris, mais j'étais en train de finir un livre sur ma nounou, et celle qui lui avait succédé dans ma vie avait un cancer en phase terminale ; je ne me voyais pas aller me goberger de caviar chez ma riche et célèbre Françoise, pendant que je n'irais pas davantage rendre visite à ma pauvre vieille Mimi inconnue qui l'avait naguère servie à table ; c'était une sorte de fidélité à mon sujet, à mon histoire. Ma fidélité aux cuisines. Si encore j'y étais allée !

Comme Françoise, Mimi habitait le quartier, l'austère VIIe arrondissement, mais elle ne m'avait pas invitée. Elle allait mourir bientôt — sans peur et sans reproche. Ou bien, m'avait-elle expliqué, Dieu n'existait pas, et elle ne souffrirait plus ; c'était toujours ça de pris ! Ou bien il existait (ce qu'elle aurait préféré à tout considérer) et elle était prête à affronter son jugement, avec le dossier qu'elle avait, c'était du gâteau ! Fille du Nord, travaillant depuis l'âge de onze ans, Émilienne n'avait pas besoin d'un avocat pour assurer sa défense... Et, bavarde comme elle l'était, on allait l'entendre jusqu'au plus haut des cieux ! L'hypothèse de plus en plus imminente de cette joute céleste éclairait la fin de sa route d'un franc désir de bagarre mêlé à l'espoir d'une justice enfin triomphante... Irréductible Mimi !

À ce moment-là, je terminais interminablement l'hagiographie de ma nounou d'avant Mimi, ma vraie Nanie, l'originale, le modèle, une personne à laquelle Françoise n'aurait jamais consacré une ligne — et franchement ratée selon ses critères : sans parler de gloire ou de fortune, elle n'avait eu ni un vrai métier ni même de vrais enfants... Handicapée, paysanne, et merveilleuse cependant... Pas cependant du tout, d'ailleurs : merveilleuse, évidemment ! Amoureuse d'un paysan juif allemand, tout doré d'Argentine, sur les bords de la Loire pendant la guerre, qui plus est... Dans ma candeur obstinée, je voulais dévoiler quelque chose à Françoise avec ce portrait que j'écrivais en grande partie pour elle, lui ouvrir un pan de douceur angevine et de tendresse humaine, de cœur, de drôlerie, que sais-je encore ?

D'ailleurs, je ne sais toujours pas pourquoi, vu notre différence d'âge, je me mêlais toujours de vouloir faire son éducation… Mais c'était une constante de ma part, et il est sûr que, si je ne suis pas allée dîner chez Françoise en cette fin décembre, c'était, d'une certaine façon, idiote, pour lui faire la leçon.

Ce soir-là, elle tenait à me montrer ses nouveaux cheveux, qu'elle avait enfin accepté de laisser devenir blancs, avec l'aide de son coiffeur, et dont elle était très fière. Des cheveux qui révélaient une espèce d'abandon des chaussures dorées ; l'acceptation d'enfin « faire son âge » d'arrière-grand-mère, qu'elle était depuis bien des années déjà, sur le papier du moins, et de passer la main à la génération montante. Un signe qu'elle affichait gaiement, et qui m'inquiétait comme un lâcher de rampe…

Françoise ne les a pas longtemps portés, ses cheveux blancs, et je ne les lui ai jamais vus que sur une seule photo, terrifiante, avec des lunettes noires, prise le soir de l'Opéra-Comique. En revanche, quand j'y repense, j'avais toujours connu ma nounou avec des cheveux blancs. Pas une photo d'elle, même jeune, sans un chignon gris, et plus tard légèrement mauve ou bleuté, parfois, grâce à la coiffeuse.

Les Parisiennes vont chez le coiffeur, et les

provinciales chez la coiffeuse ; ce n'est pas là une mince frontière.

Bref, je l'ai laissée seule avec son caviar pour travailler mon livre. Ou faire mine. Je la verrais quand il serait fini, voilà tout. Le travail était le seul argument qu'on pouvait opposer à Françoise. Elle comprendrait quand elle le lirait. Plus tard. Bientôt...

Jamais, en fait.

De retour en Anjou, je l'ai terminé la nuit de sa mort, dans une étrange course contre la montre, où je me répétais son mantra « Travaillez, travaillez ! », une bougie allumée, la sachant agonisante, dans une proximité spirituelle aiguisée par cette grande fatigue dont Peter Handke a décrit les délices. Comme si elle me tenait la main pour achever l'histoire de cette femme de peu dont elle ne saurait jamais rien.

Notre amie Micheline m'avait avertie, le samedi soir, au téléphone, qu'elle était tombée pour toujours dans le coma, qu'elle n'en sortirait jamais, et que Caroline, sa fille psychanalyste, le lui avait annoncé ; cela dépendait d'elle, que ça dure ou pas, des années, comme ça... Connaissant Françoise, Micheline était sûre qu'elle n'allait pas traîner une journée de plus, et qu'elle ne passerait pas la nuit... Comment l'aider ? Que faire pour demeurer à ses côtés ? L'accompagner ?

Elle disait croire aux « forces de l'esprit », à l'instar de François Mitterrand, son presque jumeau, qu'elle avait gardé à l'œil jusqu'à sa disparition en guise de thermomètre-étalon de sa propre santé. Ces forces-là, sur lesquelles je l'avais interrogée sans autre succès, sur la plage, que la définition grognée d'une espèce de justice immanente — la certitude que le mal ne pouvait triompher à long terme en ce monde —, devaient bien autoriser quelques cierges, tant qu'elle était encore en vie… Le mieux que je pouvais faire pour elle était de terminer mon livre. Allons : « Au travail ! » Jusqu'au bout du plongeoir.

Nous souffrions d'un syndrome fréquent chez certains journalistes pour qui les mots sont vitaux : ce mal fou à nous les arracher des tripes dans des nuages de fumée, incapables de les trouver ailleurs, d'écrire du bout des doigts ou de la tête, comme font les autres, apparemment, sans s'y mettre au dernier moment, avec le gong d'un délai de bouclage, le si bien nommé « deadline », la ligne mortelle, pour déclencher soudain la furie et mobiliser l'énergie. Avant, on tourne autour, on renifle, on se documente interminablement, paralysé, aboulique, on griffonne, on ruse… Et tout ça pour des papiers qui seront lus et oubliés aussi vite, comme si c'était la peine, avait-on besoin de se mettre dans des états pareils, d'en baver autant, de porter des corrections jusqu'à la dernière minute, jusqu'au moment où il serait vraiment trop tard, mais toujours à temps, miraculeusement, après une cavalcade dont on sort à bout de nerfs, vidé, exsangue, et dans un délicieux flot d'adrénaline, heureux comme des enfants debout sur leurs châteaux de sable quand la mer arrive enfin, et leur recouvre les pieds.

Mais comment écrire, Seigneur, sans se faire un sang d'encre ? Si on le savait ! La tête de Pivot à la télé quand Françoise lui avait dit combien les mots lui coûtaient… À votre âge ? Avec votre talent ? Ce serait, paraît-il, justement, la rançon du talent, comme le trac chez les comédiens. Je n'en sais rien, et je ne l'espère plus trop aujourd'hui que ce mal m'a quittée. En tout cas, comme l'amour dans les films de Truffaut, l'écriture nous était une joie et une souffrance.

Françoise disait qu'avec l'âge, quand même, elle écrivait plus vite et mieux ; je n'en étais pas encore là, et n'étais pas si sûre de ce « mieux »… En tout cas, elle avait réussi à passer du rythme d'un hebdomadaire, où elle gardait toujours la montagne russe d'une chronique, à celui de livres annuels, avec sa grande force de concentration, et en s'imposant une discipline qui reproduisait la même tambouille intérieure : de courts chapitres calibrés comme de longs articles, écrits à heure fixe, et trouvant leur mesure finale aux alentours de deux cent cinquante pages. Ses livres faisaient tous, toujours, et sans qu'elle sût pourquoi, la même longueur… Son éditeur lui en faisait grands compliments ; on l'invitait partout, personne n'en disait de mal, et plus ils se vendaient, plus elle était contente, comme un directeur de journal de ses tirages. Ce n'était pas ma façon de juger les livres, mais pourquoi bouder son plaisir ? Cela n'avait rien de déshonorant, comme elle l'aurait dit, et elle n'avait jamais prétendu prendre la succession de Proust.

Persuadée au contraire que la littérature, pour laquelle j'avais quitté Paris et le journalisme, devait s'élever à la hauteur des arbres qu'on abattait pour elle, mais ne possédant que des ressources internes de sprinter pour courir ce marathon, j'avais toujours autant de mal à me mobiliser, à me concentrer, à mon quatrième livre, dans ce temps atrocement libre, sans chercher dans l'alcool un ersatz à la divine adrénaline, et dans ma nature lambine et perfectionniste — voire dans la douceur lénifiante des bords de Loire — un atermoiement perpétuel à la pose d'un point final.

Françoise trouvait que je n'en finissais pas ; elle n'était pas la seule…

Nous finirions donc ensemble, ouvrant un tunnel de mots à la lueur des bougies dans les parois tremblantes de cette nuit en carbone.

« Travaillez, travaillez ! », sa voix dans les oreilles, le ventre noué, les cheveux hirsutes, mais riant presque, j'achevai enfin le dernier chapitre, la dernière phrase, comme pour la libérer. C'était vraiment la fin. Aucun doute.

Je franchis le deadline, et lui laissai ma copie sur le bureau, nos derniers devoirs accomplis, et, descendant la veilleuse dans ma chambre sans oser la souffler, je plongeai dans le sommeil.

J'appris sa mort à un feu rouge, par Florence, au téléphone, dans la matinée, en voiture pour la messe au carrefour du Centre Leclerc qui n'était pas encore devenu cet atroce rond-point pour capsule de martiens… Sans surprise, elle était morte à l'heure exacte de mon point final, comme j'aurais dû m'y attendre si j'avais vraiment eu la foi, au trop sinistre commencement d'un jour chômé, sans intérêt pour elle : un dimanche ! Le Jour d'un Seigneur qui n'existait pas.

Au moment où je terminais cette longue lettre à ma Nanie par cette phrase : « Nous sommes le 19 janvier 2003, et je voudrais surtout que tu ressuscites encore une fois. S'il te plaît ! », Françoise est morte.

2

LE STROMBOLI

Françoise est morte depuis bientôt dix ans, et son image se troue dans ma tête comme une pellicule sous la flamme ; on dirait une chauve-souris, parfois, quand j'y pense.

Nos cellules ne vivent pas si longtemps ; elles ont été renouvelées, et l'on n'est plus la même personne, déjà au bout de sept ans. Le corps est entièrement changé. Il n'en reste rien. Plus aucune pièce d'origine. À part des millions de neurones qui se barrent à toute vitesse. Mais les yeux qui ont vu Françoise, par exemple, ne sont plus là. Aucune paire. Mes yeux actuels ne l'ont jamais vue.

Quant à elle, elle a cramé, selon sa volonté, que je trouvais pénible pour ses proches… Je le lui avais dit, mais elle savait très bien ce qu'elle voulait, et même décrit très précisément l'effet produit dans son roman *Les Taches du léopard*, que personne n'avait encore lu, puisqu'il parut une semaine après la cérémonie.

N'ayant aucun goût pour les cimetières, elle n'y demeurerait pas. Selon sa volonté, on la pulvériserait sur des rosiers. Fin. Une façon chic et radicale d'envoyer sur les roses toute tentative de recueillement posthume. De se disperser définitivement. De couper court à toute possibilité de posthume tout court, puisque *post humus* signifie « après la terre », de la façon que nous l'écrivons, d'après une fausse étymologie que Littré aurait voulu que l'Académie corrigeât, comme si c'était son genre (dans sa neuvième et dernière édition elle se contente de dire que c'est une orthographe fautive de *postumus,* « dernier », indûment rapproché de *humus,* « terre », et de *humare,* « enterrer »), et elle nous laisse fauter, l'Académie, bonne fille, depuis le temps que nous orthographions posthume avec ce joli *h* au milieu, muette cheminée d'où s'envole l'esprit, pour y voir l'humus, cette terre végétale et tendre fraîchement remuée au cimetière, prête à accueillir le nouveau mort, de retour chez lui, en lui-même, en sa nature profonde, adamique, boueuse, de terrien fait de terre et d'eau tout au commencement du monde, mais où Françoise n'a pas voulu reposer, à jamais poussière dans les airs.

Elle aimait le soleil et la mer ; la terre n'était pas son truc. Ni le repos, d'ailleurs. On ne jardinerait pas sur sa tombe. Ni fleurs ni cailloux.

La seule chose posthume qu'elle laisserait serait ce livre que personne n'a lu. Ou presque.

Le 6 juillet 2012, j'ai embarqué sur le bateau que nous aurions dû prendre ensemble si elle n'avait pas été malade, l'année de La Baule, et où je reviens chaque été pour entreprendre la rédaction de ce livre sur la petite table en tek que le commandant, Benoît Donne, et sa femme, Francesca, devenus des amis, ont installée dans ma cabine.

À l'aube du troisième jour de mer, en croisant le Stromboli, vieux volcan à la peau de crocodile, j'eus presque un fou rire. Son étrange présence et sa beauté sauvage me rappelaient quelqu'un… Contrairement à lui, Françoise avait arrêté de fumer, très tard, mais, question caractère, ils se ressemblaient ; un violent bouillonnement intérieur, une grande fertilité extérieure, et ce bonheur intense à cramer debout en plein soleil, les pieds dans la mer.

Dans le journal du bord, Benoît constata alors qu'il avait reçu Françoise à sa table de commandant tout juste treize ans plus tôt, le 9 juillet 1999. À Malte, où nous serions bientôt, à notre tour… Dans son journal, Françoise notait : « Moi, ici, je suis un chat au soleil, indifférent au reste de la terre. » La Méditerranée était bien le meilleur endroit pour partir à sa recherche.

Le spectacle de la mer, seul, la comblait, et le soleil, seul, avait réussi à recoller sa tête, jour après jour, en Bretagne. Sans chapeau. Rien à faire. Mais je voyais chaque jour ses progrès dans les devoirs de vacances que je lui avais emportés, son livre d'entretiens avec Martine de Rabaudy, dont les corrections passèrent de poussives à lumineuses en cinq jours, sans qu'elle me laissât jamais ouvrir le parasol de la table de jardin où nous nous mettions au travail, à côté de la piscine, chaque matin, sous l'œil réprobateur des mères de famille qui ne m'auraient jamais engagée comme baby-sitter…

Aujourd'hui, ses biographies ajoutent des pièces au puzzle, sans combler les trous. Alors que son ADN demeure dans presque toutes ses phrases, je ne l'y retrouve pas. Leurs erreurs me font bondir. Et leurs interprétations me hérissent souvent ; mais les miennes valent-elles mieux ? Comme les voyantes, dès que je veux interpréter, je me trompe… N'empêche, je ne peux pas m'empêcher d'y retourner, de rechercher, de gratter, de remonter la seule piste valable, cette trace sanglante de l'encre qui sèche un peu moins vite que les autres… De vouloir démentir des erreurs trop manifestes, parfois dues à la paresse, dont elle avait horreur, et d'autres à la méchanceté pure. De vouloir redresser les torts. Faire ma don Quichotte, au point d'en avoir de véritables hallucinations, dignes du délirant chevalier dont j'ai à peu près l'âge, désormais… À quoi bon ? De quoi je me mêle ?

D'abord, Françoise n'aimait pas *Don Quichotte*, qui lui tombait des mains, et ensuite elle disait se moquer de ce qu'on écrirait sur elle après sa mort. Qu'elle avait le cuir dur. Elle avait accepté elle-même la candidature de l'auteur de sa première biographie, Christine Ockrent, parmi ses amies journalistes stars de télévision, comme un mal nécessaire pour éloigner tout autre volontaire du chantier, à la condition que la publication en fût post mortem, et considérant peut-être sa vie sous l'angle d'une carrière exceptionnellement réussie, vu les compliments dont on la couvrait sans cesse à cette époque-là, où elle fut même reçue un après-midi entier chez Michel Drucker, comme une grande gentille vedette de music-hall, apogée de la consécration populaire et familiale.

N'empêche… Quand Caroline lui apprit que Christine Ockrent, au lieu d'explorer ses archives, rôdait avec son carnet de notes dans l'entourage de son passé à elle, Françoise réagit avec une violence de mère tigresse et la convoqua à déjeuner pour la menacer de lui crever les yeux avec une fourchette, si jamais elle touchait à un seul des cheveux de sa fille.

Elle était très fière de cette mise en garde sauvage, qu'elle m'avait répétée. À Martine de Rabaudy, elle précisa : « Caroline, qui est ce que j'ai de plus précieux au monde »…

Mais les morts n'ont pas de fourchette.

Voilà le hic.

Ont-ils encore des amis ?

En plein hiver, l'enterrement dans les journaux et par les journaux de cette « grande dame du journalisme », ancien ministre de la Condition féminine et de la Culture, auteur de nombreux best-sellers, unanimement encensée dans tous les médias, ressembla à un deuil national. Un consensus général. Il n'y eut guère que deux universitaires dans *Le Monde* pour s'en formaliser et déceler dans l'ampleur de ces pompes funèbres une envahissante autocélébration corporatiste de la société du spectacle.

Le 22 janvier 2003, le Père-Lachaise avait pris des allures de Panthéon pour célébrer les adieux à Françoise Giroud. Dans un froid de loup, la présence d'une foule émue et nombreuse témoignait de son immense popularité, dont j'avais perçu la profonde douceur à La Baule, en voyant nombre de vacanciers, surtout des femmes, la regarder de loin avec attendrissement sans oser l'approcher, ou, quand ils la croisaient, intimidés, lui murmurer simplement « Merci », comme autant d'ex-voto à une espèce de Mère Teresa.

À l'intérieur, avec la famille, les amis, nous étions tout à cette douleur nouvelle d'avoir perdu Françoise que nous aimions. La mort, même annoncée, est toujours une surprise, une stupéfaction. Son souffle décoiffe et attendrit comme une espèce de trêve, fût-ce dans le décor de cet atroce temple néobyzantin du Père-Lachaise, sans religion ni culte, où une machinerie engloutit le cercueil vers les flammes du sous-sol comme à la fin de *Dom Juan*… Françoise avait crânement écrit qu'elle irait griller en enfer — auquel elle ne croyait pas, bien sûr. Mais qu'allait-il lui arriver ? Malgré ce spectacle, la question ne pouvait rencontrer aucun écho autour de moi ; aucune, parmi toutes ces personnes cultivées du début du XXIe siècle, pour qui l'au-delà eût la moindre réalité en dehors du théâtre ou de l'opéra.

Caroline Eliacheff, la fille de Françoise, m'avait demandé de préparer quelque chose à lire pendant la crémation, et, devant tous ces journalistes et ces ministres qui la connaissaient depuis des lustres, les officiels, les gloires vieillissantes qui étaient de très vieux amis à elle, ou bien cet avocat parisien qui avait été son amant et racontait ça sans vergogne au micro, ou encore les plus jeunes survivants de ses aventures humanitaires, je parlai de cette semaine à la plage que nous avions passée ensemble, et de ses lecteurs, qui lui étaient si chers, à ses lecteurs, qui se gelaient dehors. Sa plus belle histoire d'amour, c'était eux ; il fallait que quelqu'un le leur dise.

À la sortie, Christine Ockrent, que je voyais pour la deuxième fois de ma vie, me serra dans ses bras. Une espèce d'*abrazo* à l'espagnole, ou de *hug* américain, curieuse accolade — surtout vis-à-vis de Françoise qui détestait les effusions — contact imposé avec un corps plein de muscles et de tendons, tout en sport, sans chair.

Plus tard, chez elle, Caroline avait réuni autour de sa famille des amis de Françoise et les siens. Elle avait écrit et lu sur sa mère un très beau texte. Sa voix était originale, profonde, nouvelle, mais aussi étrange et drôle… J'aperçus deux des petits-enfants de Françoise, le rabbin, Nicolas, barbu dont on disait qu'il ne serrait pas la main des femmes, et Elisha, le plus jeune, qui allait passer son bac et m'expliqua qu'il avait très peu connu sa grand-mère.

Vu de près, Bernard-Henri Lévy était fondant, et son charme, qui transformait Françoise en midinette, irrésistible. D'après notre dernier téléphonage, elle l'avait chargé de sa défense pour la sortie prochaine de son fameux roman qui l'inquiétait tant, *Les Taches du léopard*. Je lui demandai s'il était le chevalier blanc ; il rit. À en perdre la raison, ce philosophe…

Catherine Dolto était la seule à mêler dans sa conversation réalités célestes et chaleur humaine ; on ne se connaissait pas, on se tomba dans les bras pour de vrai et à jamais. Tout héritage est une conquête, et j'ajoutai dans mon panier de funérailles à Caroline son amie Catherine, tonique, généreuse et joyeuse, médecin des âmes et des corps, libre personne qui aimait les anges et en connaissait certains usages étonnants. Pour supporter la mort de ses amis, il faut doubler les doses d'amitié. Au moins. Merci, Françoise !

Mais la seule personne, à ma connaissance, vraiment apte à comprendre mon inquiétude était mère Myriam de la Trinité, la prieure du carmel de Cognac, et je lui envoyai le texte de Caroline sur sa mère, dont je lui avais déjà parlé. Elle me téléphona de sa voix séraphique, et j'ai retrouvé sur une page ces mots jetés du ciel à l'époque : « Femme qui a dû vivre une grande solitude. Tellement extraordinaire isolement. Battante. Tous les noms. Prise à cœur. Méconnaissance l'une de l'autre. On continue accompagner Caroline. Pas grand-chose derrière donc on est là. Elle a la lumière. On la précipite dans la miséricorde de Dieu. C'est le meilleur endroit. Messe pour elle. Nous sommes le centre de l'Étoile, toutes les branches arrivent là. »

Cette étrange étoile, avec son É majuscule, est la *resplendens stella*, l'« étoile étincelante », qui désigne le monastère de San José, le premier que fonda sainte Thérèse de Jésus, *la Madre*, à Ávila, au début de la réforme de l'ordre carmélite, il y a tout juste quatre cent cinquante ans, à l'été 1562. Mais je songe surtout, en retrouvant ces notes oubliées, que Françoise, toute petite, croyait que chaque nouveau mort allumait une nouvelle étoile dans les cieux, où elle chercha celle de son père jusqu'à ce qu'elle lui attribue l'étoile Polaire.

On peut faire toute confiance à mère Myriam et à sa joyeuse bande de filles, carmélites cloîtrées au sourire si doux, pour procéder à ces célestes allumages ! À tel point que j'avais même oublié cette conversation…

En revanche, je me souviens très bien m'être lancée dans la rédaction d'une lettre interminable de quatorze pages, sept pages recto verso, manuscrite, dont j'ai retrouvé le brouillon, tapé, à Caroline sur sa mère, qu'elle appelait Françoise, ce qui faisait râler l'intéressée dans l'ascenseur de La Baule, pour lui raconter celle que j'avais connue à une époque où elles se voyaient peu et communiquaient par livres interposés, ou par fax, ainsi que mes élucubrations sur le signe éclatant de ses cheveux devenus tout blancs, comme un drapeau de paix.

En réponse à son texte sur Françoise, où elle évoquait les journalistes qui s'étaient prises pour ses filles, dont je ne faisais pas partie : j'avais une mère, et savais mon métier avant de la rencontrer. La fille unique, c'était elle. Aucun doute. Je n'avais jamais écrit une lettre aussi longue à personne. Cela me paraissait important. De rendre à Caroline sa part, certaines munitions qui pouvaient lui manquer pour nourrir et défendre l'amour de sa mère. De la conforter dans l'idée qu'elle s'en faisait. Mais de lui raconter aussi comment étaient les gens qui écrivaient, vus de l'intérieur... Tant que le visage de Françoise était proche et son souvenir brûlant. Avant d'oublier. Sous le coup de l'émotion. Et à cause de cette histoire d'yeux crevés et de fourchette ; je me doutais que le pire n'allait pas tarder.

Déjà les journaux publiaient n'importe quoi. Même dans *L'Express*, où, racontant sa dernière sortie, Jacqueline Rémy écrit que « Florence Malraux, qui l'accompagnait, avait omis de lui donner le bras, à cet instant. Ou bien Françoise Giroud ne le lui avait pas offert. La grande dame a roulé sur l'escalier d'honneur, de marche en marche vers sa mort ». On fait des procès pour moins que ça ! Homicide par imprudence — et journalisme par ignorance : partie chercher leur vestiaire, Florence n'était même pas là lors de la chute, où Françoise était entourée de nombreux hommes de ses amis, dont aucun n'était manchot.

Montée sur les grands chevaux de ma Gascogne paternelle, je m'étranglais au téléphone avec Florence, qui gardait son angélique sérénité ; les journalistes écrivaient n'importe quoi sur elle depuis son plus jeune âge ; elle avait l'habitude, et ne démentait jamais rien, comme son père, mon héros… N'empêche, j'inaugurai ma carrière de Calamity Jane à fourchette en traquant l'auteur de cet article jusque sous les lambris du Lutetia, quelque temps plus tard, pour lui demander de corriger son texte ou de le retirer, car on pouvait toujours le trouver sur Internet ; il restait gravé dans le marbre électronique. Et que les Malraux, père et fille, m'importent. Sans succès. Il est toujours là. Tel quel. Il y a des journalistes que la vérité ne concerne pas ; elle les embêterait plutôt. D'ailleurs ils n'y croient pas.

De toute façon, dès la première ligne du chapeau de l'article, ça commençait mal : « Parfumée de *Jicky*… » Impossible ! Je portais souvent ce Guerlain léger, de bois et d'ambre, qui passait pour être un parfum d'homme avant d'avoir été adopté par les femmes au temps lointain de la jeunesse de ma mère, mais à l'opposé total de l'*Opium* de Saint Laurent, oriental, épicé, lourd et voluptueux que Françoise mettait à La Baule.

Quand Caroline me téléphona au sujet de ma lettre sur ses cheveux blancs, je lui demandai si sa mère avait jamais porté *Jicky* : « Non, c'était le parfum de mon père ! » me répondit-elle. Par ricochet, c'était aussi celui de son frère… Quant à Françoise, avant la création d'*Opium*, en 1977, elle portait *Sous le vent*, un autre Guerlain, mais d'une aussi arrogante et voluptueuse féminité que son Saint Laurent.

Voilà au moins un point éclairci et solidement établi. Mais qu'en faire ? Un communiqué à l'AFP ? Un démenti ? Impossible, et rien désormais n'empêcherait les journaux de se copier les uns les autres à l'infini…

Pourtant le choix d'un parfum n'a rien d'anecdotique pour une femme, et il est essentiel, quand on n'est plus que poudre et âme, de continuer à répandre sa véritable odeur — même si elle n'est pas de sainteté. Une effluence d'*Opium* en dit plus sur Françoise que la moindre de ses biographies.

Et, dans ce domaine, on allait être servi…

La vie des morts célèbres est pleine de rebondissements. Le repos éternel est devenu une véritable illusion dans leur cas, et Françoise, pour sa part, n'eut guère la paix que pendant une saison.

Dès la mi-mai parut *Françoise Giroud, une ambition française* de Christine Ockrent que Christophe Ono-dit-Biot, pour citer l'avis d'un professionnel extérieur à l'entourage, qualifia de « biographie au vitriol ». Pourquoi tant de haine ? Face à ceux qui l'interrogeaient sur son étrange entreprise de démolition, la journaliste protesta de sa fidélité à son modèle qui n'aurait pas supporté une hagiographie : le récit de la vie d'un saint... Avait-elle toujours en travers de la gorge la critique du 19 septembre 1996 dans *Le Nouvel Observateur*, où Françoise lui reprocha vertement d'avoir offert à Le Pen une tribune à la télévision, et de s'être pris une « dérouillée qu'elle n'avait pas volée » ?

Au lieu de célébrer sa réussite, Christine Ockrent semble reprocher à « Giroud », comme elle la désigne la plupart du temps, d'avoir mis son talent et son travail au service de cette France idéale, républicaine, laïque et universelle dont rêvaient ses parents, Juifs turcs de Constantinople, et surtout d'y avoir excellé au point d'incarner sa quintessence même, la Parisienne, pour lui remettre le nez dans ses origines exotiques et le mauvais bas-fond social d'où elle n'aurait jamais dû sortir. Comme s'il s'agissait d'une imposture qui n'aurait abusé personne dans sa Bruxelles natale, alors que chacun sait, à Paris, qu'il n'y a pas plus patriote qu'un naturalisé, plus parisien qu'un étranger, ni plus croyant qu'un converti — spécialement dans une capitale qui s'honorait d'avoir un Juif polonais, le cardinal Aaron Jean-Marie Lustiger, pour archevêque depuis presque vingt-cinq ans !

Le malaise ressenti à la lecture de ce « parfait manuel de trahison s'il est une perfection dans cet ordre », selon Angelo Rinaldi, fidèle commensal de Françoise, qui flingua le bouquin dans *Le Nouvel Observateur,* s'aggravait, pour moi, du piège que Christine Ockrent avait refermé sur tous ceux qu'elle avait interviewés pour les transformer en complices de ses basses œuvres. Comme elle n'utilisait pas de magnétophone, nous avions été nombreux à lui demander de relire et corriger les propos qu'elle nous attribuait, bourrés d'erreurs, dues, en plus de son absence de dons pour la sténo, à un emploi hasardeux du copié-collé… Mais la nôtre fut de ne pas demander à lire les chapitres en entier pour goûter la sauce vacharde dans laquelle elle avait englué nos paroles, mélangées avec la prose de Françoise, pour cuire sa soupe. Il était trop tard pour protester. Je le fis quand même. Mais ce n'était plus le sujet.

Le fond de l'affaire, sa justification, s'étalait en affiches sur tous les kiosques, reprenant un chapitre publié en extraits par Franz-Olivier Giesbert dans *Le Point* : « Giroud : le scandale des lettres anonymes ». *Quid ?* Christine Ockrent avait découvert que Françoise avait envoyé des lettres anonymes obscènes et antisémites aux parents et à la fiancée de Jean-Jacques Servan-Schreiber ainsi qu'à leur entourage pour faire capoter son mariage avec la jeune Sabine, en

1960. Elle fut donc sacrée « célèbre auteur de lettres anonymes », ce qui relève du calembour, car, par définition, une lettre anonyme n'a pas d'auteur, et l'on se borne à espérer que sa date de naissance, le 21 septembre 1916, nous épargne à l'avenir de découvrir que Françoise Giroud était aussi la mère du soldat inconnu.

Ne cessant de proclamer son amitié pour son modèle, qui l'avait, soi-disant, mandatée pour une entreprise qui la conduirait à dégringoler post mortem des autels de sainte laïque aux enfers de franche salope en quelques mois, Christine Ockrent ne s'était pas même donné la peine de l'interroger sur son « scoop » pendant leurs nombreux entretiens... Par pudeur, expliqua-t-elle à la télévision. La moindre des choses eût été de donner la parole à la défense — quand elle était encore en vie.

Personne ne parut remarquer non plus que la publication et la citation de semblables lettres relèvent exactement de la même odieuse logique que leur écriture. Leur contenu reste toxique. Et si Françoise était le corbeau, je me demandais quelle était la balance qui avait conservé si soigneusement de tels documents — bien planquée sous l'anonymat dû aux sources journalistiques — pour en livrer si opportunément la révélation, quarante ans plus tard, à une biographe qui n'eut pas le scrupule d'interroger leur supposé auteur à leur sujet.

Pour certains, dont moi, l'existence de ces lettres, sinon leur contenu, n'était pas un scoop, mais nous redoutions l'effet de cette révélation sur Caroline et sa famille, en plein deuil, et qui n'en savaient rien.

D'autres, parmi ses amis, après avoir pris la température de l'opinion, comme son cher BHL, ex-futur chevalier blanc, « n'arrivant pas à prendre parti », balancèrent à la défendre, et y renoncèrent dès qu'ils s'aperçurent que Françoise, morte, avait perdu toute influence ; elle ne risquait plus de leur tirer les oreilles. Si beaucoup de femmes soutinrent que la passion pouvait entraîner bien des ravages (à part Florence Malraux qui me répète chaque fois que, non, elle n'excuse rien, donc je le note !), on vit les mêmes bons apôtres qui avaient chanté ses louanges trois mois plus tôt, rangeant leur crêpe, se répandre sur les mêmes plateaux de télévision et dans les colonnes des mêmes journaux où ils avaient célébré sa gloire pour faire assaut de vertu en proclamant qu'ils désapprouvaient l'écriture de lettres anonymes. Spécialement quand elles étaient obscènes et antisémites. Et même si c'était Françoise qui les avait écrites. Nous voilà rassurés !

Leur virginité morale recouvrée, se croyant obligés d'aboyer avec la meute, ils distribuèrent feu leur chère amie, malgré sa pulvérisation sur les rosiers de Bagatelle, dans le rôle du cadavre de Jézabel, « que des chiens dévorants se disputaient entre eux », triant avec soin les morceaux qu'ils aimaient toujours de ceux qu'ils n'aimaient plus.

À chacun son usage de la fourchette…

Françoise connaissait cette tirade d'*Athalie* par cœur, comme mon père, dont elle avait presque l'âge, et toute leur génération. Son vocabulaire commençait aux pires grossièretés (devant lesquelles elle n'a jamais reculé, dès ses premiers portraits, mettant trois points derrière les *c* et les *p*, comme ça se faisait à l'époque, jusqu'au dernier, celui de Chirac dans *Le Nouvel Observateur*, où s'affichait le verbe baiser en toutes lettres : bouffer, boire et baiser), mais il s'étendait aussi aux vocables les plus sophistiqués dont elle était friande, bien qu'en ayant peu l'usage. La pire vacherie qu'elle m'avait dite sur Jean-Jacques Servan-Schreiber était qu'il avait un vocabulaire de deux cents mots. Et c'est assassin, en effet.

La seule faute de français que je lui connaisse, Baudelaire l'avait faite en dédicaçant *Les Fleurs du Mal* à Théophile Gautier, « parfait magicien ès langue française » ; le magicien lui avait fait remarquer que ce très chic *ès* (contraction de l'ancien français « en les ») commandait le pluriel. Baudelaire avait donc rectifié : « ès lettres françaises »… Françoise, ministre, avait revendiqué dans sa présentation ne pas avoir son bac, mais être « agrégée ès vie ». Il aurait fallu dire « de vie », comme on dit agrégé d'histoire. Ou écrire « ès vies », si elle considérait en avoir eu plusieurs, comme les chats… Mais cette seule faute, inaugurée par un poète, fut corrigée ensuite, quand elle reprit l'expression, en tout cas dans son dernier livre de souvenirs, où elle redevint simple « agrégée de vie ». Pas de quoi fouetter un chat.

Nous nous étions trouvées ensemble devant une semblable question de grammaire, un jour que j'étais allée déjeuner chez elle. Sur le meuble dans l'entrée, elle me montra *Le Nouvel Observateur* où figurait un article de Jean Daniel à propos du général de Bollardière, objet de leur commune admiration pour avoir dénoncé la torture et renoncé à son commandement pendant la guerre d'Algérie. L'appelant par son seul nom de famille à plusieurs reprises, Jean Daniel écrivait « de Bollardière », alors que, la particule « de » étant un article de liaison, il fallait l'enlever quand on n'y attachait rien, prénom ou grade, et écrire « Bollardière » tout court. Vu mon patronyme, Françoise était sûre que je connaissais cette règle, dont de Gaulle constitue une rare exception, et que j'avais entendu bafouer pendant toutes mes années de demi-pensionnat chez les bonnes sœurs : « Ce n'est pas parce que vous vous appelez "*de* Saint-André" que vous avez le droit de... » Suivait la liste de mes forfaits — que ce genre de remarque contribuait fort efficacement à multiplier. Je n'allais pas la ramener en expliquant à Mlle Paulette, la pionne, que, justement, je ne m'appelais pas « *de* »... Des trucs à vous faire couper la tête en d'autres temps ! Plus tard, au lycée d'État, je redevins à chaque appel, avec grand bonheur, « Saint-André » tout court. Comme croix, celle-là me suffisait amplement.

Pourquoi ne pas le dire à Jean Daniel ? Impossible, il était le patron du journal où elle écrivait ; Françoise n'avait pas, selon elle, à lui faire la leçon, et d'ailleurs elle détestait donner des conseils… Mais sa mère, ajouta-t-elle, l'air soudain enchanté de sa trouvaille, avait une excellente solution pour ce genre de situation : elle écrivait des lettres anonymes !

Je faillis m'étrangler. Sa mère chérie ? Parfaitement, pour rendre service aux gens sans les vexer, rien de tel ! Or je savais que Françoise avait écrit des lettres anonymes ; je l'ai toujours su, par des biais qui n'avaient rien à voir avec le journalisme. La mère de Sabine Servan-Schreiber, la belle-mère de Jean-Jacques, qui en avait reçu plusieurs, suivait des stages d'art équestre à Saumur, où mon père était écuyer en chef du Cadre Noir. Elle en avait parlé à mes parents. Et quand j'avais rencontré Françoise, bien des années après, ils n'avaient pas manqué de me le rappeler, pour me mettre en garde contre cette mauvaise femme.

« C'est atroce, lui dis-je, m'étranglant et retournant la question, de recevoir des lettres anonymes : on m'en a envoyé quand je faisais de la télévision. » Il est vrai qu'elles n'étaient guère affectueuses, alors que sa mère devait signer, elle, « une amie qui vous veut du bien »… Et que Françoise semblait tout à fait l'approuver.

Peu après, en 1999, dans une nouvelle de son recueil *Histoires (presque) vraies*, Françoise mit en scène un personnage de vieille dame corbeau, Léonie, charmante veuve qui tape sur la machine à écrire de sa fille des lettres anonymes pour résoudre les problèmes de ses camarades de bridge, dont l'une est kleptomane et l'autre pue du bec. Balancée par son confesseur, au mépris de toute conscience professionnelle, à un commissaire de police goguenard, Léonie, avant de partir en taule, envoie une dernière lettre au curé pour lui annoncer qu'elle finira au paradis parmi les anges, tandis qu'il grillera en enfer… Caroline, quand je lui envoyai ce texte, reconnut en Léonie le portrait de sa grand-mère tout craché. Pourquoi ? « Elle faisait le bien par tous les moyens… »

Une mésaventure pareille à la mienne était arrivée à Micheline Pelletier-Decaux, elle aussi au courant, par je ne sais quel biais, et devant qui Françoise suggéra d'écrire une lettre anonyme pour conseiller à une de leurs amies communes, autre star de la télévision, de renoncer au port de pulls en mohair. Micheline, comme moi, en resta bouche bée… Fallait-il que nous fussions, l'une comme l'autre, emprisonnées dans le carcan de nos éducations conventionnelles, pour rester ainsi, babas et bredouillantes ? Était-ce un test ? Aurait-il fallu lui sauter à la gorge pour la faire avouer ? Quelles preuves avions-nous ? Quel tort avait-elle causé ?

Curieusement, quand Micheline apprit que Christine Ockrent avait mis la main sur les lettres anonymes — mais sans jamais le lui dire ni l'interroger à ce sujet —, nous avons essayé de prévenir Françoise en lui envoyant toute sorte de signaux subliminaux sur sa méchanceté et sa perfidie, mais sans jamais penser à celui-là… Terrible manque d'à-propos !

Aucun doute, d'après les experts, que Françoise ait écrit ces lettres, dans un état psychologique gravement perturbé, ni que, dans le genre antisémite et obscène, elles soient gratinées. En style pure Occupation, un peu démodé pour le début des années soixante, elles révèlent l'origine juive de Jean-Jacques Servan-Schreiber et l'existence de sa sulfureuse maîtresse, dans le but d'abominer les parents de sa promise, aristos catholiques, et d'empêcher le mariage.

Tentative désespérée, si je puis me permettre, dans ce milieu, où le fait que JJSS fût divorcé d'une première femme épousée à l'église — précisément — était bien plus rédhibitoire pour les parents de la fiancée que n'importe quoi d'autre, le pire du pire, car il interdisait à leur fille toute possibilité de mariage religieux (dit « vrai mariage ») avant la mort de celle-là, reléguant sa prochaine union matrimoniale au rang d'adultère, et leurs futurs petits-enfants à celui de bâtards. Ni plus ni moins. Or cette première épouse (Madeleine Chapsal) semblait en bonne santé, et sa stérilité — à moins qu'elle ne l'ait sue et tue avant son mariage — ne constituait en rien un cas de nullité pour le droit canon. « Nul ne peut séparer ce que Dieu a uni. » Théoriquement. Car, comme la future épouse allait atteindre sa majorité, vingt et un ans à l'époque, elle le pourrait désormais — et eux n'y pourraient rien…

Sinon, pour faire passer cette énorme arête, toujours en travers de la gorge de cette génération de parents, leurs filles mineures les plaçaient souvent devant le fait accompli, en prétendant qu'elles étaient enceintes (deuxième arête), ou en le devenant, d'où ils concluaient assez vite qu'elles avaient perdu leur virginité (troisième arête) et donc leur honneur et partant celui de toute la famille… Face à l'effondrement intime de leurs valeurs et à la nécessité d'affronter le qu'en-dira-t-on, car on ne pouvait inviter personne, ni famille ni amis, à une telle cérémonie honteuse, les lettres anonymes étaient la cerise sur le gâteau d'un mariage qui ne les avait jamais enchantés. Pas la peine d'en rajouter. Ils étaient déjà contre.

D'ailleurs, elles n'empêchèrent rien. Le fiancé ne fut pas déporté en Allemagne, Dieu merci, et le mariage (civil) fut célébré le 11 août 1960, à Veulettes-sur-Mer par Émile, père de JJSS et maire de son village, dans la plus stricte intimité. Sans extrapoler sur l'éventuelle félicité des époux, cette union fut, en tout cas, féconde de quatre garçons engendrés en huit ans.

Il n'y a pas eu mort d'homme. Mais il faillit bien y avoir mort de femme, car entre-temps Françoise, désignée par les experts, accusée et virée illico par JJSS du journal qu'elle avait fondé avec lui comme elle l'avait été de sa vie, préféra se flinguer plutôt que s'avouer l'auteur de ces lettres. Difficile d'aller plus loin dans le reniement d'un texte, pour qui refusait de signer la moindre pétition si elle ne l'avait pas écrite de sa propre main… Il lui restait assez de courage et de lucidité pour ne pas se reconnaître dans ces mots-là, qui n'avaient jamais été les siens.

Françoise faillit y laisser la vie, perdit son boulot et la boule pendant un certain temps d'errance… Jusqu'à ce que JJSS retourne la chercher pour la remettre à la tête de son journal, après la naissance de son premier fils, David, tout juste un an plus tard, comme si de rien n'était.

À l'époque où je l'ai connue, elle entretenait des rapports lointains mais cordiaux avec toute la petite famille de Jean-Jacques, de la première épouse au dernier enfant. Ayant à son tour perdu la boule, il se souvenait parfois d'elle, et passa, un jour que j'étais là, par l'intermédiaire de Sabine, un coup de fil à celle qu'il appelait sa « copine », bouleversant. Françoise le qualifia d'historique, légère inflation verbale — signe d'un émoi rare chez elle.

Quant aux aristos et à leurs mœurs sexuelles et religieuses, Françoise ne manquait jamais de souligner, à mon intention sans doute, que sa mère, elle, n'était pas de ces femmes « qui plaçaient leur honneur dans leur petite culotte ! ».

3

UNE HORRIBLE BONNE FEMME

« C'est une horrible bonne femme ! » m'avait déclaré ma mère la première fois que j'étais allée interviewer Françoise — pas seulement à cause de ces fameuses lettres anonymes, dont elle connaissait l'existence par les Fouquières, beaux-parents de JJSS, qu'elle plaignait d'avoir un gendre assez fou pour risquer la vie de ses enfants dans des sorties en mer s'achevant invariablement par l'arrivée des sauveteurs (« Quand tu penses que ce gars-là voulait gouverner la France, on aurait été bien parti ! »), mais aussi de quelques ignominies qu'elle avait en revanche tout à fait signées et revendiquées sur le général de Gaulle, son héros, qui, sauf sous la plume de François Mauriac, n'avait jamais été une figure très populaire à *L'Express*.

Non seulement j'étais prévenue, mais j'étais animée des pires intentions… C'était le 2 décembre 1987, à 16 h 30, d'après mon agenda, Françoise Giroud venait de publier une biographie d'Alma Mahler ; j'allais avoir trente ans, et je travaillais depuis six mois au magazine *Elle*, qu'elle avait dirigé avec Hélène Lazareff à ses tout débuts. Ayant gardé un bon souvenir de *Si je mens*, lu vers mes quinze ans, je proposai, en toute naïveté, dans ce temple dont je la croyais l'idole, d'aller l'interviewer… Ah non, encore ? Ça suffit ! Mais pour qui elle se prend, celle-là… Femme de gauche, mais ministre de droite, et puis revenue à gauche, tu t'y retrouves, toi ? Et ce n'était même pas elle, l'avortement ! D'ailleurs, elle détestait les femmes… Et elle s'occupe de la faim dans le monde, maintenant, en plus, n'importe quoi !

Jeanne-Marie Darblay, la rédactrice en chef, était une amie de Geneviève Dormann, pas vraiment inscrite au fan-club historique de Françoise. Les plus âgées, qui l'avaient connue, se souvenaient que sa sœur Djénane, qui s'occupait de déco, était très sympa, mais elle, tu parles ! Pas marrante, coincée, bosseuse… D'ailleurs, elle lui avait piqué la médaille de la Résistance, à sa sœur ! Et son sourire, hein ? Elle était liftée, alors là ça se voyait ! Et c'était raté, elle n'avait plus la même tête. Mais plus du tout du tout ! Quel âge ça lui fait déjà, soixante-dix ? Soixante et onze !

Son ombre modèle planait toujours au-dessus de ce magazine féminin qu'elle avait snobé pour aller fonder un journal politique. Et sa transformation en monument national, en personnage « incontournable », selon le mot du moment, semblait courir sur quelques nerfs… Son sourire éternel, son espèce d'autorité morale sur on ne sait pas trop quoi… Basta ! En somme, Françoise Giroud avait commis le pire de tous les péchés : elle n'était plus à la mode. Et il était grand temps d'aller se mesurer au mètre étalon du journalisme féminin.

Moralité : Jeanne-Marie Darblay me donna mission, si j'avais envie de l'interviewer, de lui rentrer dans le chou. C'était inattendu mais plutôt drôle, car elle ne devait pas manquer de répondant, et j'avais intérêt à préparer mes arrières… Heureusement, sa théorie sur Alma Mahler — qui aurait dû, selon elle, continuer à composer ses œuvrettes au lieu de se consacrer à son mari — m'agaçait pour de vrai. Quand on est mariée avec un génie, on ne prétend pas gribouiller trois lieder dans son coin. Si j'avais rencontré Malraux, ma grande référence, j'aurais appris à cuisiner des pot-au-feu au lieu de prétendre, comme sa première épouse, Clara, être aussi un écrivain… Fondamentalement, je ne croyais pas au génie féminin, qu'on me montre des preuves ! En plus elle était antisémite et pas du tout sympathique, cette Alma ! Du gâteau… J'étais remontée comme une horloge en terminant le livre et mes questions dans un café du boulevard de La Tour-Maubourg, juste à côté de chez elle, pour être bien à l'heure. On allait voir ce qu'on allait voir !

On ne vit rien du tout. La petite dame qui m'accueillit, toute courbée, éteinte, marchait à tout petits pas de toute petite vieille. Avant de commencer, elle me proposa un thé qu'elle s'en fut chercher à la cuisine et rapporta sur un plateau dans un inquiétant tremblement de tasses. De petites traces blanches marquaient le coin de ses lèvres, comme j'en avais déjà vu chez d'autres, et qui me mirent la puce à l'oreille : elle était en pleine dépression, sous médicaments... Je remballai mon artillerie pour faire le service. « On ne tire pas sur une ambulance », comme elle l'avait écrit très justement. Au contraire, j'essayai de l'amuser un peu pour détendre l'atmosphère ; elle me faisait de la peine. D'autant qu'elle répondait à mes questions avec application, lenteur et une profonde gentillesse que je ne lui aurais jamais soupçonnées... Surtout après ce que je venais d'entendre !

Il ne s'agissait plus de l'attaquer, mais de sauver l'interview. Elle essayait de m'aider, de toutes ses forces, mais elle avait du mal à percer sa brume chimique. Ce fut interminable. À la fourchette à escargots.

Comme j'imaginais qu'elle devait avoir conscience de son état, je lui promis de lui faire relire le texte, ce qui ne se fait jamais, sauf pour les ministres en exercice. Et de compléter avec un extrait de son livre. Je passai des heures à remettre du rythme dans tout ça, et trichai un peu en lui apportant les Ozalid, les épreuves déjà tirées, sur lesquels on ne peut modifier qu'un mot ou deux. Faire du « place pour place ». Elle le savait mieux que moi, mais j'étais sûre de mon coup ; j'avais du métier — et ma fierté. Elle rectifia l'orthographe du nom d'une femme sculpteur et me dit : « Vous avez travaillé comme un ange ! » Venant d'elle, c'était comme une Légion d'honneur. Et cette histoire d'ange était prémonitoire.

Tout comme mon passage dans les rangs de sa défense, qui fut définitif. J'avais vu son âme désarmée, ce bon fond qu'elle cachait si soigneusement dans la jungle parisienne, son côté bonne camarade de boulot, brave type, et elle m'avait bouleversée.

D'ailleurs, je n'aurais jamais passé plus d'une semaine, après sa mort, à écrire une lettre à sa fille, Caroline, sans cette phrase si juste de son texte sur Françoise : « Et c'est ça qui est extraordinaire : la plupart des gens qui se maîtrisent à ce point refoulent des sentiments extrêmement négatifs pour ne pas dire haineux ; elle, c'était exactement le contraire : elle refoulait des sentiments extrêmement positifs qu'elle n'aurait exprimés pour rien au monde. » C'était profondément vrai. Le fond de l'affaire.

L'article était programmé ; il passa. Qu'il ne correspondît plus vraiment à la commande ne dérangea personne. Il y était question de femmes, d'art et de la création contemporaine ; Françoise disait que ce dont elle était le plus fière dans sa vie, c'était d'avoir appris la sténodactylo à quatorze ans et que c'était un cauchemar d'aller chez le coiffeur ; ça nous changeait ; c'était enlevé. Jeanne-Marie, malgré son opinion, était déjà très engagée dans la défense des vieilles dames, et quant à Anne-Marie Périer, la directrice, elle énonça, au sujet de Françoise, un index levé face à la rédaction, l'une de ces formules définitives dont elle était coutumière : « Elle n'a jamais écrit une connerie ! » — ce qui mit soudain la barre très haut pour tout le monde ; suffisait pas de savoir taper à la machine…

Je n'y pensai plus. Le boulot était fini. Et quand Micheline Pelletier-Decaux, photographe avec qui j'avais couvert le festival de Cannes, et amie de Françoise Giroud, me téléphona pour me suggérer de l'appeler afin de me faire inviter à déjeuner chez elle, je trouvai ça bizarre… L'interview était faite, pourquoi la revoir ? Elle m'avait trouvée rigolote ; elle pensait, vu mon nom, qu'elle allait se retrouver face à une dame chic en tailleur Chanel, et on lui avait envoyé un petit clown en pull multicolore. En réalité, Micheline s'inquiétait visiblement de son moral et de sa solitude. Mon article avait paru pile le 10 janvier 1988, pour le deuxième anniversaire de la mort d'Alex Grall, qui avait été son dernier compagnon, et dont l'amoureuse euthanasie l'avait plongée dans la dépression. Jour pour jour. Ceci expliquait sans doute cela. Mais je n'en avais aucune idée à l'époque. Et je n'imaginais pas les gens célèbres seuls ; ils passaient leur temps à sortir ensemble. Je n'appelai pas.

Ayant commencé comme critique de cinéma, j'avais pris l'habitude de ne jamais fréquenter mes glorieux interviewés en dehors du boulot. Il n'y a pas trente-six façons de garder sa liberté. Dès mes premiers jours de stage au *Figaro-Magazine*, j'avais vu les ravages du copinage, que Françoise, plus chic, appelait « l'indécente complicité des gens en place ». Car non seulement le patron, Louis Pauwels, connaissait énormément d'artistes aussi nuls que prolifiques dont il fallait vanter les mérites, étant à l'Institut, mais comme il s'était mis dans le crâne d'entrer aussi à l'Académie française, cela ajoutait à cette liste un complément d'écrivains cacochymes à qui cirer les pompes. À tel point que les journalistes du service culturel s'étaient inventé un pseudonyme commun, Louis-Marie Ramos, pour honorer la commande sans déshonorer leur signature. Polygraphe jamais en panne de flagornerie, et le seul d'entre nous à recevoir des fleurs… Mais tout cela bouffait la place qui aurait dû revenir à de jeunes talents ; les journaux ne sont pas extensibles.

Si l'on voulait pouvoir continuer à écrire ce qu'on pensait, mieux valait ne pas fréquenter la clientèle. Il suffit de connaître une maquilleuse sur un plateau de cinéma pour qu'elle vous explique qu'une mauvaise critique de « son » film réduirait ses enfants à la famine…

À *Elle*, la patronne, Anne-Marie Périer, ne visait aucune académie et, comme elle avait dirigé *Mademoiselle Âge tendre* dans ses tendres années, ses copains étaient ceux du *Temps des copains*, des chanteurs ou des acteurs. Leurs prestations étaient d'avance encensées, mais cela laissait quand même de la place aux jeunes, le journal ayant l'optique opposée du *Figaro-Magazine*, où toute nouveauté était suspecte à moins d'être identifiée comme la réincarnation de quelque vieille lune. À *Elle*, la nouveauté était bénie en tant que telle, comme à Canal+, chaîne de télévision iconoclaste où je continuais à jouer les chroniqueuses de cinéma... Tout nouveau tout beau : ça me changeait.

Françoise ne devait pas être si ringarde que cela, ou bien grâce à *Elle* avait-elle franchi un nouveau cap dans la modernité, puisqu'elle fut invitée à *Nulle Part Ailleurs*, l'émission phare de Canal+. La retrouvant au maquillage, me souvenant de Micheline, je lui proposai de la ramener en voiture et de l'emmener dîner au bistrot avec Annie Lemoine, sa grande fan historique, qui assurait les informations, si elle n'avait rien prévu. Elle accepta, trouva ma bagnole épatante (une honnête Honda Civic qui n'avait pourtant rien d'ébouriffant) et ce dîner improvisé fut très amusant. Plus tard, elle m'invita à déjeuner chez elle. Avec Blanche, sa soubrette, aussi jeune qu'elle et aussi réac que ma chère Mimi, ce qui m'enchanta, et Pachatte, son chat abyssin, sublime beauté autorisée à se rouler sur la table entre les plats, ce que je trouvais admirable, étant aussi gaga de chats. Françoise disait lui murmurer des mots d'amour qu'elle n'avait jamais dits à personne... Quand elle connut ma chère Jaja Chrysanthème, tricolore sur fond blanc, qui ressemblait à ces chiffons sur lesquels les peintres essuient leurs pinceaux, elle s'arracha un « Vous avez un chat très original » qui dénotait une infinie délicatesse de sa part.

Ceux qui aiment vraiment les chats n'ont pas besoin d'en savoir tellement plus les uns sur les autres que cela — qui reste totalement opaque aux malheureux pour qui un chat n'est qu'un chat. (Une pensée, en ce 2 août 2012, pour Chris Marker, qui avait créé autour de son tigré Guillaume-en-Égypte toute une famille autour du monde qui vient, du Japon à New York, de lever, à 1 heure GMT, pour moi, à Saumur, à 2 heures, heure locale, un verre de vodka à l'herbe de bison pour un salut à son âme : Adieu, l'ami des chats !) Pachatte, au beau milieu de la table, tenait la place du vase brisé de Sully Prudhomme, révélant une « blessure fine et profonde » à laquelle il ne fallait pas toucher.

Françoise avait repris sa superbe, ses griffes et son sourire. Sa vieille armure un peu rouillée. Ses bonnes manières de grande bourgeoise de gauche, que n'imaginent pas les bourgeois de droite, pour qui on ne peut pas être riche, de gauche et bien élevé. Mais si. La preuve. Tout comme les bourgeois de gauche s'imaginent que tous les travailleurs sont de leur bord, ce qui est fort illusoire, à commencer par leur personnel domestique qui voit dans la révolution, voire dans un nivellement excessif de la société, la claire menace de lendemains au chômage…

Les manières sont les mêmes ; je ne mettais pas les coudes sur la table, et je savais, merci maman, peler les fruits avec des couverts. Françoise avait décidé que j'avais une tête à aimer la blanquette, et c'était vrai. Donc blanquette. Vin en carafe, sans intérêt pour elle, visiblement. (À La Baule, je lui apprendrais avec succès le chinon.) Elle mettait tout son orgueil dans sa cuisine, où elle supervisait Blanche, qui suivait la conversation en servant les plats et faisait ses commentaires très fort à mon oreille, jusqu'à ce que Françoise lui donne la parole pour émettre tout haut un avis opposé au sien, et qui lui était précieux… Car tout lui était source d'information, y compris moi, et je tenais ma langue sur certaines histoires, à partir de 1993, quand elle se mit à publier son journal intime — dont Blanche devint un personnage récurrent.

Inutile de tenter le diable ; j'étais du bâtiment — et avertie des dommages collatéraux des livres. On parlait littérature, cinéma, boulot, actualités. Jamais de ce qu'elle aurait appelé « small talk » ; elle avait d'autres sources que moi pour savoir qui couchait avec qui dans Paris — du moins je l'espère, car je n'en ai jamais eu la moindre idée. Elle m'émouvait ; je la faisais rire ; je défendais la possibilité de rétablir Alphonse de Bourbon, puis son fils Louis XX, sur le trône de France pour le bicentenaire de la Révolution française… Comme Chateaubriand : le roi et la charte ! On s'amusait. Nous n'avions aucune idée en commun.

Mais la même passion pour notre métier de déglingués, l'amour des chats et une espèce d'attendrissement mutuel. De temps en temps, je l'invitais à mon tour au bistrot, mais jamais je ne lui ai apporté une fleur ; ça m'aurait paru incongru.

Sa solitude, qui inquiétait tant Micheline, ne m'apitoyait pas ; j'en rêvais, au contraire. C'est la rançon de la liberté, pour qui veut écrire. D'ailleurs, le peu de temps que je passais chez moi, entre mes deux boulots à la télé et au journal, je vivais de la même façon, avec une nounou, un chat, des livres, des disques, et des cigarettes. Plus du pinard. Quoi de mieux ? Notre métier nous faisait rencontrer chaque jour les personnes les plus intéressantes qui soient, et dans les meilleures conditions, fût-ce au bout du monde, toutes disposées à nous livrer le meilleur d'elles-mêmes. Pas besoin de faire des heures supplémentaires avec des gens supplémentaires quand on a déjà une bonne bibliothèque et des amis — voire plus si affinité.

« Il y a une absence de silence très grave aujourd'hui », disait Françoise dans l'interview. Elle pestait contre ses multiples obligations et invitations, mais elle en avait besoin, depuis qu'elle n'appartenait plus à une rédaction — et elle avouait aussi combien il était très dur de travailler seul quand on avait toujours travaillé en équipe —, pour nourrir le flot d'événements nouveaux à passer dans la moulinette de ses chroniques ou du livre qu'elle avait toujours en train, comme d'autres leur tapisserie. Pour garder à l'oreille la rumeur du monde, le battement du temps qui passe et donner le ton juste à son travail. D'ailleurs, elle ne se gênait pas, quand elle les avait oubliées, pour replacer en public ses petites oreillettes électroniques, tout en vantant leur efficacité et leur discrétion, et ne comprenant pas pourquoi on en faisait plus de cas que du port de lunettes — ni que certains de ses amis, devenus sourds avec l'âge, aient tant de mal à se résoudre à en porter… Ah, la coquetterie masculine !

Sa conversation, vive et exigeante, demandait une certaine concentration. Comme la tenue à table. On parlait de choses intéressantes, et il n'y a pas tant de personnes que ça avec qui on puisse le faire sans être interrompu. Elles sont même rarissimes. Jamais je ne lui faisais de confidences, et jamais elle ne m'en faisait non plus, aussi peu douées l'une que l'autre dans ce domaine. Empotées. Voire pathétiques. « Chacun dans ses culottes ! » disait mon père, principe familial proche du britannique « *never explain, never complain* », qui avait présidé à l'éducation de toute leur génération, où il était aussi grossier de se raconter que de se plaindre. Je ne lui avais jamais parlé de ses amours passées ni des miennes ; j'en aurais été bien incapable.

Paradoxalement, c'est parce que j'eus à l'interviewer à nouveau qu'elle me fit des confidences — mais du genre à être publiées…

En faisait-elle jamais d'autres ? D'une certaine façon, ses confidences ne pouvaient survenir que pour être écrites, dans ses livres ou dans des interviews.

Quand parurent les Mémoires de Jean-Jacques Servan-Schreiber, *Passions*, en avril 1991, à *Elle*, Martine de Rabaudy, admiratrice historique de Françoise qui avait remplacé Jeanne-Marie Darblay, me demanda d'aller interroger ma « copine Françoise » pour recueillir ses réactions ; et je trouvais cela, parce que je la connaissais, justement, d'une indiscrétion noire ; je ne savais pas comment lui présenter l'affaire. D'autant que ce n'était pas une mission forcément très agréable, vu la représentation qu'en donnait la passion de sa vie — mais qui était tout de même mieux que rien… Car, sans l'insistance de Bernard Fixot, son éditeur, un ami de notre patronne, Anne-Marie Périer, Françoise n'aurait même pas figuré dans ces Mémoires : il l'avait carrément fait disparaître de la première version ! Alors que Françoise venait d'écrire de lui « Il m'a inventée », JJSS l'avait carrément oubliée ! Au total, il ne lui consacrait que quelques paragraphes dans un chapitre, la gratifiant de cette épithète peu flatteuse : « femelle de jungle »…

Très embarrassée, j'appelai l'efficace Micheline, que le mélange des genres ne dérangeait pas, car les photographes, contrairement aux journalistes, sont obligés à une proximité avec leurs célèbres modèles telle que Micheline avait épousé l'un d'eux, Alain Decaux (très cher aussi à Françoise), et qui servit d'intermédiaire pour organiser un déjeuner à trois avec interview au café. Silencieuse et coincée pendant tout le repas, je sortis mon magnétophone à la fin, pendant que Micheline feignait de s'absorber dans le puzzle entamé sur la table à côté. Après avoir signalé qu'elle plaignait bien la personne qui avait dû réécrire JJSS, ayant souvent occupé elle-même cette place, Françoise me répondit sans aucun problème. Sa réflexion sur le *rewriting* me revint beaucoup plus tard, quand je compris enfin à quelle fée Carabosse elle devait sans doute sa disparition et cette résurrection légèrement cabossée dans l'œuvre de Jean-Jacques. Mais je n'en étais pas encore là, dans ma naïve candeur…

L'interview était vache et drôle. « Il écrit avec deux cents mots. Ça exclut les nuances, forcément. Là, je suis un compromis entre un maître nageur pour le physique, une secrétaire de rédaction pour la qualification professionnelle et une bête fauve pour le caractère. Mais il balance ma photo en pleine page, allez comprendre… Je n'essaye pas. La seule chose sûre, c'est que ses intentions sont affectueuses même si elles sont bizarrement exprimées. »

Précis. « Écoutez, pour dire les choses comme elles sont, je crois qu'il n'a aimé personne. Il a une capacité d'amour nulle. Les seuls êtres au monde qu'il aime, ce sont ses enfants parce que c'est complètement narcissique. Il les aime à la folie, il en parle de façon délirante. Mais c'est lui-même qu'il aime à travers eux. Il est incapable d'aimer quelqu'un ! » Je protestais qu'il l'avait aimée ; elle concédait : « Dans la mesure où il en était capable, oui, il m'a aimée… Sûrement, sûrement. »

Elle attribuait l'échec de sa carrière politique au fait d'avoir eu un tempérament d'extrémiste pour défendre des idées modérées. Bien vu. « Il appartient à cette catégorie de gens assez rares qui ne se demandent pas s'ils seront heureux, mais s'ils auront un destin. » Affirmait que, s'ils avaient eu un enfant ensemble, elle aurait pu continuer à vivre avec lui. Et que, si Madeleine Chapsal, qu'elle couvrait de grands compliments, n'avait pas été stérile, il n'aurait pas divorcé. À la fin, elle reconnaissait qu'un lien indestructible existait entre eux, qu'elle n'avait rien à lui reprocher, qu'elle l'avait aimé, elle, et que rétrospectivement elle trouvait normal d'avoir aimé ce type vraiment pas banal.

À *Elle*, elles étaient enchantées. Les trois corrections qu'elle y porta accentuèrent encore l'effet choc de cette réponse sans fard.

Nous ne reparlâmes plus jamais de ses amours ; juste de lui, quand il devint malade de la mémoire, ce qui l'affectait, et qu'il téléphona, alors que j'étais là, par l'intermédiaire de Sabine. Il lui avait sans doute demandé ce qu'elle faisait ; j'entendis : « Vous savez bien, je travaille, je ne sais faire que ça ! Et vous ? » Elle raccrocha très émue. Il lui avait répondu : « Moi je suis foutu, vous le savez bien. »

Françoise écrivit une nouvelle pas très tendre sur son retour chez sa femme, Sabine, rebaptisée Marie-Ange, qui s'occupait à nouveau de lui comme si de rien n'était, et même au-delà, après des années de séparation. Elle s'était elle-même rebaptisée Adélaïde et lui Blaise. Quant à Madeleine Chapsal, sa première femme, qui s'était révélée « stérile et nymphomane », elle était devenue Isabelle. Sans doute en réponse à un roman de celle-ci, *La Maîtresse de mon mari*, paru l'année d'avant, en 1997, que je n'avais pas lu, et où Françoise ne s'était pas reconnue dans le personnage d'Andréa, dont Madeleine décrivait avec jubilation les funérailles dès le premier chapitre… Ces dames, affectant en public la plus grande affection, s'écrivaient et se décrivaient leurs quatre vérités par livres interposés.

Si je m'en tiens à la seule trace des mots, ces mots de sable qui disparaissent avec les journaux, me restent deux articles, écrits sur Françoise avant sa mort. L'un toujours dans *Elle*, dans la série « Une journée avec », du 28 juillet 1994, elle avait soixante-dix-huit ans, et qui raconte sa journée, comme son titre l'indique. Il m'avait valu ce commentaire d'un secrétaire de rédaction, papa poule divorcé : « Dis donc, c'est pas Mamie Nova, ta copine ! » Ben non… Mais elle n'avait jamais vraiment concouru pour le titre non plus… Dans tout le papier, tournant autour de son travail et de son ordinateur, même pendant ses vacances à Antibes, il n'y avait qu'une seule phrase sur sa famille : « Le dimanche, je déjeune souvent chez ma fille, ce qui me permet de voir ses enfants. » Elle n'en rajoutait pas. Dans les « trucs » qu'elle devait donner, pour les encadrés, elle conseille de ne pas mettre de sel sur une tache de vin, mais de l'eau Perrier… Même ça, je l'avais oublié. J'ai fixé une tache de vin rouge sur la moquette de Trouville avec tout le sel que j'ai pu trouver cet hiver !

L'autre article, pour la sortie de l'un de ses journaux, *Chienne d'année*, je crois, commandé par Martine de Rabaudy, passée à *L'Express*, je ne l'ai plus ; c'est mon père qui gardait mes articles ; à partir de sa mort, personne ne l'a vraiment remplacé dans cette tâche… Je me revois l'écrire, aux États-Unis, dans la maison d'un professeur de l'université de Washington, spécialiste de Marguerite Yourcenar, où il y avait des écureuils gris et familiers sur les arbres, devant ma fenêtre. Je retrouverais leur regard plus tard, chez le pape Benoît XVI… Je pestais pour des histoires de coupes, dans tous mes états… Pourquoi avais-je traîné ce boulot là-bas au lieu de le terminer avant de partir ? En y repensant, c'est moi qui avais dû me tromper dans les longueurs… N'importe, j'étais irréductible ; je rendais des papiers au signe près, au dernier moment, même avec le décalage horaire au milieu d'un colloque sur le roman français féminin — toujours la même histoire… Et j'interdisais qu'on y touche.

La seule fois où nous ayons collaboré, Françoise et moi, avant les corrections de ce livre d'entretiens avec Martine de Rabaudy à La Baule, quand le soleil lui rebranchait la cervelle, j'avais quitté Canal+ pour la presqu'île de Crozon, où j'écrivais un essai sur les anges juifs, chrétiens et musulmans ; je l'avais tant bassinée avec leurs histoires que ça lui avait donné l'idée d'un livre de souvenirs tournés autour de son ange gardien, *Arthur ou Le bonheur de vivre*, qu'elle venait de publier, alors que je n'avais toujours pas fini le mien…

À l'hiver 1997, j'avais déjeuné avec elle, passant par Paris. Elle séchait sur une proposition de Franz-Olivier Giesbert, à l'époque directeur du *Figaro*, qui voulait publier une série pour Noël sur la vie des saints. Pas son rayon, mais elle n'aimait ni sécher ni dire non à Franz, qu'elle aimait bien. Je lui parlais de sainte Françoise Romaine. D'abord, elle portait son nom, ensuite elle avait connu des anges formidables, dont le premier lui flanquait des baffes quand elle disait des bêtises et l'autre s'allumait comme une lampe de chevet pour lui permettre de lire la nuit (on la voyait d'ailleurs à Rome toujours allongée en train de bouquiner sous forme de squelette en robe dans la crypte de son église), ce qui en avait fait la patronne des automobilistes, et Françoise aimait aussi les voitures… De retour à la maison, je lui faxai une dizaine de pages sur sainte Françoise, lui en proposant une documentation plus importante, au cas où le sujet lui plairait. Aucune nouvelle.

Mais ma doc lui avait suffi. Elle s'y était collée, au moins sur cinq feuillets ! Pas son meilleur papier, sans doute, mais tout à fait adapté au sujet et au support, avec un ton beaucoup plus sérieux que le mien… Et je reçus ce mot en Bretagne : « Je vous ai écrit bêtement à Paris pour vous demander un petit service bizarre. Un lecteur du *Figaro,* fasciné par sainte Françoise, me demande où trouver un ouvrage sur elle. Or ce lecteur est le prêtre des Missions étrangères. Marrant, non ? Vous voyez ce qui vous reste à faire pour le salut de votre âme et accessoirement de la mienne. J'espère que vous allez très bien, que la tempête ne vous a pas décoiffée, que les anges et toute leur famille marchent à tire-d'aile, si j'ose cette image hardie, et je vous embrasse fort. »

Je lui envoyai une bibliographie… Ce fut, à ma connaissance, sa seule incursion dans le domaine de l'hagiographie.

À sa mort, j'eus droit à 2 500 signes dans *Elle.* Je racontai comment je lui avais fait fumer son premier pétard, à quatre-vingt-cinq ans, pour atténuer la douleur de côtes cassées, alors qu'elle refusait des antalgiques abrutissants, en l'assurant que ça la ferait dormir, sur fond de Miles Davis… Erreur, ça l'avait fait rire toute la nuit, et rien n'était pire que de rire, avec des côtes cassées !

Ce fut le dernier défi de mon cher crocodile, si attaché à sa nature aventureuse de saltimbanque ; elle ne recommença pas. Il lui vaut aujourd'hui une nouvelle gloire auprès de certains de ses petits-enfants qui n'arrivent pas à croire que j'avais reçu, pour cette singulière et scientifique expérience, la bénédiction de leur mère.

4

DES NOMS BIZARRES

« C'est une bonne femme épouvantable ! » variait quelquefois ma mère sur le thème de « C'est une horrible bonne femme », quand j'allais déjeuner chez Françoise, au cas où j'aurais oublié… Cela ne s'était pas amélioré avec le temps. Au contraire. Mes parents ayant lu *Leçons particulières,* où elle racontait comment elle avait aidé son compagnon, Alex Grall, atteint d'un cancer, à abréger sa vie et ses souffrances, s'y ajouta, chaque fois qu'elle m'invita ensuite, ce sempiternel commentaire paternel : « Tu vas déjeuner chez la dame qui a tué son mari ? Fais attention à ce qu'elle met dans ton assiette ! »

Pour mon père, c'étaient des choses qu'on pouvait éventuellement faire ou dire — mais surtout pas écrire ni publier. (Il m'avait rendu le tapuscrit de mon premier livre, un polar pourtant sans enjeu familial ni équestre, avec des « halte ! » au crayon toutes les dix lignes.) C'est là que le bât blesse avec l'entourage : n'importe quel lecteur inconnu vous connaît bien mieux que les auteurs de votre propre vie. Rétive au moindre épanchement, boutonnée jusqu'aux oreilles, masquée par son sourire, Françoise était incapable de se confier — mais elle pouvait s'extirper des tripes les mots pour écrire le plus dur, le plus intime de sa vie, dans ces confidences que sont les livres, pour certains d'entre eux, qui valent la peine, en s'y râpant l'âme comme la peau des coudes ; et je le comprenais très bien ; je me sentais tout à fait capable de pareille traîtrise. Il ne faut jamais laisser les grands timides jouer avec des crayons.

Entre eux, les écrivains se plaignent toujours d'avoir des familles, mais j'allais découvrir que les familles aussi se plaignaient d'avoir des écrivains… Pour l'instant, j'étais de l'autre bord — le sien.

Donc, je savais pour les lettres anonymes, alors que ses proches l'ignoraient, et qu'on a tout fait pour les protéger de ce genre de révélation jusqu'à ce que sa première biographie lève l'omerta en à peine quatre mois. L'information prend des biais étranges. Jeune journaliste stagiaire au *Figaro-Magazine*, où sévissait occasionnellement Jean-Edern Hallier, j'ai connu l'existence de Mazarine bien avant la famille Mitterrand, la gauche, et même Françoise, qui, pour une fois, n'en savait rien, et avait publié un roman sur le fils caché d'un président aux éditions Mazarine (j'avais fait la critique de l'adaptation cinématographique avec un discret point d'exclamation après « éditions Mazarine ») sans la moindre malice. Et brodant sur la vie d'un autre, ministre, beaucoup plus jeune, et nanti aussi d'un enfant caché — tout comme Hallier, d'ailleurs… C'était l'époque ! Ça ne se fait plus du tout, aujourd'hui, les enfants cachés.

Et comme on ne prête qu'aux riches, personne, Mitterrand inclus, n'a voulu croire qu'elle n'en savait rien, ni compris qu'elle montât sur ses grands chevaux en s'insurgeant contre *Paris-Match,* quand il publia dix ans plus tard un reportage non autorisé sur la jeune fille devenue grande… Et pourtant, c'est vrai ! On ne voit pas d'ailleurs pourquoi elle aurait fait une telle crasse à Mitterrand, si elle avait été au courant, alors qu'elle l'avait toujours défendu, depuis l'Observatoire, lui glissant même sur un papier le budget de la Sécurité sociale à la radio, en 1974, réponse exacte à sa future question, pendante de celle qu'elle avait posée à Giscard sur le prix du ticket de métro — mais sans antisèche. D'une déontologie contestable, mais tout à fait revendiquée : Françoise a toujours pratiqué un journalisme militant. Qu'est-ce qu'il pouvait y avoir de pire, pour elle, éditorialiste politique, qu'ignorer la vie secrète d'un président ? Et pire encore : passer pour le dindon de la farce ?

Et c'est quand je travaillais à Canal+ pour Bonaldi, plus tard, que Catherine, belle-fille d'Alex Grall, feu son compagnon occis par son amour, qui appartenait à notre équipe, me dit sur un air presque triomphal : Tu sais que Françoise est juive ? Mais si, et son deuxième prénom c'est Léa ! Je n'en savais rien, et je ne comprenais pas. La question ne m'avait jamais effleurée... Qu'est-ce que ça pouvait bien faire ? Et quel sens cela pouvait-il bien avoir ? Religieux ? Elle était la personne la plus laïque que je connaissais ! Voltairienne pur sucre. Championne olympique d'athéisme. C'était son affaire, et je trouvais bizarre ce ton claironnant, comme si Catherine m'avait collée à un quiz, moi qui la voyais souvent, mais sans être de la famille... Comme si je m'étais fait avoir — mais quel était le jeu, l'enjeu ? Pensait-elle que j'étais antisémite — au milieu des années quatre-vingt-dix ? Après Vatican II ? Ou que Françoise me mentait ? Fallait-il la dénoncer quelque part ? L'exorciser ? L'interroger ? La convertir ?

De leur point de vue de beaux-enfants, c'était autre chose. Les secrets sont des choses qu'on ne répète qu'à une personne à la fois, paraît-il. D'ailleurs, il suffit de dire à quelqu'un : Ne le répète surtout pas ! pour que la réponse fuse illico : Mais à qui veux-tu que je le dise ? Comme si cette mise en garde suffisait à enclencher un processus de recherche... À qui le répéter ? Il faut trouver quelqu'un de pas trop proche de la personne concernée pour ne pas avoir l'impression de trahir, mais de pas trop lointain pour qu'il comprenne quand même de qui on lui parle, et apprécie la valeur d'un tel cadeau.

L'avantage des gens célèbres, c'est que tout le monde les connaît de loin, et les rumeurs à leur sujet filent comme des oiseaux se percher sur toutes les épaules. On se retrouve ainsi détenteur de quelques secrets de deuxième main sur de vagues connaissances, et de multiples indiscrétions sur des princes, des présidents, des footballeurs ou des stars de cinéma… Les seuls à qui on ne les révèle pas sont justement la famille, qu'on ne veut pas blesser, irriter ou fâcher, de ces personnes qui vivent dans une bulle de silence.

Que Françoise soit juive me paraissait à côté de la plaque. Je ne me voyais pas lui en parler, et cela ne me semblait pas, si c'était vrai, la préoccuper beaucoup. Les questions de religion me passionnaient depuis longtemps, mais pas elle, qui affichait un rationalisme farouche. Pour moi, son origine turque, le choix que son père avait fait de la France, son vrai prénom d'ailleurs, la rendait plus française encore que les Français de souche. La Parisienne, selon Guitry, venue de Quimper ou de Carpentras à son dernier stade de transformation, se retrouvant « tellement parisienne que la question se pose de savoir si elle n'est pas une étrangère… ».

Son patriotisme ardent et suranné me rappelait mon grand-père poilu, contemporain de son père, plus encore que mes parents. Cet ancien combattant de la guerre de 1914, résistant, qui mettait *La Madelon* et *Flotte petit drapeau* sur le tourne-disque le soir de Noël en guise de cantiques. Sa seule religion était la laïcité républicaine. Le sujet de mon livre précédent, sur le Panthéon, lui avait plu. Elle s'était débrouillée pour avoir les épreuves dans mon dos et m'avait laissé un long message de félicitations sur le thème : « Mais vous écrivez bien ! » Sa surprise m'avait flattée et vexée…

Enfin pour la moitié qu'elle avait lue, car elle lisait les livres nouveaux jusqu'au moment précis où elle avait trouvé un commentaire, un jugement, une formule. Pour ses prix ou ses chroniques. Là, elle s'arrêtait, et en prenait un autre. « Je me suis perdue dans vos histoires de jésuites », me dit-elle sur la plage où nous suivions dans leur progression, d'un œil, ma lectrice de *Papa est au Panthéon* et, de l'autre, son lecteur d'*On ne peut pas être heureux tout le temps* ; ils n'étaient pas sur la même serviette de bain — et au cas où je l'aurais interrogée sur la fin de ce roman qui était déjà une enquête post mortem… Mais, pour la plupart, elle n'en lisait pas autant, et le TGV lui avait suffi à écluser dix pages de deux romans pour le prix Femina… Out ! C'était très parisien aussi, cette façon de ne tirer des choses que le suc d'un brillant et rapide commentaire. Mordant, si possible. À distiller au rythme infernal des dîners et des papiers.

Cette lointaine question de sa judéité avait fini par prendre toute la place, à cette époque-là. À tel point que j'avais apporté à lire dans le même train, d'une façon un peu provocatrice, le livre d'un rabbin que j'avais rencontré pour mes recherches sur les anges, au titre rigolo, une histoire de pêche à la ligne, et qui venait de paraître… Elle en feuilleta trois pages, et laissa tomber : « Il est emmerdant, votre rabbin ! » Dieu merci, elle déclara tout aussi emmerdant le Scrabble que j'avais aussi apporté, sur les conseils de Micheline, et pour lequel je m'étais préparé des listes de mots pleins de Z et de W, au cas où il aurait fallu m'y mettre ; elle n'y jouait, m'expliqua-t-elle, que pour faire plaisir à ses amies ; elle détestait ça. Ouf ! Nous restaient les délices de la conversation…

Françoise était juive et ne voulait pas le dire, m'avait-on répété partout. Pourtant, elle avait déjà écrit, à cette époque-là, que sa mère était une juive séfarade convertie à l'âge de trente ans à la suite d'un vœu mystérieux, et qui lui avait fait jurer de ne pas en parler. Il ne me semblait pas qu'elle le cachait. Ou plus, en tout cas. Elle me le répéta sur la plage exactement dans les mêmes termes. En grognant. Grattant le sable avec ses ongles. Pas contente. Qu'elle n'avait des souvenirs d'enfance que catholiques avec sapin, que la seule religion qui l'avait jamais attirée, vers quatorze ans, était le protestantisme, toutes choses qu'elle avait déjà écrites, auxquelles elle ajouta que son petit-fils, le « talmudiste », exposait ses nombreux enfants à un risque irresponsable et criminel : il en faisait du gibier pour les futurs camps de concentration ! Elle n'était pas d'accord avec ce retour vers le ghetto, contraire à toutes ses convictions progressistes, et ne serait jamais complice d'une horreur pareille. Car l'antisémitisme ne disparaîtrait jamais… Et il mettait ses enfants en danger de mort.

— Enfin, aujourd'hui, en France, ce n'est pas sérieux, dans cette génération, voyons !

— On voit que vous ne vous appelez pas Lévy ! me répondit-elle, très bas, laissant filer le sable entre ses doigts.

J'en fus coite. En effet. Rien à répondre. À l'époque de Bernard-Henri Lévy, son cher ami, ça ne me semblait pas si terrible, mais qu'est-ce que j'en savais ?

« Quand ils apprennent que je m'appelle Cohen, beaucoup de gens changent d'attitude ! » m'avait dit, de la même façon, ma voisine, entre deux cahots du 92 avenue Bosquet… Je débarquais de Saumur, j'entrais en terminale, nous venions de déménager, et je n'avais pas encore dix-sept ans… J'étais suspendue à une poignée de bus aux côtés d'une camarade de classe, nouvelle, le jour de la rentrée du lycée Victor-Duruy, et ne sachant trop bien où était ma station. Je pris un air entendu en hochant la tête, bien décidée à ne pas changer d'attitude ; mais je n'y entendais rien, en réalité. À l'appartement, je demandai à ma mère ce que ça voulait dire. C'est un nom juif, me répondit-elle. Pour moi, les Juifs étaient dans la Bible, ou dans les livres d'histoire, je ne savais pas qu'il y en avait des vrais, en vie, de l'époque contemporaine. Des cousins de la Sainte Vierge en plein Paris ! Dans ma classe ! Cela me parut tout à fait épatant, comme nouvelle. Captivant. Bouleversant. Comme s'ils avaient porté une auréole pour de vrai dans la rue, tout dorés sur tranche de la Bible… Ils avaient survécu à Hitler ? Où étaient-ils ? Pouvait-on en voir ? En connaître ? Ma mère eut l'air ahuri. Retranscrire une telle niaiserie m'afflige aujourd'hui mais, en 1975, le programme d'histoire en terminale s'arrêtait aux causes de la Seconde Guerre mondiale ; le feuilleton *Holocauste* n'avait pas été tourné — et encore moins *Shoah*.

Paris allait vite me déniaiser ; les films de Woody Allen et la famille de mon amie Pia, dont la tante Monica avait exigé, juste après la guerre, que son fiancé changeât de nom, avant de l'épouser, pour protéger leurs futurs enfants des futurs nazis. De Kahn, il était devenu Duprez, non sans difficultés, après avoir essayé différentes orthographes de ce nom à la sonorité banale dans le *Journal officiel*, aucun détenteur du nom ne devant s'y opposer, et après que de nombreux Dupré, Duprais et autres Dupret se furent offusqués à l'arrivée d'un Juif dans leur famille… Elena Duprez, leur fille, la cousine germaine de mon amie Pia, brillante élève de Sainte-Marie des Invalides, dont elle faillit se faire virer pour athéisme militant, rêvait de reprendre le chemin inverse pour récupérer le nom originel de son père, soulevant, dans la génération précédente, une exaspération mêlée de lassitude.

Quant aux noms, j'avais l'habitude que le mien produise aussi ce type de bizarrerie ; il m'était arrivé la même mésaventure, dans l'autre sens, le tout premier jour d'école, à ma première rentrée, chez les bonnes sœurs, à la cantine. À l'appel de mon nom, j'avais levé la main. Alors, tu es noble ? m'avait fait une petite rouquine à côté de moi, l'air horrifié. — Mais non ! m'étais-je récriée en rougissant. Le soir, j'avais aussi demandé à ma mère ce que ça voulait dire. Ce sont des bêtises, ne t'en occupe pas ! De fait, je m'étais beaucoup employée à me faire un prénom pour exister…

Ce fichu « de », objet de tous les phantasmes, continue à susciter des questions qui me laissent sans voix. En Espagne, un professeur m'interrogea sur l'effet que ça faisait d'appartenir à une classe sociale dirigeante qui avait été décimée ; à *Elle*, une assistante, au bout de quelques mois, se déclara rassurée de trouver des réactions quasi normales chez une personne qui avait du sang bleu ; au lycée, les orléanistes de l'Action française prenaient pour acquis que j'étais de leur bord ; et j'avais toujours autant de mal à dire mon nom en entier qu'à le faire tenir dans les formulaires administratifs.

Il fallait en assumer aussi le poids de bêtise, car, à ma mère, qui avait un nom sans particule, sa crétine de belle-sœur avait reproché de n'être pas née… Paradoxalement c'était dans sa famille de paysans de l'Ouest à elle qu'on comptait un guillotiné pendant la Révolution,

Saulnier, le maire de Neuillé, qui avait refusé d'ouvrir l'église de son village au pillage des Bleus, tandis que mon père s'honorait d'un ancêtre « ci-devant » de Mirepoix qui tirait sa gloire d'être arrivé après le 9 thermidor à Limoges, où se trouvait la guillotine qui devait l'occire, juste au moment où on la remballait. On avait renvoyé chez lui ce glorieux personnage dont la colique, feinte ou réelle, avait retardé le convoi tout au long de la route… Et quand ma sœur, jeune mère de famille, rentrant du Bénin, chercha un appartement dans Paris pour caser sa marmaille, l'Association de la noblesse française compta ses quartiers, comme on recensait ses grands-parents juifs pendant l'Occupation — et trouva qu'il lui en manquait deux.

Enfin, je n'allais pas raconter des trucs pareils à Françoise… Cela faisait très Marie-Chantal, mes affaires ; aucune guillotine ne me menaçait — surtout pas dans l'Ouest, où les ailes des moulins que nous apercevions au loin avaient servi de signaux télégraphiques aux Chouans… Je lui dis que, pour les rabbins, on était juif quand on avait une mère juive. Elle le savait, mais elle n'était pas rabbin, et, pour elle, on était catholique quand on était baptisé. Point final.

J'essayais de la faire parler de ses parents, ce père dont elle n'avait pas de souvenir parce qu'on n'allait pas le voir à l'hôpital, il était contagieux ; sa mère qui était morte autour du

14 juillet, dans Paris désert, et qui lui avait dit, quand elle s'était blessée, enfant : « Dans notre famille, on ne pleure pas », exactement comme la mienne, devant mes genoux écorchés : « Garde tes larmes pour plus tard ! » L'une comme l'autre ne pleurions que très rarement, et Françoise n'arrivait pas à se rappeler quand elle avait pleuré la dernière fois.

Elle me dit aussi que Caroline avait le beau visage de son père…

Mais elle n'aimait pas les confidences, et moi non plus, même si cette pudeur dans l'expression de ses sentiments, ce côté moralement si boutonné, son élégance à l'hôtel, se doublait chez elle d'une absence de pudeur physique étonnante pour une femme de sa génération — et très exotique sur une plage de l'Atlantique. Comme je lui racontais que mon amie Nita, élevée à la Légion d'honneur, y avait appris à se déshabiller et à se rhabiller sous une chemise de façon qu'une armée de hussards qui n'aurait pas vu de femme depuis six mois n'en éprouve aucun désir, elle me répondit : « À quoi ça sert ? » De fait, elle semblait avoir bien vécu jusqu'alors en l'ignorant… Autant ma peau de blonde allergique au soleil me conduisait à m'entortiller dans des linges, des lunettes et des chapeaux, même sous les nuages, autant la présence de l'océan semblait raviver en cette Méditerranéenne des souvenirs de Paradis terrestre, et du « simple appareil d'une beauté qu'on vient d'arracher au sommeil ».

La question de son baptême revint au cours d'un déjeuner loufoque avec le directeur de l'hôtel, qui n'avait rien à envier à celui du Grand-Hôtel de Balbec. Il avait trouvé sur Internet une espèce d'étrange interview de Françoise, qui indiquait qu'elle était née à l'île Maurice… « Alors, pour vos vacances, vous avez préféré la Bretagne à votre pays natal, cette année ? » Tête de Françoise ! Après cette brillante entrée en matière, je ne sais pourquoi la conversation tourna sur le baptême. On est catholique quand on est baptisé, dit-il. Vous voyez bien ! souligna Françoise, triomphante. Je suis baptisée ; je suis catholique !

De fait, nous avions été témoins ensemble au mariage religieux des Decaux, le samedi 13 janvier 1996, des années après leur mariage civil (la mort de sa première femme autorisant Alain à épouser Micheline à l'église), en robes et chapeaux, et où elle fit force signes de croix, mais s'était refusée, en toute logique, et à mon grand soulagement, à aller communier. Elle ne connaissait qu'une prière, le *Je vous salue Marie,* mais on ne la récitait pas pendant la messe, pas de bol.

Nous butions sur les prémisses ; elle donnait du catholicisme une définition formelle, comme si le baptême était une espèce de permis de conduire. Ou de diplôme. Elle l'avait, bravo ! Légalement, sociologiquement, extérieurement, elle était catholique. Mais, pour moi, cela n'avait aucun sens. C'est le degré zéro, surtout chez quelqu'un qui a été baptisé bébé. Le christianisme, en gros, c'est la foi et les œuvres. Être catholique, c'est d'abord partager certaines croyances, dont la première ligne du Credo, le plus petit dénominateur commun, si l'on peut dire en l'occurrence, au minimum des minimums, le Dieu de la Bible. Et Françoise n'y croyait pas. Du tout. Cela valait d'ailleurs beaucoup mieux pour lui, car elle l'aurait accusé de tous les maux.

Mais moi aussi, je me trompais... Je confondais, comme me le dit plus tard Caroline, une histoire de religion ou de philosophie avec une histoire de famille. Les chrétiens se figurent que, comme eux, les juifs partagent un certain nombre de croyances, alors qu'ils appartiennent à la même famille, et partageraient plutôt un certain nombre de pratiques ; un rabbin peut très bien être athée. Ou agnostique. Ce n'est pas un curé. J'ai déjà entendu des rabbins expliquer que Dieu n'existait pas ; il ne faut pas les croire trop vite ; il s'agit souvent d'un triple saut périlleux arrière pour vous montrer que Dieu n'est pas celui que vous croyez — ou que vous ne croyez pas — et vous laisser tout vertigineux au bord de ce précipice pascalien... De la même façon, les Juifs donnent à tous les non-Juifs le nom générique de chrétiens pour traduire le mot goy, comme à une espèce de famille, sans prendre en considération les convictions des uns ou des autres. Dont le fait que beaucoup de goys ne soient pas du tout chrétiens — comme les nazis ou les communistes, par exemple.

La seule chose qui faisait douter Françoise de l'inexistence de Dieu, c'était, me dit-elle, les rayures sur le dos des zèbres ; le jour où elle avait vu ces rayures-là, il lui avait été difficile de ne pas imaginer un pinceau derrière… Mais on ne croisait pas souvent de zèbres sur la plage de La Baule. Sa mère et sa sœur, les personnes dont elle avait été le plus proche, étaient croyantes ; pas elle. Quant à faire le bien : elle combattait le mal, et sa lutte ne prendrait jamais fin, c'était déjà ça. Le mal ? Le fascisme, me répondit-elle, alors que nous étions sur le départ.

En marchant dans l'eau, sa cervelle se raboutant, elle s'interrogeait sur son avenir qui l'inspirait beaucoup plus que son passé. Elle n'allait pas se transformer, comme certaines de ses amies, en grand-mère modèle ; elle trouvait ça très bien, mais ne se sentait pas douée pour cela, ni davantage pour s'occuper d'un salut auquel elle ne croyait pas ; que faire alors ? Il lui restait quelques mots à redresser, et voilà tout. Après *Lou*, biographie de Lou Andreas-Salomé, pour laquelle elle consulta Caroline, de son histoire familiale et religieuse, elle tira un roman, *Les Taches du léopard.*

Le héros ressemble beaucoup à son petit-fils cadet Jérémie Nassif, à qui elle a emprunté nombre de ses aventures — mais elle lui a donné les yeux bleus de Jean-Jacques. Il s'occupe du commerce d'œuvres d'art. Adopté par des catholiques de gauche bien sous tous rapports, il découvre qu'il est juif à sa majorité, et retrouve sa véritable mère, qui vit à Londres, et l'avait abandonné pour lui épargner ce trop lourd héritage.

Au terme de sa longue recherche identitaire, après la mort et l'incinération de sa mère, Denis finit assassiné par un antisémite pédophile devant sa galerie londonienne, et selon ses vœux est enterré dans le petit cimetière de campagne de ses parents adoptifs... CQFD.

Et quand, à la fin de cet hiver, le 19 mars 2012, le jeune rabbin Jonathan Sandler, essayant en vain de protéger ses deux fils de trois et six ans, Gabriel et Aryeh, fut abattu en plein Toulouse par Mohamed Merah, qui poursuivit à l'intérieur même de son école une petite fille de huit ans, Myriam, pour l'assassiner à bout portant, l'écho des paroles de Françoise sur la plage, qui m'avaient laissée coite, me revint à la mémoire comme une tragique prophétie...

5

MATERNELLE

« Vous avez été maternelle ! » me dit Françoise dans le taxi qui nous raccompagnait de la gare Montparnasse… Devant ma tête interloquée, elle ajouta : « Mieux que maternelle »… C'était très touchant, venant de sa part. En tout cas, entre la crainte exprimée qu'un nouveau court-circuit cérébral ne l'égare la nuit dans les couloirs de l'hôtel — où je l'avais rassurée en lui annonçant que je n'hésiterais pas à l'assommer pour la remettre dans son lit — et la prise de notes sur un grand bloc Rhodia à carreaux destinées à sa prochaine chronique pour l'*Observateur*, pestant devant la vulgarité des programmes de télévision, ses progrès avaient été fulgurants. Françoise était retapée ; je remisai les talkies-walkies pour la surveillance des bébés que j'avais emportés afin de l'entendre de ma chambre, en cas de problème.

Si j'étais la mère de Françoise, cela faisait de moi la grand-mère de Caroline. Même si j'avais quarante ans de moins que la mère, et dix de moins que sa fille… Je l'avais appelée tous les soirs pour lui donner des nouvelles de notre expédition et de la convalescence de Françoise, toujours très étonnée que je la trouve aussi facilement au bout du fil — sans fil ; elle prendrait le relais à Paris. Au téléphone, Françoise l'appelait « Mon chéri », on revenait de loin…

Au début, dans mes relations avec Françoise, il n'était jamais question de nos familles ; ce n'était pas un sujet de conversation. Il fallut que mon père mourût, le 30 janvier 1996, pour que nous parlions de lui, et que nous fussions invitées ensemble, avec ma veuve de mère, chez Micheline et Alain Decaux, que nous venions de marier à l'église, en-jupe-et-chapeau-sans-croiser-les-jambes, et qui réunissaient leurs témoins dont Robert Hossein, lointain gendre de Françoise, avec lequel j'avais eu de houleux rapports au départ, moi jeune critique et lui vieil ami de Louis Pauwels (il avait voulu me faire virer !), apaisés sur le tournage des *Misérables*, à Sarlat, où il m'avait raconté qu'il avait parfois des stigmates, ce que Micheline, à la fois sa photographe de plateau et sa voisine de palier, avait confirmé, pendant que le photographe du *Fig-Mag* qui m'accompagnait, un Chilien, nous montrait son authentique Polaroid d'une apparition de la Sainte Vierge en Amérique du Sud… Ouille !

Ce soir-là, la conversation fut plus rationnelle ou moins arrosée, sans doute les deux, à tel point que j'entendais Françoise et ma mère se féliciter de ce dîner où elles n'avaient pas entendu de bêtises, c'était rare et digne d'être souligné, à l'arrière de ma voiture où je jouais les chauffeurs. Quand je leur demandai si elles préféraient, comme itinéraire, rentrer dans le VIIe directement par l'Alma ou faire un crochet par les Champs-Élysées illuminés, plus jolis, ma mère répondit : « Nous ne t'avons pas attendue pour connaître les Champs-Élysées ! » entraînant l'approbation de Françoise ; elles faisaient les mêmes commentaires aux mêmes propos, et je les sentais prêtes à s'accorder sur mon dos d'orpheline débutante pour trouver que je prenais vraiment trop l'existence à la légère, comme feu mon père…

Aucun risque qu'on les accuse d'avoir le sens de l'humour ! La vie n'était pas de la tarte pour ces deux coriaces sur lesquelles les nazis s'étaient cassé les dents, qui relevaient crânement le dernier défi d'un quatrième âge jamais atteint par leurs propres mères, dont elles étaient les pionnières, les pilotes d'essai, en râlant, mais sans céder d'un pouce sur l'élégance et la mise en plis. Une question de plus, et j'aurais eu droit à des commentaires en stéréo sur ma façon de (ne pas) m'habiller et (ne pas) me coiffer ! Elles avaient connu les Champs-Élysées bien avant moi, mes malheurs ne faisaient que commencer, pas de fantaisie, ni crochet ni lampions.

Un an plus tard, en janvier 1997, chez Bonaldi, dans l'émission où je travaillais à Canal+, nous reçûmes Caroline Eliacheff, célèbre psychanalyste et pédopsychiatre, pour la sortie de son livre *Vies privées, De l'enfant roi à l'enfant victime.* Comme on s'y mettait à quatre, voire à cinq, pour faire une interview, nous nous étions déplacés jusqu'à son cabinet afin de la préparer avant le direct. Avec un vrai divan ; je n'en avais jamais vu avant… Claire, intelligente et sans jargon, Caroline avait été excellente. Impressionnante, même.

Au déjeuner suivant chez Françoise, je lui dis que sa fille était géniale. Mon enthousiasme l'agaça ; elle ne m'avait pas attendue pour la connaître ! Comme pour les Champs-Elysées… « Elle a été très bien analysée », commenta-t-elle. Sans plus. Était-ce aimable ? Sans doute. Françoise disait beaucoup de bien de sa propre analyse — qui lui avait, selon sa formule, appris à mettre son pied gauche dans sa chaussure gauche et son pied droit dans sa chaussure droite —, de son analyste, le meilleur, Jacques Lacan, génie dont elle n'était pas peu fière d'avoir réussi à traduire un séminaire en français pour les lecteurs de *L'Express*… Ses deux enfants, Alain et Caroline, avaient eu le même, l'un avant elle et l'autre après, sans doute comme on se succède au même excellent collège dans d'autres familles, pour atteindre l'âge adulte d'un bon pied, la tête bien rangée à l'intérieur, vacciné contre la passion, pas dupe de ses pulsions et sans trop d'illusions sur la nature humaine.

Ensuite, parfois, dans la conversation, Caroline réapparaissait, parce qu'elle avait cinquante ans, ce qui l'épatait, ou qu'elle lui avait envoyé un fax étonnant… Sans plus. Caroline était une personne intéressante en elle-même, indépendamment du fait qu'elle fût sa fille, et elle l'aurait certainement prise en amitié si elle l'avait rencontrée à son club de femmes, par exemple. Elle l'aurait interviewée avec beaucoup d'acuité sur son métier. Mais elle n'en parlait pas. À moi, en tout cas. Non plus que de son Marin, producteur de cinéma. Le seul membre de sa famille qu'elle évoquait spontanément était son petit-fils, Jérémie, quand elle voulut lui trouver du travail comme photographe dans la presse.

Et pas plus qu'elle ne me demandait jamais des nouvelles de ma mère, je ne lui demandais des nouvelles de sa fille, pour éviter ces conversations qui nous rasaient autant l'une que l'autre, déprimantes comme autant de punitions imméritées. Ces moliéresques : Comment va Mme Dimanche votre épouse ? Et votre fille Claudine ? Et le petit Colin fait-il bien du tambour ? Et votre chien Brusquet ? Cet après-midi encore, de retour à Saumur, j'entends ma mère passer des heures avec ses amies à échanger des nouvelles de leurs familles, sur quatre ou cinq générations, sans omettre un seul rejeton, remettant leurs pendules à l'heure de l'interminable feuilleton de la vie, d'accouchements en chimiothérapies, et de concours universitaires en retraites anticipées, sans oublier les divorces, les suicides, le chômage et la maladie d'Alzheimer…

Chaque jour, maintenant qu'elle n'y voit plus, je lui lis la rubrique décès du carnet du *Figaro*, quotidien et indispensable exercice, pour savoir qui entre et qui sort de ce jeu biblique et féminin d'Untel, fils d'Unetelle, comme une immense et interminable tapisserie, auquel elle joue avec tout le monde, sachant le nom et l'âge, sans cesse changeant, des enfants de sa coiffeuse, de sa couturière, de toute la famille de Nanie, de ceux qui travaillèrent avec mon père, des anciens comme des nouveaux jardiniers, bref, de toutes les personnes un jour entrées dans sa vie, pour n'en plus jamais sortir… C'était le travail ancien des femmes qui n'avaient pas de métier de perpétuer la vie et de commenter ensuite cette perpétuation, où elles avaient leur place, petite mais indispensable, unique, pour les siècles des siècles.

En réalité, nos histoires de journaux, de livres ou d'ordinateurs nous occupaient bien plus, Françoise et moi, que ma mère, qu'elle recroisa une fois, ou sa fille, que j'apercevais de temps en temps. Nous cousinions par « l'immense famille sentimentale de la lecture », dont parle Françoise Sagan — et la « famille chat », comme disait ma vieille Nanie du Maine-et-Loire, désespérée que sa maison de retraite n'acceptât pas sa chère Pamina, et dont tous les mails des amis de Chris Marker en deuil qui envahissent en ce moment ma boîte aux lettres me confirment, s'il en était besoin, l'universelle réalité.

Les chats étaient entrés tard dans l'existence

de Françoise, quand elle se mit à écrire des livres et qu'Alex Grall, qui était éditeur, partagea sa vie — mais pas son appartement. La première fut une certaine Rébecca, une siamoise qu'elle offrit elle-même à Valérie, la fille d'Alex, pour Noël 1964, mais qui se retrouva l'invitée permanente de leurs communes vacances d'été à Antibes… Après la mort de Rébecca, Caroline offrit Balthus aux enfants Grall, et Pachatte à Françoise, tous deux cousins de son abyssine, Toun. Leur goût pour les lézards, fort préjudiciable à leur santé, finit par les priver de villégiatures dans le Midi, et Pachatte allait en pension chez le vétérinaire de la rue Saint-Dominique quand Françoise s'absentait. C'est la première que je lui ai connue ; elle avait un irrésistible ventre saumon… Je lis dans son journal :

« Mardi 3 mars 1998. Chagrin. Le petit chat est mort. On a dû abréger la vie de ma tendre, ma belle Pachatte, parce qu'elle ne pouvait plus rien avaler. Privilège des bêtes sur les hommes : on peut leur donner une mort douce. Je suis adulte. Je n'en fais pas une tragédie ni n'en fais confidence, sauf aux amis des chats qui me comprennent ; Angelo Rinaldi, par exemple… Mais elle est si présente encore dans la maison que je la cherche des yeux, je cache mon stylo pour qu'elle ne le fasse pas tomber, je ferme la porte de ma chambre pour qu'elle ne saute pas sur le lit. Quand j'aurai fait le deuil de Pachatte, j'adopterai peut-être un autre chat. »

En juillet, Micheline prit l'initiative de l'emmener choisir dans une portée un « irrésistible petit abyssin bleu », que nous avions décidé de lui offrir avec Caroline, et qui se révéla aussi de sexe féminin. Elle arriva dans sa vie le 11 septembre : « Il me reste à l'apprivoiser doucement. Allez-vous m'aimer, Ondine ? » La petite minette se cachait dans son immense bibliothèque, empêchait Françoise de lire *Le Monde* en se couchant dessus, et lui léchait le nez à six heures du matin… Moins effrontée que Pachatte, elle mit un certain temps avant de venir déjeuner, étalée sur la table. Aujourd'hui âgée de quatorze ans, toujours aussi jolie, elle réside chez Jérémie, qui continue à la gaver de Gourmet trois étoiles, avec tous les infinis égards dus à son rang de princesse.

En continuant le journal de Françoise, je lis que nous avons dîné ensemble, le 30 novembre suivant, où je rentrais de Rome, mon livre sur les anges enfin publié, et offert au pape. Son imprimante tomba en panne au moment où je sonnais. Angoisse. Elle avait un papier à faxer. Je lui dis de ne pas s'en faire, puisqu'elle était bénie par le pape : la bénédiction apostolique que j'avais reçue à l'audience du mercredi sur la place Saint-Pierre, comme tous les pèlerins, s'étendait à notre famille et à nos amis, donc à Françoise… Que je riais un peu mais pas vraiment. Et que l'imprimante remarcha. Miracle ! Ensuite, je repartis pour la Bretagne écrire un roman sur Malraux et le Panthéon, une nouvelle paire d'années.

Un soir, sans aucun signe avant-coureur, au Club L, le Stromboli explosa.

Peut-être y avait-il eu des signes, en réalité, mais impossibles à discerner depuis la presqu'île de Crozon où j'avais élu domicile dans les tempêtes… Je n'ai oublié ni le lieu ni la phrase de Françoise… Quand était-ce ? Entre mes agendas, ceux des amis, la correspondance de Françoise déposée à l'Imec pour compléter son journal, très lacunaire pendant toute cette période, de la fin janvier au début juin 2001, j'essaie de m'y retrouver.

D'après un mail envoyé à Martine de Rabaudy, le 29 janvier 2001, j'avais appelé Françoise à propos de son nouveau livre de souvenirs, *On ne peut pas être heureux tout le temps*, qu'elle m'avait envoyé, et où était apparu, comme chaque fois, un nouveau scoop en provenance de son passé : son mari en taule ! Première nouvelle ! Je n'en avais encore jamais entendu parler ; elle m'avait juste dit que le père de Caroline était russe, mort, et n'avait eu aucune influence sur sa fille… On se rapprochait pas à pas de la vérité ; il restait encore quelques flous artistiques. Je me réjouissais avec Martine qu'on republie ses excellents portraits de jeunesse en Folio.

En mars, je suis rentrée définitivement à Paris pour rendre mon roman sur le Panthéon, j'ai déjeuné avec Françoise que j'ai entraînée voir un très mauvais film dont nous avons pu sortir au bout de vingt minutes avec délices, puisqu'on avait payé nos places : *Belphégor* (mea culpa). En avril, reportage pendant quinze jours en Érythrée, le seul pays d'Afrique où l'égalité entre les femmes et les hommes est inscrite dans la Constitution, et l'un des plus beaux du monde, avec Hélène, qui m'apprenait à reconnaître les jacarandas sur la place d'Asmara, où nous allions à la rencontre des anciennes combattantes pour *Marie-Claire*... En mai, les réunions de représentants pour mon livre. Voici.

C'était le 21 mai 2001. Au Club L, où Micheline et Françoise m'avaient entraînée, et qui organisait de brefs dîners mensuels entre professionnelles très pointues de tous secteurs d'activité. Par tables rondes. Placées. Toujours le lundi soir. De 20 heures à 22 heures. Pas vraiment mon idée du bonheur mais, débarquant du Finistère, ça ne manquait pas d'un charme exotique... Ce soir-là, à l'apéritif, Caroline riait avec Nathalie Heinich, la sociologue avec qui elle écrivait son prochain livre, et quelques inconnues... De dos, je vis Françoise, avec son inimitable démarche de culbuto, s'approcher de leur groupe : « Alors, il faut que je vienne jusqu'ici pour te voir ? » lui lança-t-elle assez fort pour que j'entende, depuis le bar où j'étais accoudée. Après un demi-tour, elle cingla vers moi pour me lancer, les yeux dans les yeux : « Caroline me hait ! »

Un regard de fauve blessé. Zéro sourire. Une douleur abyssale. Une colère noire. Je faillis en laisser tomber mon verre : « Comment pouvez-vous dire ça ? » Elle répondit plus bas : « Vous savez, c'est terrible, ces mères qui ne meurent pas, qui refusent de vieillir, qui n'ont pas de cheveux blancs... »

Les bornes habituelles de nos conversations avaient sauté d'un seul coup. C'était d'une violence rare et Françoise, selon son expression, était peu sujette à l'inflation verbale. J'en gardais le choc dans la poitrine comme un grelot... N'étant pas analysée, moi, je n'en dormais plus... Je finis par en parler à ma mère, à qui, d'habitude, je ne fais guère de confidences. Mais, c'était une mère ; elles avaient presque le même âge, et certains points communs en dehors des Champs-Élysées... Elle me répondit que, si je considérais Françoise comme une amie, je devais lui parler, c'était là le rôle des amis ; sinon, nous n'avions que des relations mondaines. À quoi elle ajouta qu'il ne devait pas être facile d'être la fille d'une femme au visage si dur, et que j'avais bien de la chance, moi, d'avoir une mère qui n'avait jamais rien fait d'extraordinaire, ce qui laissait un champ considérable à mes activités...

Considérais-je Françoise comme une amie ? En tout cas, elle me considérait comme telle, puisque dans *Arthur*, à ma grande surprise, la première fois, et dans plusieurs autres de ses livres après, elle avait écrit que c'était le cas. Ce n'était pas une question d'âge.

Au déjeuner, le vendredi suivant, le 25 mai, chez Françoise, j'attendis jusqu'au café, comme le jour de l'interview sur JJSS, et pris quelques précautions oratoires sur le fait que je me mêlais peut-être de ce qui ne me regardait pas, mais que je ne pouvais pas faire mine de ne pas l'avoir entendue, et que ses paroles m'avaient beaucoup choquée. « C'est très banal, regardez Éliane Victor... » me répondit-elle, de loin. Je me fichais, lui dis-je, de sa copine et de sa progéniture, ni que ce soit original ou pas, mais si elle croyait vraiment que Caroline la haïssait, elle devait y faire quelque chose, parce que la haine, entre deux personnes si intelligentes, était intolérable. Et surtout entre Caroline et elle. Parce qu'elle était essentielle dans sa vie, comme elle dans la sienne.

— Vous croyez vraiment que je suis essentielle dans la vie de Caroline ?

— Sans vous, elle ne serait pas là !

Il pleuvait des vérités premières... Et qu'est-ce que je prétendais qu'elle y fasse ? Qu'elle lui en parle, au moins ! Je croyais qu'il était plus facile de se parler entre gens analysés...

— On ne parle pas de ces choses-là.

— Françoise, vous êtes un vieux crocodile !

Ça venait du fond du cœur. Elle en tomba d'accord ; oui, elle était un vieux crocodile...

Et même un très vieux, qui pouvait mourir à tout moment, pensais-je ; elle avait quatre ans de plus que mon père, mort cinq ans plus tôt ; elle l'avait rattrapé, voire doublé ; et ça serait vraiment malin, cette situation, si elle mourait...

Comme elle semblait résolue à ne pas bouger de son marigot, je téléphonai à Caroline, qui me donna un rendez-vous très vite, le mardi suivant, le 29 mai à 14 h 30, dans son cabinet, rue de Furstemberg. Pendant au moins deux heures. Assises tête-bêche. En fumant d'innombrables cigarettes, comme dans Oscar Wilde. Elle des Philip Morris slim, très minces, des cigarettes de fille, moi mes Peter Stuyvesant rouge. Les médecins qui fument m'inspirent toujours confiance ; c'était déjà ça. Drôle de rencontre, quand même…

Je ne sais plus comment je lui présentai les choses, sûrement très confusément, parce que je n'arrivais pas à répéter les paroles de Françoise, trop violentes, trop directes, et que j'imaginais aussi beaucoup trop archaïques et déplacées pour quelqu'un de si excellent dans une profession dont je me faisais une idée assez vague, ayant lu en même temps, au tout début de l'adolescence, Freud et Conan Doyle, ces deux médecins presque jumeaux qui résolvaient des énigmes… Les psychanalystes sont des détectives de l'âme et, même si je ne pensais pas qu'elle pouvait me faire des révélations sur moi-même à partir de certaines paroles maladroites, comme Sherlock Holmes, en observant la poussière sur mes chaussures, son univers mental m'était tout à fait étranger. Je n'en connaissais que le vocabulaire — et sans doute très mal.

J'ignorais cette sagesse que semblait lui reconnaître Françoise, venue de l'analyse ; j'avais bifurqué très vite de Freud à Proust, dans le genre psychanalytique. Et je ne croyais pas, au fond, que la clé du mystère fût entre les mains des psychologues. À cause de Malraux : « Nous sommes habités par des monstres banals »... Mais ce n'était pas le sujet.

Caroline avait un charme puissant mais très différent de sa mère ; elles ne se ressemblaient que par leur petit gabarit, qui ne se remarque plus lorsqu'on est assis... Un front immense, très calme, étonnante surtout par son absence totale de barrières verbales vis-à-vis de l'inconnue que je lui étais, qu'elle tutoya d'emblée et à qui elle raconta des choses de sa vie, sans préalable. Le domaine de la confidence, si barricadé chez Françoise, semblait ouvert chez elle au point de ne pas exister.

Comment elle avait découvert, petit à petit, grâce à des patients qui avaient la même histoire qu'elle, et à l'enquête de son fils Nicolas, devenu rabbin, son origine juive... Ce dont jamais ni Françoise ni son père ne lui avaient parlé... On l'avait envoyée au catéchisme et à la messe ; son père, russe, lui avait vaguement dit qu'il était orthodoxe... Elle décrivait un autre monde, d'un autre point de vue. Un monde de silence. Elle se dit très fière d'avoir réussi à établir des relations harmonieuses et à partager la vie du même homme, depuis vingt-cinq ans. Cela semblait son chef-d'œuvre. Une chose originale et importante. Visiblement, elle avait planté sa tente dans une île très éloignée du territoire maternel. Elles n'avaient pas du tout le même rythme ni le même rapport avec le temps. Françoise semblait déjà demain et Caroline encore hier.

Quant à mon affaire… Toutes deux respectaient une espèce de pacte de silence bienveillant à l'égard des œuvres de l'autre que Françoise avait soudain rompu, alors que Caroline venait de recevoir le prix Louis-Delluc, au mois de décembre, pour le scénario d'un film de Chabrol, en lui disant qu'elle ne lui aurait jamais donné l'avance sur recettes… Elle semblait trouver ça très grave.

Sur le moment, je ne le compris pas vraiment… Je n'avais pas vu le film, mais, pour moi, Françoise était une scénariste chevronnée, contrairement à Caroline qui débutait dans ce domaine ; quelque chose devait vraiment clocher dans le scénario, et elle avait l'âge de faire la part des choses ; ce n'était pas comme si Françoise avait craché sur un collier de nouilles offert pour la fête des Mères, d'autant qu'il s'agissait d'une œuvre collective. Ça ne me paraissait pas dramatique ; à part le cas de BHL, qui jouissait d'une totale immunité diplomatique, Françoise n'avait jamais hésité à critiquer le travail de ses proches.

Mais je négligeais l'essentiel : l'homme de Caroline était le producteur du film, et ils n'avaient aucune objectivité envers leur travail, ni ne cherchaient à en avoir vis-à-vis de l'extérieur ; tout ce qu'ils faisaient était bien, ou pour le moins méritait d'être défendu, à partir du moment où c'étaient eux qui l'avaient fait. Comme mes maquilleuses de Canal+, mais à la puissance dix. Françoise, par son jugement, indépendant et négatif, montrait qu'elle n'appartenait pas à la famille de sa fille. Qui l'avait peut-être pris comme un désaveu de sa personne.

Plus grave, à mon sens, à l'époque, et surtout plus facile à comprendre dans la célèbre catégorie des dommages collatéraux de la littérature, Caroline avait appris, en lisant le dernier livre de souvenirs de Françoise, en janvier 2001, que son père était en prison au moment de sa naissance... Elle ne le savait pas, elle non plus... Elle avait protesté à voix haute, pour la première fois, mais pas directement auprès d'elle, auprès d'amies communes, Micheline, Florence et d'autres... Et, de la même façon que la réflexion de la mère m'avait propulsée chez sa fille, la réflexion de Caroline devant Jérémie, son fils cadet, qui entretenait avec Françoise une relation autonome et particulière, l'avait expédié chez sa grand-mère. Françoise et Caroline avaient ainsi déclenché des vocations de casques bleus entre le VIe et le VIIe arrondissement de Paris. Elles en étaient à l'envoi d'estafettes... La réponse de Françoise à l'ambassade de Jérémie était arrivée par fax à Caroline, qui y avait répondu de la même façon.

Je n'avais aucune idée de la teneur de ces fax, en ce mardi 29 mai, où chacune semblait camper encore sur ses positions, après s'être croisées sur le pré du Club L, mais je me souvenais avoir quitté Caroline assez rassérénée sur l'avenir de leurs relations… Pourquoi ? Je ne me le rappelais plus. Mais elles paraissaient avoir trouvé un mode de communication positif ; la paix semblait signée.

À l'Imec, bien plus tard, je trouvai la correspondance de Caroline de février 2001, à l'époque de l'éruption du Stromboli, où j'avais joué les casques bleus entre la mère et la fille…

Françoise a conservé son fax.

« Vendredi 17 heures

Caroline, Jérémie me raconte quelque chose d'ahurissant. Tu serais blessée et furieuse d'apprendre par mon livre que Tolia a fait de la prison. Tu l'as appris beaucoup plus tôt, vers cinq ans, de la bouche de Mamy et avec mon accord, quand elle a pensé que tu pouvais être agressée en classe par un élève ou même un professeur, étant donné le climat du moment.

Pour le reste, écrire est ma liberté…

Je trouve seulement infiniment triste que tu ne sois pas venue me voir pour en parler simplement… Et je sens à quel point je suis un poids pour toi.

À un de ces jours.

Fcse »

À Dolto, Dolto et demie, si je puis me permettre…

Le lendemain, à la même heure, le 17 février, Caroline lui répondait, toujours par fax. Qu'elle lui avait envoyé un mail et avait l'intention de venir lui parler, mais que ce n'était pas simple, qu'elle respectait sa liberté, mais que celle-ci avait un prix, et que le « poids » était ancien. Qu'elle en tirait des choses positives et valorisantes. Elle lui téléphonerait après son retour de Saint-Malo et l'embrassait.

Suivait un long fax de Françoise, le 21 février, de dispositions testamentaires pratiques énoncées sans la moindre aménité, où Françoise souscrivait par avance à tout ce que ferait Caroline, mais qui se terminait par un point d'interrogation sur l'éventualité de prendre un exécuteur testamentaire pour ses archives, dans la perspective fatale d'une biographie, corvée qui entraînait beaucoup de courrier : « Je suppose que tu n'as aucune envie d'avoir à t'occuper de choses pareilles ? »

Nulle trace de réponse.

Cependant une dernière carte de Caroline, le 31 mai 2001, plus de trois mois plus tard, est soudain très affectueuse… Une réponse aussi, mais à quoi ? « Tu n'as aucune raison de te faire horreur », dit-elle…

Quand Caroline me confia sa partie de la correspondance, je trouvai le chaînon manquant :

« Françoise Giroud. 27 mai. Merci, ma belle, et pardon de t'avoir fait de la peine, ça me fait horreur. »

Elle n'était pas arrivée à le dire, mais elle l'avait écrit…

Mais merci de quoi ?

Je consultai mon vieil agenda : le 27 mai 2001 était un dimanche… *La fête des Mères* ! Des fleurs pour la fête des Mères ? Un tel archaïsme était-il possible entre des personnes analysées ?

— Oui, fleurs tous les ans pour la fête des Mères et muguet le 1er Mai ! me confirma Caroline.

En ce 29 mai, où je l'avais vue, et qui était un mardi, Caroline avait dû me dire qu'elle avait envoyé, comme chaque année, des fleurs à Françoise pour la fête des Mères — après les ambassades, les cadeaux d'usage, et c'était donc pour cela que j'étais partie de chez elle rassérénée… Je me souvenais de mon impression, mais j'en avais oublié la cause, sans doute parce qu'elle devait me sembler inouïe.

Puisqu'il s'agit de courrier postal, même s'il est rapide dans Paris intra-muros, j'ignore si elle avait déjà reçu, ce jour-là, le mot d'excuses : « Merci, ma belle, et pardon de t'avoir fait de la peine, ça me fait horreur. »

Elle y répondit donc, le jeudi suivant, surlendemain de ma visite, sur un carton du même genre :

« Tu ne m'as pas fait de la peine, tu m'as choquée à tous les sens du terme. Tous les parents "choquent" leurs enfants et réciproquement. Ce n'est ni la première ni probablement la dernière fois.

La seule chose qui a changé est que j'ai dépassé cette loi du silence que je m'impose comme d'ailleurs toutes celles qui t'entourent ! Nulle passion ne m'anime. J'ai plutôt de l'intérêt et de la curiosité quant à notre relation.

De mon point de vue, tu n'as aucune raison de te faire horreur, mais peut-être juste de réaliser que je ne suis pas une “fille parfaite”.

Je t'embrasse comme je t'aime

Caroline »

Et c'est donc sur ce « je t'aime » signé Caroline, le 31 mai 2001, que s'achève la correspondance que Françoise a confiée à l'Imec, le 8 juin de la même année… Il était temps !

Étrange billard à multiples bandes ; il y a des familles où l'on se dit qu'on s'aime, et l'on se fait des papouilles à n'en plus finir, et d'autres où l'on en arrive au même résultat par des voies beaucoup plus détournées. Sans se toucher. Sans se parler. Mais, comme dirait l'autre, ça n'empêche pas les sentiments — quel que soit le nom qu'on leur donne.

« Françoise était une mauvaise mère » : je ne compte plus les femmes, amies ou collègues de Françoise, à m'avoir dit et répété qu'elle était une mauvaise mère, voire très mauvaise, même quand je ne leur demandais rien, comme un élément très sûr à porter à son discrédit au cas où ça m'aurait échappé ; ou comme une énorme réserve à ses multiples talents… En tout cas, je n'ai encore rencontré personne qui m'ait jamais dit le contraire. Les autres femmes journalistes quittaient le journal pour s'occuper de leurs enfants, pas Françoise. Jamais. En plus, elle leur répétait que le journalisme était incompatible avec la maternité, alors qu'elles y arrivaient… Mais elles étaient plus jeunes et avaient moins de responsabilités. De talent aussi, peut-être. Une phrase mal fichue ne les empêche sans doute pas de dormir. En général ces réserves sont suivies de sournoiseries : pourquoi encore écrire sur elle ? Qu'est-ce qu'elle avait de si extraordinaire ? Plus personne ne la connaît aujourd'hui — ce qui est vrai dans les jeunes générations… Néanmoins, il ne me semble pas que Françoise ait jamais revendiqué le titre de mère au foyer.

Elle a écrit tout ce qu'elle pouvait écrire sur sa relation avec son fils, le pire du pire, comment elle s'y est mal prise avec lui, et combien elle a souffert depuis avant sa naissance jusqu'à sa mort, dans un accident de montagne. Elle a écrit aussi combien la naissance de Caroline, au contraire, avait été désirée. Mais elle passa aussi peu de temps avec elle qu'avec lui, soudain privée de son mari, en taule. Elle dut confier derechef ses enfants à sa mère chérie pendant qu'elle endossait, à nouveau, le rôle de chef de famille, bossant comme un mec. Plus par nécessité que par choix. Les hommes de sa vie l'ont toujours abandonnée. Sans le faire exprès. Son père est mort quand elle était très petite, après avoir été malade et contagieux (elle ne se souvenait pas avoir jamais employé le mot « papa »), et les pères de ses enfants l'ont laissée tomber quand elle était enceinte, le premier fuyant les nazis en Espagne sans l'avoir épousée et le second atterrissant dans la case prison, après huit mois de mariage… Aucun ne l'a jamais entretenue ; elle a dû gagner sa vie, et celle de tous les siens, à partir de l'âge de seize ans. Pas par féminisme, par pragmatisme.

Dans la toute première interview que j'ai faite de Françoise, à propos d'Alma Mahler, elle exposait l'idée qu'il manquait aux femmes créatrices d'avoir une femme ; dans le sens où les hommes en avaient une, quelqu'un qui les aide, qui les décharge des soucis quotidiens. Sa propre mère a joué — très bien de l'avis général — ce rôle dans sa jeune vie. Elle s'occupait de ses enfants, en plus d'un personnel nombreux, à l'époque. Ils n'ont manqué d'aucun des biens matériels qui lui avaient fait si cruellement défaut à elle, quand elle était petite. Tout comme elle leur a donné à chacun un nom bien français, même si ce n'était pas celui de leur père, et une religion qui ne risquait pas, au moins, de les conduire dans un camp de la mort. Plus la psychanalyse comme une espèce de vaccin contre la violence des passions qui l'avaient ravagée et empêchée d'être vraiment heureuse en amour avant sa maturité tardive avec Alex. Travaillant, elle se définissait comme le pélican de Musset, nourrissant ses petits de son cœur et de ses entrailles, et se laissant dévorer par eux quand la pêche a été mauvaise…

Toutefois cette allégorie, fréquente dans sa génération, et que mon père utilisait aussi, désigne… un père ! Les mères nourrissent leurs enfants de leur lait, pas de leur sang. Françoise n'était peut-être pas une bonne mère, mais c'était un bon père, nourrissant tous les siens de son sang d'encre.

Après la mort de sa mère, à l'été 1959, elle perdit les pédales et commença une dépression. L'homme dans sa vie, JJSS, rentré de la guerre d'Algérie avec un syndrome post-traumatique, comme on dit aujourd'hui, incapable de l'épauler, résolut ses propres problèmes en décidant d'en épouser une autre, la laissant plus seule que seule ! Quant à ses enfants…

Sous la houlette beaucoup trop tendre, à tous points de vue, de son frère de dix-neuf ans, Caroline expérimenta les boîtes de nuit dès l'âge de douze ans pour entamer ce qu'elle appelle sa vie de bâton de chaise. Personne ne la retint. Un an plus tard, Françoise la mit en pension à Marymount, à Neuilly-sur-Seine, où elle se plut. Mais, à quatorze ans, elle termina ses vacances romaines chez son père, Anatole Eliacheff, producteur de cinéma, dans les bras de Robert Hossein, la grande star de l'époque, où son papa l'avait installée, et qu'elle ne voulut plus quitter pour retourner en classe chez les religieuses. À l'époque, on appelait ça du détournement de mineur — et aujourd'hui encore. Quant au père, charmant au dire de toutes les femmes qui l'ont croisé, on chercherait en vain des qualificatifs à son attitude dans un dictionnaire de la morale bourgeoise qu'il n'avait jamais parcouru.

Françoise, dans une lettre admirable, menaça son futur gendre d'envoyer sa fille à l'étranger s'il en faisait la trop jeune vedette d'un mauvais film, mais fut aux côtés de Caroline contre les bien-pensants dans tous ses choix, pourvu qu'ils fussent les siens : mariage à quinze ans et deux jours, le 7 juin 1962 à Gambais, dans sa campagne, IVG en juillet à Genève, indolore, premier bac le 17 juillet 1963, naissance de bébé Nicolas le 17 janvier 1964, et deuxième bac. Quatre ans avant Mai 68, et plus encore avant la loi Veil, dans un ordre très peu conventionnel, Caroline avait déjà tout expérimenté de la vie d'une femme — à seize ans ! Il lui restait à apprendre un métier… À dix-sept ans, renonçant à la vie de bohème et fuyant les paparazzi, elle partit commencer sa médecine à Dijon, avec l'enfant, une nurse et un Vélosolex pour aller en cours dans un froid de loup ; elle n'avait pas encore l'âge de passer son permis de conduire.

Seule Caroline pourrait dire que Françoise était une mauvaise mère. Mais, comme le petit poisson plein d'astuce de Kipling, elle a fort intelligemment déplacé la question. En ce fameux printemps 2001, elle était plongée dans la rédaction d'un gigantesque travail sur les rapports mères-filles, à partir d'exemples tirés de la fiction littéraire et du cinéma… Tout en décrivant leur étrange façon de communiquer : écrivons-nous un livre sur ce dont nous ne parlons pas, qu'on ne lira pas forcément en entier ou à fond, mais qui suscitera de nouveaux fax, elle cita la réaction de Françoise à cet ouvrage dans son discours au Père-Lachaise :

« Il y a un an presque jour pour jour, je lui avais envoyé le livre que j'ai écrit avec Nathalie Heinich, *Mères-filles, une relation à trois.* Le lendemain, j'ai reçu le fax suivant : "J'ai lu jusqu'à 2 heures du matin mais je n'ai pas fini. Première impression : il faut faire comme les Chinois, tuer les filles à la naissance et ne garder que les garçons. Deuxième impression : c'est très très bon, plutôt désespérant pour les femmes qu'elles soient mères ou filles. Si j'avais la responsabilité d'un journal, je vous demanderais d'y décrire la 'bonne mère' si toutefois il y en a." »

Dans le livre de Caroline, il n'y en a pas. Tous les modèles choisis sont mauvais, et même pires les uns que les autres ! Bonne mère ou bonne fille : elle a rendu la mission impossible. Des deux côtés. Voire absurde. Et comme elle n'a que des fils, la question ne se pose pas, pour elle, en tout cas…

Plus tard, quand Caroline eut à se plaindre de Christine Ockrent, elle appela directement Françoise, entraînant une très directe menace de crevage d'yeux avec une fourchette à l'intéressée, répétée à ses amies, pour que parvienne à Caroline, de bouche à oreille, le message qu'elle était ce qu'elle avait de plus précieux au monde... Ses tendres réponses demeuraient toujours — oralement — très indirectes. « On ne parle pas de ces choses-là. »

D'où mon inquiétude, quand Françoise m'annonça, toute fière, qu'elle avait fait teindre ses cheveux en blanc, et qu'elle voulait me les montrer, comme elle le fit avec d'autres, au mois de décembre 2002. Me rappelant sa phrase sur ces terribles mères qui refusaient de vieillir, j'y vis un évident message d'amour envers Caroline, l'abandon de sa belliqueuse oriflamme, mais aussi le signe évident qu'elle acceptait de mourir, et que ça ne tarderait pas. Comme une tournée d'adieu.

Le 19 janvier, elle n'était plus là.

Pour le colloque organisé en l'honneur du centenaire de Françoise Dolto à l'Unesco, en novembre 2008, Catherine et Caroline ont fait imprimer des tee-shirts avec cette phrase de Dolto : « Une bonne mère est une mère qu'on peut quitter » ; je leur en ai acheté un ; il aurait été comme un gant à l'autre Françoise...

Quant à Caroline, feu le magazine féminin *Atmosphère*, en avril 2004, lui posa cette question : « Avez-vous des enfants ? Comment les avez-vous élevés ?

— J'ai quatre fils adultes que j'ai élevés comme

j'ai pu. Je ne suis pas au centre de leurs préoccupations, ce qui me paraît être un excellent signe de bonne santé mentale. »

Cette réponse n'a pas plu au journal qui n'a pas publié l'interview.

6

SHERLOCK ET WATSON

Confiante dans cette histoire d'enfant et d'enfance, où j'étais tout entière, j'envoyai *Ma Nanie*, — le livre terminé la nuit de la mort de Françoise — à Caroline. Ma nounou, comme un antidote à la toute prochaine biographie de Françoise... Une véritable hagiographie, au contraire, de la sainte femme qui m'avait élevée, Thérèse Lecomte, et que j'avais tant aimée. Mon ambition était de faire de la bonne littérature avec de bons sentiments pour tordre le cou à l'absurde malédiction gidienne (on n'écrit pas avec des sentiments !) en évitant le genre ennuyeux. Caroline aima l'histoire de cette femme et celle de notre relation — et cela me rassura sur sa personne — et sur notre relation.

En y repensant, ma nounou devait aussi lui rappeler sa grand-mère, cette façon qu'elles avaient toutes eue, les dames de notre enfance qui veillaient tendrement sur nous, de porter ainsi leurs cheveux blancs teintés d'une franche nuance mauve ou bleutée...

Elle m'envoya un courriel, me proposant d'en parler dans sa chronique de France-Culture. Comme elle m'avait dit qu'elle avait la phobie du téléphone, je lui répondis de la même façon, et ainsi commença notre correspondance. Au début, j'avais si peu l'habitude du courrier électronique que je mettais les réponses sous les questions au lieu de les mettre au-dessus — c'est dire…

À la mi-mai, la biographie de Françoise par Christine Ockrent parut ; d'autant plus cruelle pour sa fille qu'elle considérait Christine Ockrent et son mari, Bernard Kouchner, comme des amis. Elle s'en sépara, ainsi que de quelques autres journalistes soi-disant proches d'elle et de sa mère… La toujours joyeuse, fidèle et tonique Catherine Dolto rebaptisa la « hyène Christine » la collectrice de ce ramassis de paroles approximatives, qui ricanait sur les plateaux de télévision, très fière de son scoop sur les lettres anonymes… Mais celui-ci affecta beaucoup moins Caroline que de très graves erreurs (parmi tant d'autres !) et ragots rapportés concernant son frère, le père de son frère et ses enfants à elle, surtout son fils Nicolas, qui n'avait jamais été baptisé — ce qui, pour un rabbin, n'était pas indifférent ! Tout comme son changement de nom, présenté de façon odieuse.

Entre-temps, elle m'avait envoyé par mail une ou deux chroniques qu'elle avait écrites pour sa série sur France-Culture, *La Famille dans tous ses états*, que Françoise n'avait jamais écoutées, ne maîtrisant pas le bouton de la modulation de fréquence… Question de génération : ma mère est pareille.

Ses intérêts et son univers étaient aux antipodes des miens, donc très nouveaux pour moi, et elle avait des choses à dire, notre petite Caroline, sur un ton bonhomme assez marrant, sans jargon ni a priori, mais je trouvais bien dommage qu'elle n'eût pas la moindre idée sur la façon de les écrire ; ça flottait… Comme le chantait Brassens : « sans technique un don n'est rien qu'une sale manie » ; d'une manière générale, il m'est déjà impossible de laisser passer un texte non publié sans correction, a fortiori laisser ainsi la fille de Françoise naviguer à vue me hérissait… Il arrive toujours un moment où même les bébés nageurs doivent apprendre la natation.

Aussi, la première fois qu'elle m'envoya une chronique avant sa diffusion, je ne pus m'empêcher de lui suggérer quelques retouches, avec beaucoup d'affectueuses précautions, en pensant qu'elle allait m'envoyer bouler, car c'est ce que j'aurais fait à sa place.

Mais pas du tout, bien au contraire ! N'ayant pas de rapport vital avec l'écriture, elle ne mettait aucune susceptibilité dans sa plume, et avait le désir et le goût de s'améliorer. Et moi, j'adorais le *rewriting* et l'enseignement de ce travail, que, comme sa mère, j'avais dans le sang, mais dont j'avais arrêté l'exercice quotidien… Une double chance !

L'une de ses chroniques se révéla d'autant plus émouvante qu'elle y citait une très longue lettre, un peu ampoulée, que Françoise lui avait envoyée, à travers le journal *Elle* où elle avait été imprimée, pour son septième anniversaire, où sa mère lui souhaitait d'être « secrète, forte, tendre et belle », et qui s'achevait ainsi : « Un anniversaire, mademoiselle ? C'est tout simplement une façon de dire : Je suis là et je vous aime. »

Post mortem, c'était un vrai trésor, réexpédié par une personne qui s'était occupée naguère de ses enfants, arrivé le 5 juin, jour de son anniversaire… Caroline terminait cette lecture en disant : « Pendant des années — les plus importantes — j'ai pensé que ma mère m'aimait inconditionnellement, ignorant d'où me venait cette certitude. C'est tout simple : elle me l'avait dit mais je l'avais oublié. Peut-être lui ai-je dit aussi, mais je l'ai oublié. »

En réalité, tout comme sa mère, Caroline le lui avait écrit… Beaucoup plus tard, *in fine*, sur une carte conservée à l'Imec, du 31 mai 2001, mais qu'elle avait alors, aussi, oubliée.

Depuis la révélation du calibrage et du minutage de ce texte jusqu'à sa chronique sur le baclofène, fin octobre 2008, au moment de l'élection d'Obama, et qui n'appelait soudain plus aucune retouche, tous les papiers de Caroline destinés au grand public ont fait l'aller-retour entre nos deux ordinateurs, de l'attaque à la chute, pour traquer le pléonasme et le double génitif, même quand je voyageais en Inde, en Méditerranée ou en Espagne…

Ses bouquins aussi. C'était, pour moi, la meilleure façon de soutenir et de découvrir cette enfant de Françoise dont je me sentais responsable et, selon les heures, un peu la mère ou la grand-mère, ainsi que le rayon où elle travaillait, pour lequel je n'éprouvais aucun intérêt au départ — la famille, avec les parents, les enfants, les adolescents, les bébés, les grands-parents, les beaux-parents et tout le saint-frusquin — voire que je fuyais à toutes jambes dans la vie ! Tout comme son idéal placé dans le couple, sa durée et son harmonie, me paraissait très curieux : elle n'avait pas assisté aux noces d'or de mes grands-parents maternels, Robert et Marguerite, et les deux faisans en métal qu'on leur avait offerts, perchés aujourd'hui sur la cheminée de ma mère à Paris, ne lui donnaient pas d'urticaire.

Peut-on fuir longtemps sa famille ? Hélas, non ! La mienne me rattrapa très vite ; et notre échange de techniques professionnelles devint très vite mutuel, cessant de se limiter à la théorie pour entrer dans la pratique.

Quand, rentrant de mon premier périple vers Compostelle, le 15 août 2003, j'appris que ma très snob et antipathique tante octogénaire Gladys Peïtevin de Saint-André, née Burthe d'Annelet (« couille de petit mouton » selon la traduction de mon père) était morte, en cette fin de canicule parisienne, son cadavre demeuré chez elle, alors que son fils unique, mon cousin germain et filleul, Bernard, qui la gardait, avait été enfermé aux « petites maisons », comme on disait au Grand Siècle, par de jeunes agents de police ayant trop vu certains films de Hitchcock — et que ma noble famille m'avait désignée volontaire à l'unanimité pour m'en occuper, Caroline vint à ma rescousse.

Elle m'accompagna visiter le cousin Bernard dans un hôpital nommé « Maison Blanche », en grande banlieue, et affronta avec moi une équipe de psychiatres fort désagréables. Elle m'apprit le sens du mot psychotique, et la distance convenable à garder avec mon filleul pour ne pas devenir moi-même folle ou rongée de culpabilité. À impliquer un homme dans l'histoire, le parrain, et à pouvoir affronter les anciens avec un discours constructif — sachant qu'il ne guérirait jamais...

Le cousin Bernard réussit à survivre, refusant médicaments et thérapie, jusqu'au jour où il fut chassé de la tanière immonde dont la sauvegarde était son unique passion, ainsi que Caroline l'avait prédit. Le 21 juillet 2011, il dévissa pendant l'ascension de l'appartement dont il avait été expulsé, et qu'il allait cambrioler pour récupérer des affaires. Entraîné par le poids de son sac à dos, le crâne fracassé sur le sol de la cour de l'immeuble, il mourut inculpé de tentative de vol à main armée — avec une « arme par destination de quatrième catégorie », ce qui désigne, en langage administratif et policier, un tournevis.

La fatale réunion de gènes à la fois déficients et hors d'âge avec l'éducation surannée qu'on rencontre dans « nos familles » produit des enfants incapables de vivre, mais qui meurent très bien. Son testament indique que le cousin Bernard lègue l'ensemble de ses possessions, dont un château tout troué où il ne mettait jamais les pieds, aux Restos du cœur et aux œuvres de propagation de la foi catholique. Amen !

Avec deux prêtres camerounais et l'organiste de la Trinité, nous lui fîmes une très belle messe d'enterrement, en plein été, où nous étions douze. Comme pour sa mère. Quoi qu'il arrive, sans vouloir nous pousser du col, dans « nos familles », nous sommes excellents en funérailles ; on se rattrape toujours à la fin, car l'au-delà demeure pour nous, non seulement la dernière, mais très souvent l'unique chance de bonheur.

D'où une vision joyeuse et optimiste des visites au cimetière...

Même si l'âge de mon cousin était de quarante ans plus avancé que celui des habituels patients de Caroline, elle me fut d'un fier secours, et plus tard me trouva aussi un asile, quand ce fut mon tour d'y aller... Elle fournissait la clinique ; je fournissais les fous.

Quant à la toute première enquête que nous avons menée ensemble, en juin, avant même mon départ pour Compostelle, à l'issue de laquelle Caroline signa certains mails Watson, et moi Sherlock, elle avait pour objet le nez de sa grand-mère…

Comment en étions-nous arrivées à nous intéresser au nez de Mme Salih Gourdji, née Elda Faraggi ? Et quelles questions soulevait-il soudain ? En dehors du problème pascalien que posent tous les nez féminins, depuis celui de Cléopâtre…

Françoise adorait sa mère, une « femme peu banale », et Caroline, qui ne pratique pas encore l'art de la litote, cette « femme exceptionnelle », sa grand-mère, qui l'éleva. Mais ni l'une ni l'autre n'éprouvant de passion pour l'histoire, Caroline, qui en savait peu sur sa famille, ne manifestait pas, au départ, le désir d'en connaître davantage… La judéité cachée de ses parents lui avait suffi comme secret !

C'était sans compter sur sa cousine, Anne-Marie Faraggi, l'archiviste familiale, qui descendit de Suisse, où elle réside, avec quelques nouvelles fraîches du passé, telles les cousines alpinistes du duc de Guermantes… Par exemple que ce nom de Giroud, inventé par André Gillois (alias Maurice Diamant-Berger) en 1937, aurait été trouvé par son cousin Jacques de Castro au cours d'une réunion familiale — anagramme de son Gourdji natal, plus euphonique pour faire de la radio. En réalité, ce nom qu'elle se bagarra tant pour faire légaliser ne fut porté par aucun de ses enfants ni de ses petits-enfants…

Son fils s'appelait Alain Danis, du nom de l'homme qui l'avait adopté — mais n'était pas son père (autre secret de famille dans l'autre sens !) —, il est mort en 1972 sans descendance, et sa fille, née Caroline Eliacheff, du nom de son père, le mari de Françoise, Anatole Eliacheff, avait déjà épousé Robert Hossein quand le changement de nom de Françoise fut officiel, en 1964.

Le nom d'Eliacheff étant tombé en quenouille, son fils aîné, Nicolas Hossein, obtint du Conseil d'État de le porter, ainsi que ses neuf enfants — dont cinq fils, sauvé ! Devenu rabbin, il a aussi adopté un nouveau prénom et signe désormais ses livres Aaron Eliacheff. Comme le disait Robert de Saint-Loup de ses cousins Guermantes, « dans cette famille-là, ils changent de nom comme de chemise ».

La cousine Anne-Marie Faraggi, l'historienne de la famille, ne se contenta pas d'apporter à Caroline la révélation du véritable lieu de naissance de Françoise, quelques photos où celle-ci jouait, enfant, déguisée, parmi ses cousins dans des goûters parisiens d'avant guerre, et un grand arbre généalogique de sa famille juive séfarade répandue dans l'Empire ottoman, elle lui révéla un autre scoop (dont elle aurait sans doute déjà pu avoir entendu parler par son fils Nicolas, ou par Françoise elle-même avant — mais j'en doute fort !), qu'elle-même tenait de sa tante Léa de Castro, née Mallah, à qui Françoise avait fourni de faux papiers (et le faux nom de Lise

Meunier) pendant l'Occupation : que le père de Françoise, ce héros du journalisme et de la liberté, Salih Gourdji, était mort d'une terrible maladie contagieuse et incurable empêchant, certes, ses enfants de lui rendre visite à l'hôpital, qui n'était cependant pas la tuberculose, comme Françoise l'avait parfois écrit, mais la pire des maladies honteuses : la syphilis ; il était mort complètement fou !

Ce qui, pour la tante Léa, proche de sa grand-mère, n'était qu'un affligeant sujet de conversation et, pour d'autres membres de la famille plus éloignés, de commérage et de moquerie, était, pour Françoise, un lourd et douloureux secret ; le pire, sans doute.

La vérole, c'était le sida d'un temps où régnait la morale bourgeoise, privée de la mobilisation compassionnelle de la nôtre, et l'on mesure combien l'opprobre familial avait dû retomber sur sa mère…

Mais était-ce seulement l'opprobre ?

À l'époque, Caroline me dit juste à un moment, l'air de rien, que le mot clé du roman familial était la syphilis et — comme s'il n'y avait aucun rapport entre les deux — que sa grand-mère souffrait d'une étrange maladie qui l'empêchait de sortir de chez elle ; elle avait eu une opération à la tête, et risquait à tout moment des hémorragies, qui s'écoulaient de la base de son nez…

Françoise le raconte dans *On ne peut pas être heureux tout le temps* : « Quarante-huit heures après la naissance de ma fille, ma mère est entrée dans ma chambre et m'a dit calmement : "Il se passe quelque chose d'ennuyeux. J'ai une tumeur au cerveau. Il paraît qu'il ne faut pas perdre de temps." Elle a été sauvée sur le fil, abîmée seulement par une petite cicatrice à la racine du nez. Parfois le sang s'échappait, c'était assez impressionnant. J'avais appris comment la soigner. »

Qu'est-ce que c'était que ce truc ? L'ombre de la syphilis se mit soudain à planer sur Mamie… Caroline, peut-être par déformation professionnelle, n'est pas quelqu'un qui pose des questions, mais plutôt qui écoute les réponses. Tout le contraire de moi. Armée de cette description de symptômes, je décrochai mon téléphone.

Les médecins et les chirurgiens que j'interrogeai m'expliquèrent tous, avec un certain agacement, qu'on faisait des trépanations depuis l'Antiquité, que c'était l'une des plus vieilles chirurgies connues, même des Égyptiens, et qu'elles ne laissaient jamais de cicatrices sous le nez ! Quant à passer par le nez pour atteindre le cerveau, voilà bien une idée baroque de journaliste — ou de romancière, peut-être ? Et une plaie n'est pas une fermeture Éclair, enfin… Cette histoire était invraisemblable. On n'avait jamais vu ça ! Pourtant Caroline se souvenait très bien que la cicatrice de sa grand-mère s'ouvrait et se refermait ; le trou ne disparaissait jamais…

J'avais épuisé mon carnet d'adresses quand Valérie, mon ange gardien, me proposa d'interroger Gabrielle Buisson-Touboul, sa voisine de la rue Jean-Ferrandi, éminente dermatologue, de retour de l'un de ses multiples congrès. Je ne voyais pas très bien ce qu'elle y comprendrait, mais j'en avais marre de me faire raccrocher au nez, et, au moins, le docteur Gabrielle était une personne délicieuse qui ne risquait pas de m'engueuler... Même pour une question stupide.

Mais elle ne la trouva pas absurde...

La maladie de Mamie lui était familière.

— C'est un carcinome basocellulaire, me répondit-elle illico.

Une forme de cancer de la peau... Il était normal qu'un médecin, à l'époque, m'expliqua-t-elle, n'ait jamais entendu parler de ce type de cancers, d'abord parce qu'il n'y avait pas de classe pour la dermato dans le programme, et que, même avec un stage en dermato, il fallait avoir vu beaucoup de cas pour s'y repérer. Ensuite, parce que les cancers de la peau sont très mal connus, même aujourd'hui... C'est une lésion qu'on dit cancéreuse parce qu'elle contient des cellules cancéreuses mais, à l'inverse des autres, celui-là ne métastase jamais. Ça commence par une espèce de petit bouton, on se dit « ça va guérir » et ça ne guérit jamais. Ça creuse tout doucement en profondeur. Ça ne fait pas mal (ce qui est le problème du diagnostic du cancer) mais inexorablement ça fait son chemin, sans métastases, ça creuse, ça creuse, ça creuse, et quand ça atteint des vaisseaux, des veines, des artères, ça provoque des hémorragies. Ça ne cicatrise pas ; il peut y avoir une petite « croutelle » en surface, mais ça ne guérit pas. C'est en général sur le visage ou une partie du corps exposée au soleil, plus souvent le nez ou les contours de la bouche. Il faut que ça soit enlevé dès le début, ce qui est facile aujourd'hui parce qu'on sait le repérer. Pris plus tard, les mutilations entraînées par la chirurgie, surtout sur le visage, peuvent être épouvantables. Et les suites de l'opération, elles, vraiment très douloureuses. Le nombre de cas négligés autrefois était incroyable. Mais plus aujourd'hui, parce qu'on vient consulter au moindre bobo.

Sur une personne âgée, il n'y avait rien à regretter. Soignée, elle aurait été dévisagée, et elle aurait beaucoup souffert. Pas soigné, ça peut durer vingt ans, tout dépend de ce que la lésion va trouver sur son passage. Les gens ne souffrent pas ; ils ne meurent pas directement de ce cancer, mais des hémorragies qu'il provoque.

J'envoyai ce diagnostic, signé Miss Marple, à Caroline.

— Ça m'a l'air tout à fait convaincant mais tu sais, en bonne détective, qu'un train peut en cacher un autre ! répondit Caroline.

J'ai posé les questions subsidiaires :

— Et la trépanation ?

— Aucune raison de trépaner quelqu'un par la base du nez. On trépane dans le crâne depuis des millénaires.

— Et la syphilis ?

— Elle entraîne des maux perforants, mais pas seulement ! Quelqu'un qui souffre de syphilis souffre de nombreux autres symptômes…

La grand-mère de Caroline n'en présentait pas d'autre… Mamie avait bien un cancer de la peau.

Là, je signai Sherlock…

Et, très longtemps, il ne fut plus question de la grand-mère de Caroline dont elle m'écrivit un chapitre 1 à ce moment-là : « Elle était juive à 200 %, on a l'arbre généalogique sur six ou sept générations. Mon fils Nicolas a découvert qu'elle avait été mariée une première fois avant d'épouser mon grand-père. Je ne sais même pas si Françoise le savait… Elle s'est convertie à la religion catholique probablement avant la guerre mais après le décès de son mari (de syphilis !). Elle fréquentait le père Avril (dominicain) qui venait régulièrement lui rendre visite quand j'étais petite. Comme elle ne sortait pas vu la maladie dont tu as le diagnostic, c'est moi qui allais à la messe, seule, tous les dimanches, rue de l'Assomption. Franchement, j'aimais assez ! Elle ne parlait jamais de religion, ce qui la passionnait, c'était la politique. » Il n'y eut jamais de chapitre 2.

L'idée d'aller visiter sa tombe vint de moi… Évidemment. J'aime beaucoup les cimetières, ces divins terrains d'envol, où j'allais fleurir mon frère depuis ma plus tendre enfance et, plus tard, ma Nanie et mon père, tous les trois dans la même tombe, en attendant de nous revoir un jour, comme dans la chanson… Françoise, qui n'avait ni goût ni espoir de ce genre, avait beaucoup déçu François Mitterrand lorsqu'il l'emmena en visite officielle à Istanbul, terre de ses ancêtres, et qu'elle lui déclara n'avoir aucune tombe à y honorer, tous ses proches étant enterrés en France.

Dans son journal, elle se reproche, une seule fois, le 1er novembre 1996, jour de la Toussaint, de ne pas aller les visiter, c'est loin, elle n'a plus de voiture — « Mauvaises excuses », reconnaît-elle, pour se le pardonner très vite : « Mais leur vraie tombe, c'est mon cœur. » Évidemment.

Au moment de la mort de JJSS, le 7 novembre 2006, apprenant qu'on l'enterrait à Veulettes, et comme j'étais aussi en Normandie, je proposai à Caroline, puisque c'était la saison d'aller fleurir les morts, de nous rendre sur la tombe de la famille, dont j'étais persuadée qu'elle était aussi là…

Erreur : d'après Caroline, qui connaissait Veulettes comme sa poche pour y avoir passé toutes ses vacances entre cinq et douze ans, et où la mère de Jean-Jacques l'emmenait à la messe tous les dimanches, la tombe était à Meulan, ville dont Brigitte Gros, la sœur de JJSS, était maire, d'où ma confusion… Je regardai une carte.

— Meulan c'est dans les Yvelines, à trois quarts d'heure de Paris, si tu veux on pourrait y aller vers le 12 novembre ? Ils doivent être en manque grave de chrysanthèmes et de visites…

— Je ne sais pas encore si je serai à Paris le week-end du 12. Ça serait peut-être plus gai au printemps ?

— Les dates traditionnelles pour les cimetières, c'est la Toussaint et les Rameaux (au printemps). C'est plus gai quand il y a plein de fleurs et plein de gens qui font le ménage et le jardinage, avec des balayettes, des arrosoirs, des râteaux… Ça ressemble à un concours de plage ! J'aime bien les cimetières ; on y va quand tu veux, mais ça serait bien d'y aller. Si tu as un GPS en plus, on ne pourra pas se perdre !

On peut lire mon enthousiasme, renforcé par des années de messes au bout du Finistère à voir les paroissiennes d'Argol bichonner leurs tombes chaque dimanche dans l'enclos paroissial, autour de l'église — et comprendre que Caroline ne le partageât point encore…

Françoise avait plusieurs fois évoqué avec elle la possibilité d'aller sur la tombe de famille ; mais elles ne l'avaient jamais fait. Enfin, j'avais cette ouverture au printemps ; je n'allais pas la laisser passer…

À partir du 21 mars, je la relançai.

Pour préparer notre expédition, comme il n'est pas évident de retrouver une tombe dans un cimetière communal qui paraissait déjà immense sur la photo de mon ordinateur, et que je ne voulais pas que cette première visite de Caroline se transformât en jeu de piste hasardeux, je commençai par lui demander si elle avait les papiers de la concession dans ses archives ; mais elle n'en avait aucune trace... Pourrait-on savoir la date de la mort de sa grand-mère ?

« Chère Sherlock,

Voici, en cherchant bien, ce que j'ai trouvé :

Ma grand-mère, Elda Faraggi née en 1881 ou 1884 à Salonique est décédée le 11 août 1959. Mon frère, Alain Danis, né le 13/4/1941 à Nice, est décédé le 5/3/1972 (je pense que c'est la date où on a retrouvé son corps).

Le cimetière est à Meulan, ville dont Brigitte Gros était maire dans les années 1955-1965. Entre la sortie de ton livre et mes divers déplacements, ça risque d'être difficile à caser rapidement... Caroline »

Tu parles ! J'appelai la mairie de Meulan, où la spécialiste du cimetière opérait le lundi entre 8 h 30 et 12 heures, il suffisait d'avoir le nom de la personne qui avait pris la concession et de rappeler le lundi... « Petite précision, m'écrit alors Caroline : Faraggi est le nom de jeune fille de ma grand-mère. Son nom est Elda Gourdji... »

Le lundi 26 mars 2007, je rappelai.

— Auriez-vous une concession au nom de Gourdji ?

— Non.

— Faraggi ?

— Non !
— Giroud ?
— Non !
— Danis, le fils ?
— Non !
— Gros, Brigitte, la mairesse, cousine de JJSS ?
— Non, madame ! Aucun de tous ces noms ne se trouve parmi les deux mille personnes enterrées ici…
— Deux mille ?
— Au moins ! Il est impossible de s'y retrouver à partir des dates : il faut absolument le nom de la personne qui a pris la concession ! En auriez-vous un autre ?
Et pas plus de chance avec les Pompes funèbres de Meulan, qui avaient un monopole à l'époque, mais ne tenaient aucun registre et n'avaient pas d'archives…
— Ça se corse ! commenta Caroline.
Comme Meulan était à moins d'une heure de Paris, je proposai d'y aller en repérage pour localiser la tombe en lisant les inscriptions. Il n'y avait que comme ça qu'on y arriverait… Que t'en semble ?
— Ça me semble de la folie ! répondit Caroline. (Elle s'y connaissait.) Elle allait essayer de questionner Colette Ellinger, la secrétaire de Françoise à l'époque. Il fallait d'abord retrouver son adresse électronique, car elle avait pris sa retraite en Bretagne, et Caroline, comme on sait, était phobique du téléphone.
D'ailleurs, elle se demandait si c'était bien

à Meulan, en fin de compte… Elle n'avait pas assisté à l'enterrement de sa tante ni de sa grand-mère, Françoise n'ayant pas jugé utile de la faire rentrer de vacances à sa mort, à l'été 1959. Elle gardait le souvenir de Françoise lui proposant d'aller sur la tombe de sa mère à Meulan, mais peut-être confondait-elle avec celle de son frère…

— T'inquiète : je vais aller y faire un tour, ça va me faire prendre l'air ! Il suffit juste de retrouver l'endroit pour ne pas perdre trop de temps le jour où on ira pour de bon.

— Il y a des promenades plus gaies, si tu as besoin de prendre l'air…

Toujours optimiste, « enquêtes, investigations, reportages, A.S.A. », j'allai au cimetière de Meulan, à même pas trois quarts d'heure de Paris : très jolie vue, il domine tous les alentours. Très grand et bien entretenu… Le gardien, dont j'espérais qu'il aurait une nouvelle liste des concessions, n'avait même pas celle de la mairie… Et sans le numéro de concession, impossible de localiser une tombe, madame !

Même le nom ne sert à rien. Les tombes ne sont pas classées par ordre alphabétique, mais plutôt par ordre d'arrivée des morts, comme au tiercé — et encore… pas toujours ! On ouvre de nouvelles sections de temps en temps ; ça dépend de quand est arrivé le premier. Mais on peut aussi relever des anciens pour y mettre des nouveaux…

J'ai donc arpenté toutes les allées systématiquement, d'un bout à l'autre, sans rien trouver. Ou bien je n'étais pas Œil-de-lynx (c'était possible !) et je ne l'avais pas vue, ou bien elle n'avait jamais été gravée (vu l'amour de Françoise pour les cimetières !), car une bonne vingtaine de tombes disséminées ne portaient aucune indication, et le gardien ignorait si elles étaient occupées ou pas. En tout cas, si Colette avait des idées, je pourrais y retourner les doigts dans le nez...

Car Caroline avait retrouvé Colette, l'assistante de Françoise :

« Chère Alix (nous nous sommes croisées aux obsèques de Françoise et une fois chez elle),

Votre description du cimetière de Meulan correspond exactement à ce dont je me souviens, nous tournions à gauche en remontant et la tombe d'Alain était située assez près d'une allée, peut-être cette grande remontée ? »

Colette, la reine de l'enquête, suggérait une autre piste en dehors des Pompes funèbres et de la mairie que j'avais déjà appelées : « Françoise avait fait venir un prêtre au cimetière, certainement d'une paroisse voisine, qui devait bien posséder des registres, mais c'est loin et il faut sans doute montrer patte blanche pour avoir des renseignements. Le prêtre qui était là appartenait certainement à une église du coin ? »

J'appelai donc la paroisse... Les curés consultèrent leurs registres, où ils ne trouvèrent rien entre mai et juin 1972 concernant Alain Danis, le frère de Caroline, cependant ils me dirent que c'était normal, dans la mesure où il n'y avait pas eu une cérémonie à l'église, qui aurait été inscrite, mais juste une bénédiction au cimetière.

Et le curé de l'époque ?

— Le père Specq ? Mais il est mort, madame, le pauvre…

Et l'église me renvoya sur la mairie… Retour à la case départ.

Nos mails commencèrent à se croiser.

Sur les personnes à interroger.

— Florence Malraux était déjà à *L'Express*, à l'époque, car c'est la première personne qui m'a emmenée au théâtre vers dix ou onze ans… (Caroline)

— En 1959, Florence Malraux devait encore partager le même bureau que Françoise, elle pourrait avoir des souvenirs pour Mme Gourdji. (Colette)

Mais Florence n'était pas à l'enterrement de Mme Gourdji ; elles avaient des rapports professionnels et n'étaient pas assez intimes à l'époque pour qu'elle l'invite à l'enterrement de sa mère…

— Micheline Pelletier-Decaux ? La question l'a laissée perplexe ; elle pense que tout le monde est ensemble : la mère, la sœur et le fils de Françoise… Mais pas à Meulan ! Dans un petit bled pas loin. (Pourtant Meulan n'est pas bien grand.) Elle doit retrouver le nom ce week-end sur une carte, quand elle le verra, ça lui reviendra…

— Danièle Heymann ?

— N'assistait pas non plus à l'enterrement — contrairement à ce qu'a écrit Christine Ockrent… (Alix)

— Françoise aurait pu se confier à Albina du Boisrouvray, surtout après la mort de son fils, elle a sans doute des informations que nous n'avons pas, puisque malheureusement elles avaient le même drame en commun. Comme je filtrais toutes les communications de Françoise, j'avais été la première à connaître la disparition d'Alain et pendant toutes les recherches nous avons beaucoup parlé, mais pas de sépulture… (Colette)

— Albina du Boisrouvray m'a répondu qu'elle ne parlait jamais avec Françoise d'Alain, ne savait pas où était sa tombe, et pensait que la mère de Françoise avait été incinérée… Parente avec un ami d'Alain mais le dit gâteux… (Alix)

— Georges Ortiz n'est pas gâteux ! Il était à Val-d'Isère au moment de l'accident car ils avaient rendez-vous pour skier. Mais ensuite il ne s'est plus manifesté. Je l'ai rencontré il y a quelques années et nous avons reparlé de tout ça. Mon frère avait décidé que je devais l'épouser ! J'ai eu Micheline au téléphone qui, apparemment, va te donner le nom du village où habitait Brigitte Gros. Je pense que c'est la bonne piste. (Caroline)

— Seraincourt ! (Micheline)

— J'ai appelé la mairie, mais il n'y a personne de la famille au cimetière de Seraincourt… (Alix)

— Mme Gourdji, la mère de Françoise, était décédée à Paris. La cérémonie religieuse avait certainement eu lieu à l'église de Passy puisqu'elle habitait avenue Raphaël. Le père de Françoise, lui, était mort à Ville-Évrard. Il devait donc exister un caveau dans la région parisienne, mais où ? (Colette)

— Et il n'y a pas un notaire quelque part ? (Alix)

— Le notaire est une très bonne idée. À l'époque, il s'agissait de Me Ader. Les successeurs sont toujours au même nom à la même adresse, 226 bd Saint-Germain. (Colette)

— Je vais chez le notaire demain à 11 heures ! On verra s'il a quelque chose. (Caroline)

— Alors, le notaire ? (Alix)

— Alors le notaire n'a pas du tout été surpris par ma demande ! Il va rechercher le dossier de succession de ma grand-mère qui est bien chez lui et me dire s'il a une info concernant le cimetière. À suivre donc. Tu as trouvé une correspondante de choix avec l'adorable Colette ! (Caroline)

— Chère Colette, le notaire a dit à Caroline qu'il allait fouiller ses papiers pour voir s'ils contenaient une indication sur le cimetière où était la mère de Françoise, dont il a réglé la succession. J'ai envoyé une lettre aux « cimetières de Paris », à tout hasard… J'ai eu Albina au téléphone, mais elle ne savait rien : elle ne parlait jamais à Françoise d'Alain, et pas davantage de sa mère. L'avantage c'est que nous avons pu tailler une petite bavette anti-Ockrent, ce qui fait toujours du bien ! Reste donc l'énigme Meulan, puisque Caroline et vous êtes sûres qu'Alain est là. Mais où ? Je pars demain pour le week-end de Pâques à Saint-Malo, sur la tombe de Chateaubriand, qui n'est pas, elle, très difficile à trouver ! (Alix)

— Chère Alix, ne me parlez surtout pas de C. Ockrent, son livre est un tissu de mensonges et de méchancetés (le mot est trop faible), je l'ai vue à cette occasion et elle a déformé comme elle le souhaitait ce que je lui ai dit. Elle a agi sans doute de la même façon avec ses autres interlocuteurs... Je reste certaine qu'il s'agit bien de Meulan, peut-être à part, je me souviens qu'en entrant dans le cimetière on tournait à gauche et on montait une allée. Savez-vous quand ce carré à part a été utilisé ? Il se peut aussi que la tombe d'Alain soit située à un emplacement non renouvelé. Dans mon souvenir il n'y avait pas de pierre tombale... mais... et pourquoi j'aurais inscrit dans mes notes Meulan si cette cérémonie avait eu lieu ailleurs ?

D'autre part je n'ai jamais procédé à un changement de sépulture pour la famille de Françoise et quand elle me parlait de sa mère, que j'ai bien connue, nous n'abordions jamais le cimetière et elle n'était pas du genre à fréquenter ces endroits, je n'ai donc aucun souvenir, son chauffeur me disait toujours où il allait, je pense que je m'en serais souvenue ou que je l'aurais noté. (Colette)

« 17 avril 2007

Dear fellows,

Après l'échec de la piste des mairies, des pompes funèbres et des curés, en attendant le notaire et les cimetières, je me suis lancée dans les généalogistes, j'ai découvert des trucs, mais qui ne semblent pas mener à grand-chose…

1) D'après les généalogistes suisses, Françoise n'est pas née à Genève, comme on le dit souvent, mais à Lausanne, sous les noms de France, Léa, le 21 septembre 1916.

2) La date de naissance de sa mère, née Elda (Tova) Farragi (quelquefois écrit Faraggi) est le 17 septembre 1882 à Salonique. (On savait Salonique, mais la date était imprécise entre 1881 et 1884.)

Elle a eu un premier mari Ventura (Haïm Uriel) en 1905 (je ne sais pas si c'est la date du mariage ou de sa mort).

Ensuite un deuxième mari : Salih Gourdji Tova, né en 1883 à Bagdad, et qui vécut à Lausanne entre le 10 décembre 1915 et le 1er janvier 1917, père de Françoise et de Djénane, dite Douce, née le 7 septembre 1910.

Peut-être la précision de la date de naissance de sa mère nous permettra-t-elle d'avoir des renseignements plus précis en provenance des cimetières de Paris (dont je n'ai pas de nouvelles !) pour savoir où elle est enterrée ?

Le mystère continue…

Je vous embrasse

Alix »

— Chère Sherlock, j'étais au courant pour la naissance à Lausanne grâce à ma cousine qui a mené l'enquête en Suisse. Pour le premier mari, c'est Nicolas qui a retrouvé sa trace mais je ne connaissais pas le nom. Je suis bluffée ! En réfléchissant bien, je me demande s'il ne faut pas chercher, non pas du côté de Françoise, mais du côté de ma grand-mère et se demander qui, parmi ses amies, aurait pu assister à l'enterrement. Les personnes qui me viennent à l'esprit pour le moment sont toutes décédées. Mais peut-être leurs enfants… (Caroline)

— Ta grand-mère aurait au moins cent vingt-cinq ans ! Tu imagines ses copines ! Même Jeanne Calment n'a pas tenu aussi longtemps… Il est invraisemblable que la mairie de Meulan n'ait aucune trace de personnes enterrées dans son cimetière ! Autre idée : si tu penses que ta grand-mère est enterrée aussi à Meulan, est-ce que tu crois qu'il y aurait eu une cérémonie à l'église locale, auquel cas je peux recommencer à leur demander… (Alix)

P.S. *Quid* du notaire ?

— J'avais oublié le notaire qui a l'air de m'avoir oubliée aussi. Je viens de lui envoyer un mail de rappel. Ça m'étonnerait qu'il y ait eu une messe car ma grand-mère n'était pas pratiquante et Françoise encore moins. Les copines de ma grand-mère avaient, je crois, des filles. L'une d'elles s'appelait Françoise de Castro, la fille de Léa de Castro, la copine de ma grand-mère. Elle doit elle-même avoir plus de soixante-dix ans si elle est vivante.

Début du message réexpédié du notaire :

« Chère Madame,

Le dossier de la succession de votre grand-mère ne contient aucune trace de son lieu d'enterrement.

Renseignements pris, ces archives sont gérées à Paris par le service des parcs et jardins, partout ailleurs directement par les communes.

Je reste à votre disposition pour tous renseignements complémentaires.

Avec mes meilleures salutations. »

— Le mystère s'épaissit ! (Caroline)

— Il ne nous apprend rien : depuis le temps que j'appelle les mairies du Val-d'Oise ! Sauf que ce n'est pas le service des parcs et jardins à Paris, mais le service des cimetières, qui ne répond qu'à des demandes écrites : je leur ai envoyé une lettre la semaine dernière ; ils n'ont pas répondu… Ce qu'il faudrait, c'est être au moins sûres de la date de sa mort, puisque Colette dit le 11 juillet 1959, et toi le 11 août. D'après Colette c'était juillet, puisqu'elle était là et qu'elle prenait ses vacances en août… Mais elle n'est pas vraiment sûre. (Alix)

— Je pense aussi que c'est juillet, et je reste persuadée qu'elle est à Meulan car c'est toujours cette expédition que Françoise me proposait pour sa mère et son fils. Je n'ai jamais entendu parler d'un autre lieu et il était question d'aller entretenir les tombes. Ce qui me trouble, c'est que je n'ai pas le souvenir d'avoir vu la tombe de ma grand-mère en allant enterrer mon frère… (Caroline)

— En tout cas, elle n'est pas au cimetière de Passy, je viens de vérifier au téléphone, je vais voir si d'autres cimetières parisiens acceptent de répondre aussi au téléphone… (Alix)

— Pour Mme Gourdji, je pensais aux cimetières Montparnasse, Thiais et Bagneux, je ne sais pas pourquoi mais Thiais m'inspire ! (Colette)

Mais après Passy, Thiais et le Père-Lachaise, Montparnasse fut le bon…

Le jeudi 19 avril 2007, je retrouvai enfin la trace de la mère de Françoise, Elda Gourdji, décédée le 10 juillet 1959, et pas le 11, finalement, au cimetière Montparnasse… où elle n'était plus !

Elle y avait fait escale dans une sépulture provisoire, entre le 15 juillet 1959 et le 6 octobre 1959, date à laquelle elle avait été transportée à Oinville-sur-Montcient (Seine-et-Oise), petit village des actuelles Yvelines, jouxtant Meulan, pour y être enterrée.

Elle était donc, bien avant son petit-fils, Alain, la première occupante de cette tombe familiale…

— Vous avez mérité votre carte de détective ! (Colette)

— Nous avons eu l'hôpital psychiatrique, nous aurons le cimetière ! (Caroline)

Je lui répondis que je n'étais pas sûre que

les visites au cimetière correspondent vraiment à son idée du bonheur terrestre, faute d'habitude, mais plutôt à mon goût pour les épilogues…

En quoi, je me trompais.

Nous n'étions pas au bout de nos surprises…

7

LA TOMBE DE LA GRAND-MÈRE

Le vendredi 18 juillet 2008, en fin de matinée, Caroline et moi mettions le cap vers la tombe de sa grand-mère et de son frère, ce pèlerinage autrefois évoqué par Françoise, mais jamais réalisé. L'itinéraire de Paris à Oinville-sur-Montcient (quarante-sept kilomètres), village limitrophe de Meulan, nous avait pris un peu plus de un an — et presque une heure de route. Nous avions prévu d'y aller au mois de janvier, mais Caroline avait eu alors un problème de cicatrice qui ne voulait pas se refermer dans un coin de la tête — pour de vrai. Heureusement que c'est elle, la psy, et pas moi !

Étant aussi peu douées l'une que l'autre du sens de l'orientation — à l'instar de Françoise —, j'avais prévu large ; la mairie, dont nous aurions besoin pour nous y retrouver, en absence du moindre titre de concession, n'ouvrait qu'à 14 heures...

Après avoir fait un tour devant le vrai cimetière de Meulan, qui ne rappelait rien à Caroline, et jeté un œil sur le petit cimetière de Oinville, qui lui disait peut-être quelque chose, nous avons déjeuné dans une pizzeria, sur les recommandations d'un habitant ; le seul restaurant où il y avait un peu de monde… Caroline ne mangea pas le bord de sa pizza ; je bus un verre de vin. Il faisait un temps magnifique, et je n'avais pas apporté de fleurs, au besoin on trouverait des cailloux ; les Juifs déposent des cailloux sur les tombes. J'étais une vieille habituée des cimetières, visitant la tombe de mon grand frère depuis ma plus tendre enfance, mais Caroline était novice en la matière, et aucun rituel ne semblait s'imposer ; on improviserait.

Laissée dans l'ignorance que ceux qui l'élevaient étaient des juifs convertis, Caroline avait été baptisée, avait fait sa première communion et même sa profession de foi en aube blanche, et voilà désormais qu'elle se retrouvait la mère d'un vrai rabbin professionnel… Quand elle avait entrepris des démarches dans les hautes sphères ministérielles pour lui trouver du boulot, elle m'avait laissée lui mettre des cierges à Séville, qui s'étaient révélés fort efficaces. Autant que l'offrande aux clarisses pour retenir la pluie le soir de ses soixante ans, dont elle reconnaissait aussi que ça avait marché ! Elle étudiait le talmud avec son Marin et un groupe d'amis scientifiques, chez elle, par pur plaisir intellectuel, et continuait à passer Noël en famille, selon sa tradition gourmande, avec ses enfants et des cadeaux sous un sapin en Normandie. Depuis la mort de Françoise, elle m'offrait même un foie gras, qu'elle faisait elle-même, à cette occasion, comme sa mère.

Après que Bernard Pivot lui avait demandé comment elle conciliait son incroyance en l'existence de Dieu avec sa croyance en l'existence d'Arthur, son ange gardien, Françoise écrivit regretter ne pas avoir eu la présence d'esprit de lui citer Paul Valéry : « Je ne suis pas toujours de mon avis. » Telle mère, telle fille.

Caroline prit son café avec une sucrette ; le bord de la pizza devait être une affaire de régime d'été et pas une habitude d'enfance... Nous correspondions beaucoup, mais nous nous voyions peu, en réalité.

Dans l'adorable mairie de poupée d'un village si coquet qu'il paraissait irréel, maisons léchées et pelouses tondues, une petite dame charmante commença par ne pas savoir où chercher, puis une autre arriva qui trouva de quel placard extraire l'énorme classeur contenant les informations sur le cimetière ; la concession était bien au nom de Françoise Giroud. À ce nom-là, finalement, après en avoir essayé tant d'autres... Elles en firent une copie pour Caroline et, sur un plan, nous montrèrent dans quelle rangée était la tombe.

Le cimetière était en pente, charmant, tout petit, campagnard, mais même avec un dessin on a eu du mal à la trouver, vu nos talents conjugués.

Au milieu d'une rangée, sobre, en pierre grise, sans croix, signe ni décoration, aucun symbole religieux d'aucune religion, ni marbre ni dorures, on reconnut la tombe à ses inscriptions : Alain Danis, en toutes lettres, le fils de Françoise. Sous ses seules initiales E G, Elda Gourdji, sa mère, et un troisième nom qu'on eut du mal à déchiffrer… parce qu'on ne s'attendait pas du tout à le trouver là : S G, Salih Gourdji ! Françoise avait rapatrié le père prodigue, qu'on avait oublié à Ville-Évrard, syphilitique, pour l'enterrer aux côtés de sa mère en 1959. Qu'est-ce que c'était encore que cette histoire ?

Mais, à part Françoise, qui avait préféré hanter les rosiers de Bagatelle, toute sa petite famille était bien là, dans leur tombe laïque, élégante et de bon goût, un peu mangée de mousse, en plein cœur de l'Île-de-France. Il fallait quand même leur laisser un signe… On ajouta quelques jeunes et jaunes fleurs des champs bien vivantes à celles qui étaient déjà mortes dans la terre du bac en pierre, intégré à la tombe. Ce n'était peut-être pas très catholique, ni très juif, mais adapté aux circonstances.

Le retour nous occupa en conjectures sur Papy…

Si Caroline avait été très proche de sa grand-mère et de son frère, le dernier occupant de la tombe, son grand-père, lui était inconnu — Françoise, elle-même, avait très peu de souvenirs de lui. Que lui était-il arrivé ? Comment avait-il atterri là ? Toutes ces questions n'avaient pas la lourdeur affective de celles qui concernaient les précédents, et le sort de ce personnage énorme, ambivalent, semblait très romanesque, trois générations plus tard.

En rentrant, nous fîmes un débriefing à son homme, à l'époque en pleine lecture de *Millénium*, avec un résumé des épisodes précédents qui repartait des lettres anonymes ; il n'était pas trop dépaysé.

Et je commençai dans l'après-midi même des recherches sur Ville-Évrard, où était mort Salih Gourdji, et dont Caroline m'expliqua que c'était un hôpital psychiatrique, pour voir s'il y avait laissé des traces et s'il existait quelque chose, un dossier, des archives, voire des historiens spécialistes de la médecine…

Le secret médical, normalement, continuait après la mort des malades, mais peut-être la famille avait-elle droit à consulter de vieux dossiers, si longtemps après.

Miracle, un organisme semblait avoir été créé tout exprès pour mon bonheur ; il y a des jours comme ça.

« La Serhep (Société d'études et de recherches historiques sur les établissements psychiatriques) a été fondée en 1986 par quelques membres du personnel de l'Établissement public de santé de Ville-Évrard sur un projet de préservation des archives et du patrimoine de Ville-Évrard. Elle a pour buts de collecter tout document ou objet se rapportant à l'histoire du site et de l'EPS de Ville-Évrard, de la psychiatrie, du travail en psychiatrie et à celle des pratiques soignantes afin d'informer, de former et de sauvegarder tout ce qui constitue l'histoire de la psychiatrie. Depuis 2000, avec la création d'un service des archives, la Serhep s'est recentrée sur sa mission d'études de recherches historiques et de valorisation de l'histoire de la psychiatrie. » Avec un numéro de téléphone, et même de portable sur répondeur (mais on était vendredi, 18 heures, et 18 juillet)... Je laissai un message.

Quant à Salih Gourdji, étant donné son âge, il serait étonnant de retrouver sa trace sur la Toile ! Et pourtant... On découvrait sur le site de la BN des articles dans *L'Humanité* et *Le Figaro*, d'avril 1909, où il était signalé comme le rédacteur en chef parisien du journal *La Turquie nouvelle* célébrant, dans une réunion arrosée, les valeurs communes de la République française et de la Turquie en pleine mutation ; en 1908, il avait fait partie de la délégation jeune-turque qui rencontra Clemenceau.

Mais surtout il était la vedette, avec sa photo, grosse moustache noire et petite cravate étranglée, de toute une série d'articles en anglais, ou plutôt toujours du même article, d'abord publié dans le *New York Times* et ensuite dans différents journaux américains, entre juillet et décembre 1918.

« Parce qu'il a refusé de vendre ses idéaux au gouvernement allemand, Salih Gourdji, ancien président de l'agence officielle de presse ottomane, est aujourd'hui réfugié dans notre pays. Le journaliste a fui la Turquie en 1914, mais les autorités ont refusé à sa femme et à ses deux enfants de le suivre. Ils sont maintenant en France.

En mai 1914, l'ambassadeur d'Allemagne lui a proposé 40 000 marks par an pour soutenir la propagande allemande. Mais il a refusé. En août 1914, il lui a offert 100 000 marks par an, mais il a à nouveau refusé de vendre ses idéaux. En septembre de la même année, il a été obligé d'abandonner son entreprise, qui valait deux millions de marks, et de quitter la Turquie, où il était menacé d'assassinat. Gourdji croit en un monde libre, à l'indépendance de toutes les nations et à la liberté de la presse. »

Une interview et des comptes rendus de conférences, qu'il avait faites, à l'époque, en Amérique sur la Turquie…

D'autres documents en anglais, émanant du Foreign Office à Londres, et datant de la fin de la Première Guerre mondiale, avaient l'air fort faciles à consulter : il suffisait de les acheter, on vous les scannait, on vous les envoyait par mail. Vive la Reine ! Ma carte, quick !

Le compte rendu d'une conférence au Comité France-Orient, donnée le 4 janvier 1922 à Paris…

Enfin des journaux suisses d'avril 1923, annonçant d'abord sa conférence à Lausanne sur les arcanes de la politique turque, puis son expulsion de Suisse pour troubles à l'ordre public et dettes. Mais il était peut-être déjà malade…

Je réexpédiai le tout à Caroline.

Avec cet extrait d'*Arthur* :

« Je suis la seconde fille d'un réfugié politique arrivé en France en 1915, fuyant son pays, la Turquie, où il était condamné à mort. Son crime : directeur de l'Agence télégraphique ottomane, qu'il avait fondée, il refusa de collaborer avec les Allemands lorsque la Turquie entra en guerre à leurs côtés. La France était sa seconde patrie ; il avait fait ses études à Paris, parlait plusieurs langues, mais sa culture était entièrement française. Il n'eut que le temps de prendre la fuite, dépossédé à jamais de ses biens. Deux autres hommes de la famille s'étaient engagés auparavant dans la Légion étrangère. Arrivé à Paris, après un détour par la Suisse où, plus tard, je suis née, il voulut suivre leur exemple, mais sa santé était déjà chancelante. Le ministère des Affaires étrangères sut cependant utiliser ses compétences, et il fut chargé de différentes missions dont, à vrai dire, je ne sais pas grand-chose, sinon que l'une d'elles le conduisit en 1917 aux États-Unis. Peut-être a-t-il alors travaillé pour les services secrets. »

Tout cela semble vrai, écrivais-je à Caroline : le document anglais dont la provenance, « ministère des Affaires étrangères », faisait très James Bond…

— Pour le chapitre 3, il faudrait que tu me donnes la date de la mort de ton grand-père, que je n'ai pas notée, pour que j'appelle la Serhep !

— Pour la suite de l'enquête, Salih Bey Gourdji est décédé le 9 février 1927 à Ville-Évrard. Je te décerne le premier prix de détective ! Wagon

— Il doit manquer un bout de ton message ?

— Il ne manque rien, mais je voulais signer « Watson » et non wagon ! C'est le BlackBerry… J'ai retrouvé des arbres généalogiques très complets. Certains documents que tu m'envoies ont également été trouvés par ma cousine, Anne-Marie Faraggi, grande spécialiste de l'histoire de la famille. Je n'ai pas le temps de tout lire aujourd'hui ! C'est comme un polar ou un jeu de piste : une découverte renvoie à une autre question. C'était formidable de faire cette équipée avec toi. Je te remercie infiniment. (Caroline)

Elle dormit douze heures ; et récupéra. Au moins l'épisode « premier cimetière » était-il passé sans traumatisme apparent…

Arthur, toujours :

« Quand mon père est mort à quarante-trois ans, emporté par la tuberculose, je ne l'avais pas vu depuis trois ans. Ainsi ma mère avait-elle espéré nous préserver du terrible bacille qui faisait alors des ravages. J'avais huit ans. C'est un fantôme de père qui disparut. Qui nous avait abandonnées, comme disait ma mère. "Il nous a laissées seules, mes pauvres enfants, seules." »

Là c'est vrai, sauf pour le bacille, mais à l'époque c'est ce qu'on a dû lui dire… La tuberculose n'aurait pas laissé sa mère dans de tels sentiments.

Caroline avait retrouvé une correspondance de 1964, émanant de l'hôpital psychiatrique de Ville-Évrard, et adressée à la direction de *L'Express*, indiquant que sa lettre avait été transmise à la mairie de Neuilly-sur-Marne, habilitée à lui délivrer un certificat de décès.

— Est-il possible que Françoise n'ait appris qu'en 1964 pour la maladie de son père ? Quand elle a reçu le papier marqué « hôpital psychiatrique » ? Peut-être pensait-elle que c'était un hôpital général et qu'il avait la tuberculose, qui n'était pas le comble du chic non plus ?

— Je pense qu'elle a toujours su pour la syphilis car elle m'a dit à plusieurs reprises que c'était un mot clé du roman familial, peut-être pas quand son père est mort, mais bien avant 1964.

— Oui, sans doute. Je viens de trouver dans *Si je mens*, qui est antérieur aux autres, qu'il est mort « d'une maladie qu'on ne savait pas soigner à l'époque ». La tuberculose arrive dans des récits postérieurs.

— Salih avait peut-être la syphilis ET la tuberculose ! (Caroline)

Qui peut le plus…

Agnès Bertomeu, la présidente de la Serhep, me rappela ; une vraie passionnée de recherches… Elle m'expliqua que les patients qui mouraient à Ville-Évrard étaient enterrés au cimetière de Neuilly-sur-Marne, où l'on m'avait déjà répondu au téléphone de faire un courrier postal (encore !) parce que les indigents étaient laissés pendant cinq ans dans une fosse commune, si leur famille ne les réclamait pas, et difficiles à localiser…

Le secret médical s'étendait au-delà de la mort des patients mais, depuis les lois de 2003, les familles pouvaient avoir accès aux dossiers dans certains cas. De toute façon, pas besoin de dossier pour repérer les syphilitiques : leurs certificats de décès indiquaient « paralysie générale », ou juste « PG », le dernier stade de la neurosyphilis, qui intervenait environ dix ans après la contamination et dont ils mouraient… Ils souffraient de troubles associant idées délirantes de grandeur, euphorie, détérioration intellectuelle progressive et troubles neurologiques dits parétiques, notamment au niveau de la marche (d'où le nom de « paralysie générale »).

Elle allait se renseigner. Mais on en saurait plus si je trouvais l'adresse exacte indiquée dans l'acte de décès, car l'hôpital était immense… Et que l'archiviste de Neuilly-sur-Marne pourrait, dans ce cas, l'aider.

Les archives de Sa Très Gracieuse Majesté britannique m'envoyèrent par courriel le rapport scanné du « Congrès de la Paix », du 30 juin 1919, que j'avais commandé, manuscrit en anglais, copié et tapé ensuite en français, où se trouvaient exposées « les revendications de Salih Bey Gourdji ». Fondateur-propriétaire de l'Agence télégraphique ottomane de Constantinople, expulsé de son agence et menacé de mort en 1914 en raison de son hostilité à la participation de la Turquie à la guerre, il a dû s'enfuir de Constantinople. Pendant cinq ans, il s'est consacré à servir la cause des Alliés et notamment les intérêts britanniques. Il rentre de deux ans en Amérique où il a fait soixante-cinq conférences de propagande pro-Alliés. Il appartient au parti sioniste depuis plus de quinze ans.

Il réclame : 1) qu'on place sous séquestre Hussein Tossonu Bey, directeur de l'ex-agence Milli, qui l'a menacé d'assassinat dès 1914 ; 2) que le gouvernement turc le reconnaisse comme le propriétaire légitime de l'agence fonctionnant actuellement à Constantinople sous le nom d'Agence de Turquie ; 3) que Sélim Bey Gourdji, son frère, actuellement à Constantinople, soit désigné comme directeur de l'agence dont les revenus seront placés sous contrôle en attendant de faire valoir ses droits.

À la fin, sir Louis Mallet, ambassadeur de Grande-Bretagne à Constantinople, notait ses impressions au crayon. Il jugeait Salih « modérément sioniste » et « opportuniste »… Perfide Albion !

Caroline retrouva un autre acte de décès de son grand-père, fourni dès 1961 par la mairie de Neuilly-sur-Marne, où se trouvait l'hôpital de Ville-Évrard, un acte de l'état civil pour l'année 1927, numéro 67, au nom de Gourdji, Salih, demeurant à Paris, 1 rue Piccini, décédé le 9 février 1927, 160 rue de Paris — l'adresse pour la Serhep.

Et deux photocopies de certificats de baptême, datés du 23 septembre 1917, l'un de Françoise, et l'autre de sa grand-mère, indiquant que Louise Elda Gourdji, née à Salonique dans la religion musulmane, avait été baptisée après abjuration le 23 septembre 1917. Signé du curé de Montcombroux-les-Mines, diocèse de Moulins…

Qui me plongea dans des affres de conjectures.

— Pourquoi a-t-on marqué dans l'acte de baptême que ta grand-mère était musulmane ? Qu'est-ce qu'elles fichaient toutes les deux dans l'Allier en 1917 ? Je transmets l'adresse de Salih à la Serhep…

— L'islam, je pense que c'est une erreur : le nom de Faraggi et celui de Gourdji sont des noms typiquement juifs… Je savais qu'elle s'était convertie mais je pensais que c'était beaucoup plus tard, et en relation avec la montée du nazisme. Son mari étant juif et sioniste, le baptême de Françoise et sa conversion sont difficiles à comprendre ! Françoise n'a d'ailleurs jamais dit qu'elle était baptisée… Je savais que mon frère était baptisé car il est né pendant la guerre.

— Moi, elle m'avait dit qu'elle était baptisée et que sa mère s'était convertie au catholicisme, mais qu'elle ne le lui avait dit que très tard, vers l'âge de trente ans. Et que sa mère et sa sœur étaient croyantes. C'est peut-être lié, comme ça l'était à l'époque, à l'éducation chez les jeunes filles en Orient à Notre-Dame-de-Sion, où elles étaient souvent élèves ? En tout cas, ce n'est pas forcément lié à la guerre. Le catholicisme fait partie, à mon sens, de l'intégration française. Françoise en parlait comme l'historien Marc Bloch : « La France, c'est la Révolution et les cathédrales. » Les bourgeois juifs orientaux pouvaient être sionistes en étant tout à fait areligieux.

— Les bourgeois orientaux sionistes pouvaient être areligieux mais pas cathos ! Dans l'arbre généalogique, sur plusieurs générations, il y a de nombreux mariages entre cousins mais pas un seul goy et plein de rabbins.

— Ta grand-mère, si elle s'est fait baptiser en 1917, c'est qu'elle en avait envie, pas parce qu'elle y était obligée. Elle pouvait très bien faire baptiser sa fille sans se faire baptiser elle-même. Et, là encore, rien ne l'y obligeait. Ce qui me semble intéressant, par rapport à ton fils rabbin, c'est qu'elle n'a jamais abjuré le judaïsme ! Mais l'islam, qui n'était pas sa religion, sans doute parce que, comme elle était turque, le curé a cru qu'elle était musulmane : les Ottomans étaient musulmans... On devrait retrouver dans les archives du diocèse de Moulins le registre de la paroisse, et leur demander une photocopie de l'acte, qui peut être intéressant parce qu'il nous donnerait le nom des parrains et marraines. À moins que ce ne soit sur le certificat que tu possèdes ?

— Aucune mention sur le papier du baptême qui est une photo d'un papier. Mais j'ai quelque part les dates exactes du séjour en

Suisse abrégé faute de papiers et du départ en France vers Paris. Ça doit expliquer le passage en Auvergne.

Pendant ce temps-là, à Neuilly-sur-Marne…

— On va pouvoir retrouver Salih ! Son adresse de décès : 160 rue de Paris, indiquait d'après Agnès Bertomeu, de la Serhep, un côté chic de l'hôpital, qui ne correspondait pas aux indigents… Quant à savoir comment étaient soignés les patients à son époque, comme je le lui avais demandé, bizarrement il n'y existe pas de travail universitaire sur la question. Au contraire, on trouve des thèses doctorales d'histoire très bien reçues dans le monde, qui zappent l'existence de la syphilis dans les asiles et prennent, comme au début du XXe siècle, la « paralysie générale » pour une variante de la démence.

Jusqu'à la mise au point à Vienne, en 1917, par Julius Wagner von Jauregg, de sa méthode d'impaludation (inoculation d'une forme bénigne de malaria), parce qu'il avait remarqué que la fièvre atténuait les symptômes des patients, le malade atteint de *Progressiven Paralyse* évoluait inéluctablement vers la mort. Cette immense découverte lui vaudra en 1927 le prix Nobel de médecine… Pas de chance pour Salih Gourdji, qui décède la même année.

Agnès Bertomeu me confirme que ça s'appelle vulgairement, comme je le lui disais au téléphone, la vérole… À l'époque de nos grands-parents, pour empêcher les garçons d'avoir de mauvaises fréquentations, on leur disait : « Si tu ne crains pas Dieu, au moins crains la vérole ! » L'intéressant peut-être aussi dans le livre de Françoise, c'est le conseil qu'elle rapporte, que lui a donné Renoir : « Il faut d'abord que vous ayez la vérole », si j'étais psy…

Dans *Leçons particulières*, 1990, dédié à Caroline, sur ses parents, Françoise écrit :

« À partir de documents, vieux papiers jaunis, livret de famille, textes de conférences, correspondances, coupures de journaux, j'ai quelques repères factuels.

Lui : né à Bagdad, études à Paris, licence de droit, mariage à Paris en 1908 avec la sœur d'un ami de faculté.

Elle : issue de l'une de ces vieilles familles séfarades qui ont quitté l'Espagne au moment de l'Inquisition. Son père est le médecin du sultan rouge Abdülhamid. Son frère, inscrit au barreau de Paris, sera gravement blessé à Verdun.

Lui : fonde à Constantinople l'Agence télégraphique ottomane. En 1915, les autorités turques le menacent de mort s'il s'obstine à refuser de mettre son agence au service de la propagande allemande. Réussit à quitter clandestinement la Turquie. Remplit diverses missions pour les services spéciaux alliés. Tout ceci est antérieur à ma naissance. Ce sont les seuls faits objectifs que je connaisse au sujet de celui dont j'aurais dû être le fils et que l'on m'incita tout naturellement à reproduire comme si j'étais un garçon. »

Sur sa mère après la guerre, et sa conversion :

« Quand elle eut récupéré ses deux filles, ma mère, enfin, respira. Nous n'avions rien fait qu'elle n'ait su ou approuvé, mais l'épreuve, pour elle, avait été rude. Elle était, je l'ai dit, d'origine séfarade, c'est-à-dire juive d'Espagne. Les séfarades qui se sont dispersés au moment de l'Inquisition sont devenus totalement a-religieux, comme le raconte Edgar Morin dans le beau livre qu'il a consacré à son père. Mais à la suite d'un vœu, dont je n'ai jamais su l'objet, ma mère s'était secrètement convertie, autour de trente ans, au catholicisme. Douce et moi avions été baptisées et catéchisées. Aux termes de la loi allemande, cela ne nous protégeait nullement des persécutions qui frappaient les Juifs. Ma mère n'a jamais voulu entendre parler de ce détail, si j'ose ici employer ce mot. Ainsi a-t-elle fabriqué une fille croyante, qui est morte quelques années plus tard dans la foi chrétienne. Et une autre mécréante, qui grillera aux feux de l'enfer. Puissent les miens disperser ma poussière sur leur terre où j'engraisserai les pâturages et les rosiers. Quoi de plus satisfaisant pour de la poussière de femme ? »

— La conversion à l'âge de trente ans correspond avec la date du baptême (en 1917 Elda avait trente-cinq ans). Par ailleurs, cela correspond avec la date du séjour de son mari aux États-Unis : il ne devait pas être au courant ! (Alix)

— Bref, elle a écrit tout ce qu'on peut savoir… Je vais relire *Leçons particulières* ! (Caroline)

— Françoise l'a écrit pour toi ! Et elle t'y a laissé toutes les clés dont tu avais besoin… Elle pouvait mentir en parlant, mais pas tellement en écrivant… (C'est pour ça que ses romans étaient mauvais !) Elle communiquait mieux par écrit que par oral.

— Il ne reste que l'énigme de l'hôpital.

Agnès Bertomeu me prévint au téléphone qu'elle avait retrouvé, non pas le dossier, mais l'acte de décès de Salih, qui indiquait bien le fatal PG : paralysie générale.

« Voilà les certificats trouvés par Mme Lachassinne, archiviste à la mairie de Neuilly-sur-Marne, qui me les a donc transmis numérisés. Bonne suite ! »

L'imprimé en noir et blanc, tamponné de mauve, à l'en-tête de L'Asile (en noir) Ville-Évrard (mauve), Mairie (noir) Neuilly-s/-Marne (mauve) était rempli à la plume :

« Préfecture du département de la Seine
Asile Ville-Évrard
Certificat de visite après décès,
Mairie Neuilly-s/-Marne,

Je soussigné, docteur en médecine, certifie avoir fait la visite du corps de *Monsieur Gourdji Salih* âgé de *43 ans*, profession *journaliste, publiciste*, demeurant à *Paris (Seine) rue Piccini*, n° *1, 16*[ème] arrondissement, né le *18 mars 1883*, à *Constantinople (Turquie)* fils de *Benjamin Gourdji* et de *Esther Jerusalemi, ép. d.c.d.,* marié à *Faragi Elda,* entré audit Asile le *27 avril 1925,* et qu'*il* y est décédé le *neuvième* jour du mois d*e* *février* 1927 à *12* heure*s*.

Je déclare que le décès est constant ; il paraît avoir été causé par : *paralysie générale.*

Fait par Monsieur Rodiet, docteur en médecine. »

Ce document, surgi en couleurs pâlies du passé, à l'encre mauve des souvenirs d'école, me sembla plus émouvant que les viriles photos du héros moustachu de la presse américaine ; plus vivant du dernier souffle de pauvre mort dont les tremblements s'achevaient sous les tampons de l'administration…

— Impressionnant ! Il est resté presque deux ans à Ville-Évrard ! (Caroline)

Avec le numéro 67 au crayon gras bleu, et Pompes funèbres en cursives…

— En fait, Mme Lachassinne me fait remarquer — et elle a raison — que Salih Gourdji n'a pas du tout été inhumé à Neuilly-sur-Marne, mais transporté à Paris par un convoi funèbre de l'entreprise de pompes funèbres Schneeberg, qui est parti le 11 février 1927 à 10 heures pour le cimetière de l'Est à Paris. Reste à savoir où était le cimetière de l'Est. (Agnès Bertomeu)

En effet, une feuille des pompes funèbres était jointe indiquant le départ d'un convoi le vendredi 11 à 10 heures de la « maison de santé de Neuilly-sur-Marne ». Culte israélite. Cimetière de l'Est. La signature d'Elda Gourdji, quarante-trois ans, toute ronde, à l'encre bleue.

Quant au « cimetière de l'Est » où on l'avait transporté, c'était tout bonnement, en fait, l'ancien nom de ce bon vieux Père-Lachaise.

— Encore un pseudonyme… Il me semble inutile de les appeler pour confirmer, puisqu'on sait sa date d'arrivée à Oinville. Il faudrait élucider l'histoire du baptême maintenant. Tu pourrais m'en faire parvenir une copie ? (Alix)

— J'ai fait les photocopies et je les déposerai chez toi en revenant d'Issy-les-Moulineaux. Elles sont de meilleure qualité que l'original qui, en fait, n'est pas un original… (Caroline)

Les documents que m'apporta Caroline étaient bizarroïdes ; j'avais déjà eu en main le scan d'un certificat de baptême de Florence Malraux, envoyé par un lecteur ; et ceux-ci n'avaient rien à voir… Des photocopies inversées, comme une sorte de faux négatifs, manuscrits blanc sur noir, datant du 23 septembre 1917, et portant le tampon de la paroisse de Montcombroux-les-Mines, dans le diocèse de Moulins.

Le premier stipulant que « Louise Elda Gourdji née à Salonique dans la religion musulmane a été baptisée après abjuration ». Le second, que Françoise Gourdji avait été baptisée le même jour. Avec la signature pleine de circonvolutions du curé G. Bardet.

— Voici ce que ma cousine a reconstitué de leur périple entre le 10/12/1915 et le

7/07/1917. Ils ont d'abord habité 10 avenue Dapples, à Lausanne, puis sont allés à Saint-Maurice et revenus vivre à Lausanne, 57 avenue de Rumine, puis à l'hôtel Métropole, le grand hôtel de l'époque. Salih repart en Turquie le 1/01/1917, donc avant le baptême qui a eu lieu en septembre 1917. La famille reste jusqu'à l'échéance du permis de séjour, et part pour Champéry, dans les Alpes suisses, le 7/07/1917. Plus de trace à Lausanne après cette date.

— J'ai laissé un message au curé en lui proposant de lui envoyer les documents pour enquête. Je pense qu'il s'agit de certificats de baptême faits par un curé, mais postérieurs au baptême. Il est donc possible qu'elles aient été baptisées dans l'autre paroisse de Montcombroux, car il y en avait deux… Je t'ai copié les canons qui obligent les curés à inscrire les baptêmes dans les registres. Les gens demandent des certificats ensuite, quand ils veulent se marier à l'église, par exemple, donc ils ont l'habitude d'en faire. On devrait pouvoir consulter les registres de la paroisse de Montcombroux-les-Mines, qui doivent être à l'évêché de Moulins, et où il y a forcément le nom des parrains et marraines. Donc plus de détails. Mais je ne sais pas les conditions de consultation. Je vais les appeler demain aussi.

Les archives du diocèse de Moulins, où se trouve la paroisse de Montcombroux-les-Mines, étaient en plein déménagement et animées par des bénévoles en vacances, — qui n'avaient plus de téléphone…

Après quelques cafouillages on m'a expédiée vers le père Lavocat chargé de tout cela. Il a noté les noms et les dates, et m'a dit que les archives de 1917 n'étaient que « très acrobatiquement accessibles », étant donné qu'ils ne gardaient sous la main que les choses plus récentes. Après avoir pris mes numéros de téléphone, il m'a laissé entendre qu'on me rappellerait. L'Église catholique est une personne connue pour sa lenteur… On verrait bien !

— Inch Allah ! comme aurait dit ta grand-mère du temps où elle était musulmane !

« 25 juillet 2008

Mea culpa, mea culpa, mea maxima culpa, j'ai médit de Notre Sainte Mère l'Église catholique en l'accusant de lenteur : le père Lavocat du diocèse de Moulins vient de m'appeler : IL N'Y A AUCUNE TRACE du baptême de ta grand-mère et de ta mère sur les registres de la paroisse de Montcombroux-les-Mines en septembre 1917 ! Il est formel. Il a fait étendre la recherche sur toute l'année : rien ! Aucune Gourdji, ni Elda ni Françoise, ni juive ni musulmane à l'horizon ! Alix. »

Encore un nouveau mystère…

8

OÙ MALRAUX RÉSOUT L'ÉNIGME

En avril 2009, j'avais recontacté l'évêché de Moulins, une fois ses archives déménagées et classées, pour remonter la piste et ajouter au dossier de Caroline cette carte que m'envoya le chancelier :

« Dans le registre des baptêmes de Montcombroux-les-Mines de 1917, il n'y a pas trace des baptêmes de Louise Gourdji et de Françoise Gourdji. Par acquit de conscience, j'ai cherché aussi en 1918, 1919 et 1920, mais en vain…
François Lavocat »

S'agissait-il d'un faux document antidaté, comme les curés en ont fait pour les Juifs pendant la guerre ? Dans ce cas, la région s'expliquerait. Moulins n'était pas très loin de Vichy. La sœur de Françoise avait habité par là… Peut-être n'avaient-elles jamais été baptisées ? Pourtant Françoise n'en démordait pas qu'elle était catholique parce qu'elle avait été baptisée. De toute façon, elle était trop petite pour s'en souvenir.

Quant à l'archiviste de Moulins, que j'avais rappelé, tout ce qu'il pouvait me dire, c'est qu'elles n'étaient pas inscrites sur les registres paroissiaux. Je lui avais demandé si le curé de l'époque s'appelait Bardet, la signature des certificats, mais il n'avait pas mémorisé ; en fait, il aurait fallu savoir si ce n'était pas le curé pendant la guerre suivante… Auquel cas « après l'abjuration de la religion musulmane » de la grand-mère deviendrait une ruse supplémentaire ?

Moi, je pencherais pour dire que ce sont des faux antidatés. Et qui a écrit dessus « baptême de sa mère » ? Et « Françoise Gourdji dite Giroud » sur l'autre ?

— Ou alors est-ce qu'il y aurait un lien entre le baptême et la maladie de Salih ? Ça « lave du péché », ça enlève la malédiction qui peut être héréditaire ? C'est moral et physique. Elle l'a fait en cachette de lui et de sa famille, tout en y entraînant ses enfants ? Que t'en semble ?

— Je sèche ! (Caroline)

Désormais, ce n'était plus mon problème, mais celui de la nouvelle biographe de Françoise Giroud, Laure Adler. À partir de Moulins et de cette carte du chancelier, elle pouvait remonter des pistes ; elle avait toute la documentation…

Intitulée *Françoise*, la biographie de Laure Adler parut en janvier 2011. Tournant autour de sa judéité tardivement révélée, le ton y est admiratif, envers tout le monde d'ailleurs, mais, alors que ce qui concerne *L'Express* semble très complet, l'enquête manque souvent — et surtout — sur ce thème qui semble ensuite abandonné. Il y a des trous, des erreurs… On dirait un pull de hippy. Et, surtout, le roman posthume de Françoise, *Les Taches du léopard*, entièrement consacré à ce sujet, semble lui avoir échappé… Mais pas les lettres anonymes, dont elle s'est infligé la lecture, qui lui cause « un véritable malaise » qu'elle définit comme « la limite du biographe », laissant cette vieille mine amorcée en plein milieu de son livre.

Au lieu de tomber en pâmoison, n'aurait-elle pas pu replacer ce qu'elle décrit comme le « vocabulaire de l'antisémitisme des années trente » dans le contexte anachronique des années soixante, où il ne portait tout de même pas aux mêmes fatales conséquences ? Et sortir de sa sidération pour analyser ses sources. D'où venaient ces documents ? Qui les avait gardés pendant quarante ans ? Dans quel but ? Négliger cet examen laissait à ces lettres tout pouvoir de nuisance, car, par un étrange parallélisme, la source restée anonyme de ces lettres anonymes, d'une certaine façon, désormais, les signait, et en devenait l'auteur… Comme le répète toujours Florence Malraux « l'amour n'excuse pas tout », mais la passion explique certaines choses.

Pourquoi continuer de faire à Françoise ce nauséabond procès posthume alors que les destinataires de ces lettres, à l'époque, n'avaient pas attendu sa mort pour lui pardonner ? Et n'en avaient jamais parlé ? Jean-Jacques Servan-Schreiber, le premier concerné, avait recommencé à travailler avec elle juste un an après — et pendant des années... Sans oublier Pierre Mendès France, Gaston Defferre et Simon Nora qui, en toute connaissance de cause, lui avaient montré et conservé leur amitié — sans même la trêve d'une soirée. Une historienne, contrairement à une journaliste, se devait d'analyser ses sources sous peine d'une manipulation grossière d'elle-même et de ses lecteurs.

Et pourquoi Laure Adler écrit-elle que Salih a été enterré à l'asile ? Et que Françoise n'avait pas eu le droit d'assister à ses funérailles alors qu'elle les raconte, parlant de ses vêtements de deuil et du visage en larmes de sa mère :

« C'était le jour de l'enterrement de mon père. On me plaignait, on m'embrassait, je goûtais la considération soudaine dont j'étais l'objet, je trouvais ma mère et ma sœur nobles et belles dans leurs voiles noirs. Quant à moi, je tirai en vain sur les manches d'un manteau rétréci par une teinture précipitée, traduction prosaïque d'une petite phrase que j'avais trouvée jusque-là mystérieuse lorsque je la lisais dans la vitrine des teinturières : Deuil en vingt-quatre heures... »

Et qu'il n'a jamais été enterré à Neuilly-sur-Marne, mais au Père-Lachaise, dans le carré israélite, avant que Françoise le fasse ensuite transporter à Oinville rejoindre sa mère, le 6 octobre 1959 ?

« Cette douleur de ne pouvoir se recueillir sur la tombe de son père, Françoise la vivra de nouveau en 1964 lors de la disparition de son fils en montagne », écrit Laure Adler, alors qu'Alain est mort en 1972, et qu'elle l'a fait enterrer avec eux dans le même petit cimetière de campagne... C'est plutôt le goût pour le recueillement qui lui manquait — que le lieu. Et ça n'était que le premier chapitre !

« Dès qu'on te parle de Françoise Giroud, tu te mets en colère ! » m'a dit mon amie Marie-Françoise sur le bateau... Tu fais peur, m'a-t-elle répété hier, en déjeunant à Paris, me traitant — gentiment — de Némésis, la déesse de la juste colère des dieux, mais plutôt en clin d'œil aux aventures de notre chère Miss Marple... L'objet de mon ire, en l'occurrence, dès le chapitre 2, était cette histoire de certificat de baptême. Surtout vu l'angle choisi de la judéité cachée !

Car Laure Adler ne remonte aucune piste, et prend pour acquis le certificat de baptême bizarroïde, espèce de faux négatif (qu'elle antidate même à 1916 !) d'Elda « lors de son périple de la Suisse vers Paris », qui eut lieu, en réalité, en 1917, lui aussi, mais qui de toute façon est étrange : pour aller de Lausanne à Paris, passer par Moulins constitue un sacré crochet ! Pourquoi ? se demande Laure Adler, au lieu de chercher la réponse. Elle ne dit pas non plus qu'il n'y avait aucune trace de ce baptême dans les registres de la paroisse, alors qu'elle avait le document dans le dossier de Caroline…

Son livre parut en janvier et, dès février 2011, j'étais repartie sur le sentier de la guerre… Cette question du baptême, vrai ou faux, me paraissait la racine de toute l'histoire, et cet étrange document était de ceux que Françoise avait laissés à Caroline en personne. Et pas confiés aux archives de l'Imec. À moins qu'il n'y en ait eu un autre là-bas ?

Il fallait trouver un moyen de l'authentifier, et reprendre l'enquête, peut-être en partant de la sœur de Françoise, Djénane, qu'elle appelait Douce dans l'intimité de sa vie et de ses livres… Et à cause de cela.

« Son mariage m'a fendu le cœur. Ma mère n'était pas heureuse non plus. Douce épousait un fils de la "bonne bourgeoisie", comme on disait alors, dont la mère était ostracisée par sa famille parce qu'elle avait osé divorcer. Elle était sympathique cette mère, mais lui ! Je ne pouvais pas le souffrir, ma mère non plus. Et nous avions souvent eu l'occasion, l'une et l'autre, de tester notre discernement, s'agissant des personnes. Il était ingénieur chez Michelin, à Clermont-Ferrand, possédait une belle propriété dans la région. Douce fut châtelaine. Et lui, cagoulard. Pendant la guerre, ils se séparèrent et les choses s'aggravèrent encore. Il rejoignit la Milice. C'est la Résistance qui l'abattit en 1944. Bien que, de fait, ennemis inexpiables dès 1940, jamais ils n'avaient agi l'un contre l'autre. Douce avait été le pivot d'un petit groupe qui, dès 1940, était entré en résistance à Clermont-Ferrand où se trouvaient beaucoup de réfugiés d'Alsace. Elle a été arrêtée et déportée à Ravensbrück en 1943. Le chef de la région Auvergne, Jean Chappat, devenu entre-temps son mari, a été déporté à Neuengamme. »

Sous le titre, *Sherlock le retour*, j'écrivis à Caroline :

« 13 février 2011. Certificat de baptême.

1) J'ai envoyé un message à une experte pour savoir s'il y avait un moyen scientifique de distinguer un papier de 1917 d'un papier de 1942 (cela au cas où l'on retrouverait l'original).

2) D'ores et déjà :

On a besoin d'un certificat de baptême pour se marier à l'église. Donc Djénane en a eu forcément besoin pour son premier mariage avec l'infâme bonhomme que ni sa sœur ni sa mère ne pouvaient encadrer, qui s'est révélé membre de la Cagoule (forcément antisémite professionnel) et dont elle s'est séparée dans la douleur au début de la guerre. Mais son nom de famille n'apparaît nulle part dans les bouquins. Si l'on retrouvait trace de ce mariage, on pourrait consulter les registres, et voir la date de baptême de Djénane… Il était ingénieur chez Michelin à Clermont-Ferrand, habitait un château, et a été fusillé en 1944.

Sinon, j'ai trouvé un site sur Ravensbrück, où

il y a même une photo de Djénane, tout sourire, à sa libération. Mais elle y est citée sous son nom de jeune fille ; ça date de 1990, donc ses copines ont vingt ans de plus, si elles sont toujours de ce monde et que j'arrive à les joindre.

3) Françoise aurait pu en avoir besoin pour travailler dans le cinéma pendant l'Occupation — si on le lui avait demandé pour sa carte professionnelle. Mais apparemment personne n'a remis en cause son "aryanité". Dans *Si je mens*, elle raconte que Simone Signoret, à qui cette carte avait été refusée, avait fait quand même une figuration, et que, au lieu de la payer, la production avait menacé de la dénoncer... "C'était la moindre des choses à l'époque", écrit-elle.

4) Françoise devait croire que ce papier était vrai puisqu'elle disait que sa mère s'était convertie secrètement à l'âge de trente ans. Ce qui concorde avec la date. Elle protestait toujours qu'elle était baptisée, mais, si ça se trouve, et si ce papier est faux, elle ne l'était même pas ! Ta grand-mère n'avait rien de conventionnel ; elle s'est peut-être passée de cette formalité. Est-ce que tu as jamais vu une photo d'elle en première communiante ? Ou de Djénane ? C'était traditionnel à l'époque. Elle râlait en voyant mes médailles de baptême, je pense qu'elle n'en avait jamais eu ; elle se vengeait sur les bracelets...

Alix Holmes »

« Chère Sherlock, je n'ai pas la moindre idée du nom du premier mari dont je n'ai jamais vu le nom nulle part en effet. Jean Chappat, le second mari, avait trois fils que Djénane a élevés. L'un d'eux s'appelait dans mon souvenir Alain Chappat. Il doit avoir sept ou huit ans de plus que moi mais je l'ai complètement perdu de vue. Il n'est même pas sûr qu'il soit au courant de l'histoire de sa belle-mère. Peut-être qu'Assouline, à cause de son livre sur le Lutetia, est au courant, on ne sait jamais... Ou les archives de Michelin mais je n'ai pas la moindre entrée... Ou le registre des mariages à Clermont-Ferrand d'une Mlle Gourdji avant la guerre (on doit pouvoir préciser l'année) ?

Pour les photos de communion, il y a celle de mon frère et de moi (une aube alors que j'aurais voulu une robe de princesse !). Jamais vu d'autres photos ! Je retrouve le document du baptême lundi et je t'appelle entre deux consultations ! Watson »

Pendant ce temps-là, l'experte contactée sur Internet ne répondant pas à ma question sur l'authentification des papiers, je m'arrêtai à une boutique chic d'autographes, rue Bonaparte à Paris, où j'avais remarqué un panneau « expertises », pour soumettre mon problème. Certes, ils devaient être habitués à examiner des missives et des signatures autrement âgées et distinguées que des bouts de papier de la première moitié du XXe siècle, mais peut-être pourraient-ils me renseigner… Était-il possible de distinguer scientifiquement un document de 1917 d'un document de 1942 ?

D'après eux, il n'y avait que des laboratoires universitaires ou de la police pour faire ce type de recherches, très onéreuses pour des particuliers. A priori, le papier de 1914 était de bien meilleure qualité qu'en 1942 où l'on manquait de tout, et l'on en faisait avec n'importe quoi… Mais pourquoi cette question ?

— Pour authentifier un certificat de baptême.

— Mais il suffit d'écrire à la paroisse d'origine pour demander un extrait du registre des baptêmes, voyons !

— Je l'ai fait, mais il n'y a aucune trace de ce baptême dans les registres.

— Alors, c'est que votre document est un faux, madame !

On ne me retint pas dans la boutique… Pas besoin d'aller plus loin. Affaire classée, zou ! Je n'avais pas une tête d'acheteuse… Pourtant, j'aurais aimé avoir la preuve.

Mais ce jugement brutal et définitif m'agita la cervelle… Jusqu'à présent je m'étais refusée à cette conclusion pourtant évidente. Je m'accrochais à la légende de 1917. Pourtant quelque chose clochait qui me tracassait… Et c'est dans l'autobus que je me dis, comme le commissaire Bourrel (changeant de série !) : « Bon Dieu… mais c'est bien sûr, c'est un faux et nous en avions la preuve sous le nez depuis le début ! Mais quelles andouilles ! »

Je retrouvai le papier photocopié que Caroline m'avait renvoyé, pour être sûre que j'avais bien lu : « Le 23 septembre 1917, Françoise Gourdji a été baptisée par nous curé soussigné… » Impossible !

Je vérifiai dans les bouquins : c'était en 1937 qu'André Gillois, alias Maurice Diamant-Berger, avait transformé le nom de France Gourdji en Françoise Giroud, anagramme plus euphonique pour son émission de radio. Elle raconte comment elle s'est bagarrée pour obtenir de ses proches qu'ils l'appellent Françoise et non plus « Bouchon » son surnom, ou France, son prénom de naissance, que personne, apparemment, n'utilisait.

Or, en septembre 1917, date écrite sur le document, elle avait tout juste un an, et ses vrais prénoms auraient dû être : France, Léa.

Mais en aucun cas Françoise ; ce papier était forcément postérieur à 1937 !

Pas besoin d'un expert.

J'allai en faire la démonstration à Caroline, toute fière, dans son cabinet, voisin de la rue Bonaparte.

Elle me confia un mystérieux passeport ottoman de sa grand-mère, me montra la photo de la bar-mitsva de son fils Elisha, qu'elle appelle la « photo Reine d'Angleterre », où Françoise trône parmi ses petits-enfants, et des papiers de la naturalisation de sa grand-mère…

Je lui envoyai par courriel la photo de Djénane

sur le site de Ravensbrück avec sa légende originale :

« La joie de pouvoir franchir librement le portail du camp s'exprime sur le visage de Djénane Gourdji sœur de France Gourdji (Françoise Giroud). »

On aurait dit qu'elle sortait d'une colonie de vacances. Elle avait transformé (comment ?) sa tenue rayée en élégante jupette froufroutante et, un foulard noué sur la tête, avec un sourire éclatant, marchait d'un pas allègre vers la liberté — sous son nom de jeune fille…

— Merveilleuse photo ! (Caroline)

À tout hasard, j'ai envoyé un message à l'auteur du site où je l'ai trouvée, au cas où on pourrait entrer en contact avec ses anciennes camarades, s'il en reste. À l'époque, elle devait encore porter le nom de son premier mari, qui sait ?

— Les résistants de Clermont-Ferrand que Laure Adler a contactés connaissent forcément aussi le nom du premier mari ; ils étaient du coin, et dans l'autre camp… (Alix)

— Je me renseigne. (Caroline)

— J'ai épluché les papiers. Moralité : la nationalité française date de 1930, et doit être contemporaine du mariage de Djénane, née en 1910. Quant au passeport : il date de 1919, et donc est postérieur à la fuite vers la Suisse… Et ce n'est pas celui de ta grand-mère, mais celui de ton arrière-grand-mère ! (Léa ou Elia dans les documents.) Dont le père s'appelait bien

Jacob Nahmias et qui se rendait à Paris chez son gendre ! (Holmes)

P.S. Je ne sais pas si c'est celle-là que Françoise détestait, parce qu'il y en avait une qu'elle ne pouvait vraiment pas voir !

— Laure est à Berlin mais elle pense qu'elle va trouver le nom à son retour. Elle a rencontré un homme qui a connu Djénane et qui va lui donner des documents. À suivre… (Caroline)

Puisque le certificat de baptême était faux, je rappelai l'évêché de Moulins : peut-être y avait-il eu un curé nommé Bardet pendant la Seconde Guerre mondiale à Montcombroux-les-Mines, et non pendant la première, comme je le leur avais demandé ? J'avais perdu le nom de l'abbé qui m'avait répondu la fois précédente, dont la carte était restée classée dans les dossiers de Caroline… Mais on me donna celui du chargé des archives diocésaines, M. Desforges, qui ne travaillait que le jeudi. Comme ce n'était pas le bon jour, je lui envoyai un courrier avec la photocopie de notre bizarre document, pour qu'il ait un exemplaire de la signature du curé avant mon coup de téléphone.

Et si c'était un vrai-faux datant de l'Occupation, notre père Bardet pouvait être encore vivant, qui sait ?

L'administrateur du site des déportés marnais, où j'avais retrouvé Djénane, Jean-Pierre Husson, m'apprit qu'Odette Marchelidon, à gauche sur la photo de présentation, était malheureusement décédée, mais que sa fille, Françoise, était très active au sein de l'amicale de Ravensbrück. Je lui envoyai un courriel et téléphonai à Yvonne Châtelin, à droite sur la même photo, appréhendant un peu la conversation avec une ancienne déportée...

J'avais tort. Mon papotage avec Yvonne fut un délice, elle était pleine d'enthousiasme et de courage, à regonfler le moral de tous les dépressifs ! D'ailleurs, elle avait souvent témoigné auprès de classes d'ados. Malheureusement, elle n'avait pas de souvenirs de Djénane.

Sur Internet, en dehors de la joyeuse photo de sa libération, se trouvaient des croquis représentant Djénane au camp de Ravensbrück, exposés en ce moment même à la médiathèque André-Malraux de Strasbourg, du 5 février au 26 mars 2011. Heureuse coïncidence ! Des dessins clandestins de Jeannette L'Herminier crayonnés en noir et blanc avec des manuscrits de Germaine Tillion, dont je commandai le catalogue, *Les Robes grises.* Aucune des femmes dessinées n'avait de visage, car la camarade qui les faisait poser voulait leur cacher leur véritable état et ne laisser apparaître que leur grâce, puisqu'elles n'avaient pas d'autre moyen de se voir, sans brosse ni miroir, que ces images interdites faites sur des papiers de récupération, et cachées ensuite... Elle leur arrondissait aussi les mollets : « Luttant sans relâche contre la déchéance et l'avilissement, elles trouvaient encore pour moi la force de se redresser et de donner à leurs haillons rayés ce rien d'élégance, apanage des Françaises. » De fait, elles exhalaient un charme un peu anachronique, ces ombres courageuses du passé.

Jeannette L'Herminier faisait signer leurs portraits, « pas absolument fidèles », d'après leur auteur même, à ses modèles, et Djénane, de face, de dos, de trois quarts, sans visage, les cheveux relevés en chignon (la légende indiquait qu'elle était « la sœur de l'actrice Françoise Giroux » !), avait signé le sien de son nom de jeune fille : Djénane Gourdji. Malheureusement pour moi, elle ne devait jamais utiliser le nom honni de son ex-mari milicien.

Françoise Marchelidon savait que sa mère avait connu Djénane au camp, mais pas intimement, et se donna le mal de chercher dans la liste des anciennes du kommando d'Holleischen celles qui étaient du même convoi pour Ravensbrück (« le convoi des 27 000 » en référence au matricule qu'on leur a donné au camp), parti de Compiègne le 31 janvier 1944.

Elle ne voyait que trois personnes susceptibles de me donner des renseignements (étant donné l'âge et la santé des survivantes), trois femmes qui avaient suivi le même parcours. La première à Strasbourg, Anne-Marie Pfeiffer, ne répondait pas ; la deuxième, Raymonde Mureau, n'avait pas le téléphone, et habitait à trois kilomètres de chez moi — mais à Saumur… rue des Déportés ! La troisième était la sœur de Juliette Gréco (Charlotte), dont elle n'avait pas les coordonnées. Dans le catalogue de l'exposition, on signalait que son surnom était Charlie et qu'elle avait été déportée avec sa mère pour faits de Résistance en 1943. Il y avait quatre ou cinq couples mères-filles comme ça, et « c'était bien le plus terrible, d'avoir des femmes de la même famille dans le Block »...

Dans les Mémoires de Juliette Gréco, *Jujube*, datant de ma période intervieweuse, cherchant des traces de Djénane, je trouvai le jeune Jorge Semprun, militant communiste après la Libération, essayant de recouvrer pour le parti les cotisations de ses petites camarades récalcitrantes et fauchées... J'en parlai donc avec Florence Malraux, pour faire du mauvais esprit et l'amuser un peu. Veine : notre angélique amie connaissait aussi la sœur de Juliette Gréco, Charlotte Aillaud, dont elle me donna le téléphone !

Je ne pouvais pas mieux tomber... Ayant été très malade à son retour du camp, au-delà de malade, même, Charlotte n'entretenait pas de rapports avec ses anciennes camarades de déportation, et ne participait aux commémorations qu'à la demande de Geneviève de Gaulle ; elle n'était donc pas dans les registres des associations... mais elle se souvenait très bien de Djénane : elle avait été sa compagne de châlit ! Difficile de faire plus proche... Elle se souvenait d'une femme délicieuse, charmante, qui souffrait beaucoup du froid, et qui essayait de réchauffer ses pieds gelés auprès d'elle.

Charlotte n'avait que dix-huit ans, une vraie

gamine, alors que Djénane, à trente-quatre ans, était une femme accomplie. Cela faisait une vraie différence à l'époque. Djénane parlait surtout de sa sœur, qu'elle admirait beaucoup, et de l'homme qu'elle aimait, rencontré dans la Résistance à Clermont-Ferrand, et qu'elle épouserait ensuite… Mais elle ne lui avait jamais parlé de son premier mari — dont elle ignorait le nom.

Et si elle n'en avait pas parlé à sa camarade de châlit, on se demande à qui elle en aurait parlé…

Le 24 février étant un jeudi, j'appelai M. Desforges aux archives diocésaines de Moulins. Il avait bien reçu ma lettre, et y avait déjà répondu par écrit : la signature de mon document correspondait à celle de l'authentique curé de la paroisse de Montcombroux-les-Mines, Charles-Gilbert Bardet, curé de 1907 à 1951. Notre faux certificat avait été exécuté par le vrai curé !

Malheureusement, l'abbé Bardet était décédé en 1952. Comment s'était-il trouvé mêlé à cette aventure ? Il allait rechercher l'article paru à sa mort, dans le journal catho local, pour voir s'il avait des liens avec la Résistance.

J'envoyai des courriels à un historien spécialisé de l'Allier, Stéphane Hug ; il m'orienta sur François Demaegdt, qui entretient la mémoire de la déportation dans l'Allier, mais aucun n'avait entendu parler de l'abbé Bardet, ni comme résistant ni comme juste.

La photocopie des comptes de la paroisse, avec la signature et les tampons qui correspondaient à ceux de mon faux, m'arriva par la poste. La signature du curé y était bien conforme à celle des certificats de baptême, et je passai un bon moment, le jeudi suivant, avec Jacques Desforges au téléphone : il avait retrouvé le bulletin paroissial publié à la mort du curé ; mais aucune allusion à la moindre activité de Résistance, et rien n'avait été publié non plus dans les livres d'histoire locale… Je relançai Caroline à Essaouira.

— Est-ce que tu as des nouvelles de Laure Adler ?

— Pas de nouvelles de Laure ! Je viens de passer quelques jours (excellents !) avec le *Job* d'Assouline en pensant à toi. Quelle bio ! Quel biographe ! Ça nous change… Je me rapproche des conceptions des enfants : la curiosité est une grande qualité à condition de ne pas être satisfaite ! N'est-ce pas aussi la conception de Sherlock Holmes ? (Caroline)

Eh non… Je découvris que Djénane avait aussi écrit des livres de décoration, sous son nom d'épouse (mais du second mari), Djénane J. Chappat, qui fut son nom de plume à *Elle*, et commandai *Cadeaux, la façon de donner*, publié en 1963, aux éditions Fleurus, traduit en de multiples langues et best-seller en Argentine l'année suivante.

Djénane commence ainsi : « Je suis une intoxiquée du cadeau. J'aime découvrir, choisir, offrir des cadeaux… » Françoise racontait qu'à son retour de déportation, alors qu'elle la cherchait en vain tous les jours au Lutetia, Djénane avait sonné directement à sa porte, un soir, pesant quarante kilos, et s'était jetée dans ses bras en lui offrant un cendrier en cristal de Bohême déniché en Tchécoslovaquie… Elle lui avait rapporté un souvenir, comme si elle revenait d'une excursion touristique !

Le chapitre sur les cadeaux entre frères et sœurs montre qu'elles devaient échanger visiblement des chandails en cachemire contre des casseroles inoxydables — du même prix. Conclusion : « Il arrive que les sœurs se suivent et ne se ressemblent pas, même si elles ont l'une pour l'autre une profonde affection. »

Françoise était d'accord.

« Parfois même, écrit-elle dans *Ce que je crois*, son amour exubérant m'agaçait. Elle était bruyante, elle me parlait, d'une voix forte, de gens ou de choses auxquels je ne parvenais pas à porter intérêt. Quand nous nous séparions, elle m'embrassait avec emportement. Je suis réfractaire aux effusions.

Le temps passait. Un jour, j'appelais : "Ma Douce, j'ai besoin de toi…" Elle accourait. Aucun problème d'ordre pratique ne lui résistait. Avec une intense conviction, me trouvant noyée dans ce qui, pour elle, était un verre d'eau, elle constatait : "Tu es bête. Tu passes pour être intelligente, mais moi, je sais que tu es bête. Bête comme tout." J'opinais.

Nous plaisantions souvent sur notre vieillesse commune qui allait être savoureuse, nous n'en doutions pas. Délivrées des hommes, des enfants, du travail, "des vieilles dames indignes, disait-elle, voilà ce que nous serons". Raconté par elle, le dernier âge devenait une sorte de paradis auquel nous finirions par accéder ensemble dans un futur lointain. »

Et plus loin :

« Douce avait un regard magnifique, un regard confiant, un regard innocent que toute l'horreur du monde vécue deux ans dans un camp de concentration n'avait pas réussi à ternir. À teinter de scepticisme sur la beauté de la vie et la bonté de Dieu.

Elle a planté ce regard, noir et triste soudain, dans le mien. Et là j'ai su, en un éclair, qu'elle était perdue. »

Françoise écrit qu'elle n'avait jamais eu d'amie avant la mort de Djénane.

Me parvint, sur un élégant fond bleu, comme je n'en avais encore jamais vu, un courriel de Jacques Desforges, l'archiviste de l'évêché, avec les quelques lignes publiées dans *La vie diocésaine*, n° 243 du 20 juillet 1952, à la suite du décès de l'abbé Bardet : « S.E. Monseigneur l'Évêque recommande aux prières du clergé, des communautés et des fidèles, M. l'abbé Gilbert Bardet. Né à Saint-Léon, le 9 juillet 1858, ordonné prêtre le 29 juin 1883, M. Bardet fut successivement vicaire à Neuilly-le-Réal et à

Dompierre, curé de Vaumas et de Montcombroux, doyen honoraire, puis chanoine honoraire. Retiré à Montcombroux, il y est décédé le 7 juillet 1952. M. Bardet était le doyen d'âge du clergé du diocèse. »

Il y joignait les coordonnées de l'historien Jean Débordes, qui habitait Vichy, et annonçait qu'il avait contacté une ancienne habitante de Montcombroux, qui allait réfléchir pour retrouver des familles qui auraient connu l'abbé Bardet.

Jean Débordes avait quatre-vingt-onze ans, je l'appelai à midi ; il ne se souvenait de rien de plus que ce qu'il avait écrit…

— Est-ce que tu as pu demander à l'Imec si les papiers de Françoise entreposés là-bas contenaient son certificat de baptême ou celui de sa mère ou de sa sœur ? (Alix)

— J'ai en ma possession depuis deux jours un volume de 256 pages qui est l'inventaire du fonds FG… Pas de trace du certificat de baptême. L'inventaire est extrêmement détaillé ! (Caroline)

— Donc, c'est sur la foi du document que nous avons sous le nez que Françoise s'est fondée pour écrire que sa mère s'était convertie vers l'âge de trente ans. Elle n'en était pas commanditaire (sinon il n'y aurait pas « certificat de sa mère », photocopié dessus). Pourquoi ne l'a-t-elle pas transmis à l'Imec ? Pourquoi l'a-t-elle laissé là : à ton attention, évidemment, mais pourquoi ?

— Cette question restera sans réponse… Laure

va à Clermont-Ferrand le week-end prochain et cherchera le nom du premier mari sur place !

— Donc, c'est bien le document qui est chez toi qu'elle a vu, dont elle parle dans son livre, et pas un autre qui serait à l'Imec ?

— Oui, Laure a vu le document que je t'ai montré.

— J'avais pensé que Djénane, se mariant à l'église, avait eu besoin d'un certificat de baptême, sans penser que Françoise en aurait eu besoin aussi — quand elle a eu envie, vers l'âge de quatorze ans, de se convertir au protestantisme sous l'influence d'une camarade de pension — et que sa mère lui a dit : « On a assez d'ennuis comme ça. » Les protestants ne « rebaptisent » pas les catholiques, qui le sont déjà... Mais ils doivent leur demander un certificat de baptême pour être sûrs qu'ils le sont, s'ils veulent faire ensuite leur profession de foi dans le rite protestant... Françoise avait la tête très dure, et ça expliquerait que, sur ce point, elle ait cédé à sa mère, car elle en a parlé toute sa vie de ce truc. C'est le sujet de sa toute dernière interview donnée au *Monde des Religions.*

— Je pense que Françoise n'est pas allée très loin dans sa conversion. C'est un phantasme et non une réalité.

— Pourquoi un phantasme ? Elle était très anticléricale, les protestants n'ont pas de clergé, pas de statues, pas d'images, et la réputation d'être intelligents. En plus, ils sont beaucoup plus tournés vers l'Ancien Testament. Et autant au lycée que dans son horrible pension, où il n'y avait que des étrangères, elle a pu croiser des tas de protestantes.

— Je crois que Françoise a joué avec l'idée de se convertir mais n'a jamais entrepris la moindre démarche concrète dans ce sens. Ça lui plaisait intellectuellement, mais elle avait autre chose à faire.

— L'archiviste du diocèse (dont je ne sais par quel mystère il ne travaille que le jeudi) va chercher dans les papiers de la paroisse ce qu'a pu laisser le père Bardet, car il y a 14 400 Bardet en France, et même ceux qui habitent le même patelin ne sont pas forcément de la même famille ! J'aimerais quand même faire le lien.

Pour lui soutenir le moral, et vice versa, j'avais passé un long moment avec lui au téléphone. Retraité, bénévole, ancien directeur d'école, Jacques Desforges se donnait beaucoup de mal ; il m'envoyait régulièrement des courriels, et je me sentais coupable de le mobiliser de la sorte, ainsi que sa femme, Marie-Claire, responsable, m'apprit-il, du si joli fond bleu de sa correspondance électronique, l'informaticienne de la famille, sans lui donner le pourquoi du comment…

Nous eûmes une longue et vaste conversation sur les certificats de baptême, l'histoire et la littérature ; je lui racontai que j'avais écrit un livre sur Malraux dont j'étais fan, et qu'un lecteur, visitant la chapelle où Florence Malraux avait été baptisée le 13 juillet 1941, m'avait envoyé à son intention la photocopie du registre, où l'on voyait son énergique signature de petite fille de huit ans, et celle de sa mère, Clara, mais que, pendant l'Occupation, elles s'étaient servies du faux certificat envoyé par son père, et antidaté à l'époque de sa naissance — et plus vraisemblable. Je l'avais toujours, d'ailleurs.

Jeudi, Jacques Desforges allait reprendre sa recherche sur la famille et les successeurs de l'abbé Bardet dans les archives paroissiales…

J'explorai d'autres pistes auprès de Caroline.

— Et ta cousine Alexandra Grinkrug ?

— Alexandra Grinkrug est une cousine de mon père, dont elle connaît bien l'histoire. En revanche, je pense qu'elle ne sait rien de l'histoire côté Françoise. Moi-même je l'ai connue à l'enterrement de mon père !

— Et ton petit Chappat ?

— Mon petit Chappat doit avoir soixante-quinze ans et j'ai totalement perdu sa trace. Vu que dans la famille on était plutôt silencieux, il n'est pas sûr qu'il ait été au courant de quoi que ce soit concernant le passé de sa belle-mère…

— Si tu me donnes son prénom, je peux peut-être le retrouver…

— Mon petit Chappat se prénomme Alain.

— Il n'y a que deux Alain Chappat dans toute la France, un dans l'Essonne et l'autre en Haute-Savoie : ça te dit quelque chose ?

— Pas la moindre idée !

— Et Laure Adler ?

— Toujours aucune nouvelle !

— Les anciennes élèves du lycée Molière ont l'air fort actives dans le genre commémorations…

— Je ne sais pas si Djénane était aussi au lycée Molière : elles avaient six ans de différence d'âge.

— Si, elle y a même été pensionnaire et très malheureuse.

M'abritant derrière ma qualité d'ancienne élève du lycée Victor-Duruy, je leur demandai si elles avaient des informations sur Djénane Gourdji (qui fut déportée à Ravensbrück) et sur sa sœur France, toutes deux élèves au lycée Molière dans les années 1925-1935, leur association étant très active en matière de commémorations…

La présidente des anciens élèves du lycée Molière, très intéressée par ma démarche, me répondit qu'elle ne connaissait pas le nom de ces deux élèves. Vivaient-elles encore ?

Désespérant…

Jusqu'à, enfin, ce courriel sur fond bleu du 10 mars 2011 :

« Chère Madame,

Jeudi dernier, vous m'aviez parlé de votre amitié pour la famille Malraux et vous aviez évoqué les *Antimémoires.* J'ai ce livre depuis 1967 et je l'ai lu il y a bien longtemps. Je l'ai repris ces jours et, dans la première page du texte,

André Malraux dit qu'il s'est évadé en 1940 en compagnie d'un prêtre, curé dans la Drôme. Il ajoute que ce prêtre donnait “à tour de bras des certificats de baptême de toutes dates” aux Israélites, mais qu'il les baptisait. “Il en restera toujours quelque chose”, disait-il.

J'ai tout de suite pensé que l'abbé Bardet faisait de même. En effet le registre de catholicité de 1942 contient deux actes de baptême ; l'un au nom de Françoise Gourdji et l'autre au nom de Louise Elda.

Un scanner de ces actes est joint au mail.

Vous verrez que les parrains et marraines étaient sans doute de Montcombroux.

C'est une découverte importante. Françoise a bien été baptisée !

Les trois successeurs de l'abbé Gilbert Bardet sont décédés.

Le livre de paroisse, ouvert en 1907 par le curé Bardet, s'arrête en 1943. Il ne contient rien qui fasse allusion aux activités du curé en faveur des Juifs.

J'ai trouvé l'acte de baptême de Gilbert Bardet, baptisé le 18 juillet 1858 en l'église de Saint-Léon (Allier).

Les archives diocésaines ne semblent pas contenir de pièces permettant de connaître la famille du curé Bardet.

Il faudrait maintenant orienter les recherches vers des personnes susceptibles d'avoir gardé le souvenir de ce prêtre. C'est ce que je vais essayer de faire.

On peut penser que Françoise et sa mère sont venues à Montcombroux le 23 avril 1942. Les actes de baptême portant les numéros 7 et 8 sont bien à leur place dans le registre. Pourquoi Montcombroux ?

Bien cordialement

Jacques Desforges »

— C'est carrément génial ! De l'influence de la recherche sur la découverte ! Ça devrait plaire à Assouline ! Question perfide : est-ce qu'on est baptisé parce qu'on a un acte de baptême ? (Caroline)

— Le document que nous venons de recevoir est la photocopie du registre paroissial où sont répertoriés les sacrements reçus : baptême, confirmation, mariage. Toutes les paroisses en ont un, et les curés sont obligés d'enregistrer tous les actes qu'ils font. Quand les gens, ensuite, ont besoin de prouver qu'ils sont baptisés (pour se marier par exemple), ils demandent un certificat de baptême, qui est établi à partir de ce registre. C'est ce que tu as chez toi. Ce document où le curé écrit qu'il a baptisé Françoise à Montcombroux-les-Mines et Elda en 1917 après abjuration de la religion musulmane. Antidater des certificats de baptême — ce qui mettait les gens à l'abri car avoir un certificat de la veille au soir ne servait à rien pendant la guerre, les catholiques étant baptisés bébés — est une chose, trafiquer les registres de la paroisse en est une autre. C'est un délit dans le droit canonique. Et si le curé l'avait fait, il les aurait inscrites en 1917 tant qu'à faire ! Pour authentifier son faux... On ne voit pas pourquoi il les aurait inscrites en 1942, ça ne servait à rien, sinon éventuellement à dénoncer le faux. Donc il les a bien baptisées ; et, les ayant baptisées, la loi canonique l'obligeait à les inscrire dans ses registres, ce qu'il a fait. Mais il leur a fait un certificat antidaté où Elda, musulmane, était baptisée à son arrivée en France, et Françoise bébé. Pour faire valoir à qui de droit. Apparemment elles n'en ont jamais eu besoin. Qu'en penses-tu ? (Alix)

— C'est tout à fait ça ! Je vais regarder si je trouve le certificat de baptême de mon frère. Il est né en 1941 et je me demande s'il n'y a pas eu baptême de toute la famille ! (Caroline)

— Pour ton frère, je vais demander à l'archiviste de regarder dans le registre... On ne sait jamais, et ce serait dommage qu'on passe à côté. De toute façon, c'est juste avant ou juste après... Il a dû naître à Clermont-Ferrand, mais je ne sais pas pourquoi j'ai Nice qui me trotte dans la tête en janvier 1941 (février grand maximum), et forcément sous le nom de Gourdji. Françoise écrit : « Comme sa naissance était irrégulière, on m'a refusé les allocations, les tickets nécessaires à l'achat de laine pour le vêtir, du lait pour le nourrir. Il a tout enduré et de toutes les manières. Et j'ajouterai : moi aussi. Le jour de son baptême, le prêtre m'appelait mademoiselle avec ostentation. » In *Si je mens.*

— Voilà : il est né le 13 avril 1941 à… Nice ! J'ai le certificat de baptême : « Baptisé le 17 mai 1941 à Théoule-sur-Mer, paroisse de La Napoule ; parrain : Pierre Gustave Blanchard ; marraine : Denise Pellet. » Son nom : « Alain Pierre Danis, né de Gourdji Francoise, adopté par Pierre Danis. » Danis l'a reconnu ET adopté comme il est écrit sur le registre des actes de l'état civil de Nice. Pierre Danis était domicilié à Nice.

— C'est drôle que je me sois souvenue de Nice sans savoir à quoi l'accrocher ! D'où j'ai sorti ça ? Que ta grand-mère était à Nice… Ça doit être écrit quelque part… Elle parle de « faire un crochet », sacré crochet ! Tu as vu le parrain, c'est le Blanchar de la *Symphonie pastorale* ! Je pense qu'ils devaient tourner un film de Pagnol, inachevé aussi, dans le coin… Mais avril, c'est supertard ! Ça veut dire qu'elle n'était pas encore enceinte au moment de l'exode (juin 1940) mais en juillet ?

Nice, c'est dans *Arthur* :

« Mon étape lyonnaise s'achevait. Je l'avais parcourue le ventre quasiment plat, grâce à quoi la honte d'avoir à avouer "ma faute" me fut épargnée. Il ne me restait plus qu'à mettre mon bébé au monde, à le confier à ma mère, qui se trouvait à Nice, et à rentrer à Paris. Je n'étonnerai personne en disant que ce ne furent pas les jours les plus gais de ma vie. »

— Et toi c'était qui tes parrain et marraine ?

— Marraine inconnue ; parrain : André Dewavrin, c'est-à-dire le colonel Passy.

« L'incarnation même du courage et du sens de l'honneur », d'après Françoise ; il lui avait remis la Légion d'honneur en 1980.

Jacques Desforges poursuivait son enquête à la recherche de témoignages sur l'abbé Bardet pour éclairer l'étrange scène du baptême commun de Françoise et de sa mère, le 23 avril 1942, dans ce village de l'Allier. Notre abbé, inconnu des réseaux de Résistance, avait fait une carrière modeste :

« L'abbé Bardet a mené une vie très simple. Curé de campagne, il est resté quarante-quatre ans à Montcombroux et n'a jamais eu de responsabilités à l'évêché. Il a pris sa retraite en 1951 à l'âge de quatre-vingt-treize ans !

Pour les baptêmes, il avait choisi un parrain et deux marraines dans son entourage. Il me semble que le parrain des deux baptisées était Henry Bardet (nom difficile à lire mais en regardant bien on peut le penser). Les marraines étaient Marie et Louise Devaux, personnes du pays vraisemblablement ; elles ont peut-être des descendants à Montcombroux… »

Le 24 mai 2011, Jacques Desforges s'y rendit en pèlerinage et rencontra le maire, Mme Tognon, pour qu'elle le mette sur la voie de personnes âgées ayant connu le curé. Ensemble, ils épluchèrent les registres d'état civil et trouvèrent une dame dont le nom de jeune fille était

Devaux, patronyme de nos deux marraines. Elle était bien de leur famille, mais n'avait jamais entendu parler des baptêmes de Françoise et d'Elda.

Je reçus un reportage photographique de la petite église romane Saint-Jean-Baptiste, du XIe siècle, entourée d'un joli cimetière, où repose le chanoine Bardet… Les fonts baptismaux et le presbytère… Commentaire : « Montcombroux-Vieux-Bourg, situé en pleine campagne, ne possède plus aujourd'hui que quelques bâtiments (dont l'ancienne école) et un château. Dire que le 23 avril 1942 (c'était un jeudi) Françoise et sa mère ont traversé le petit cimetière pour se rendre à l'église afin d'être baptisées… » Sa mère avait soixante ans, Françoise vingt-six… et le curé quatre-vingt-quatre ! Mais peut-être, nuança-t-il plus tard, après ce bref instant de lyrisme, le baptême avait-il eu lieu plus discrètement au presbytère, classé lui aussi.

Le maire lui avait donné d'autres personnes à contacter, et, après moult téléphonages à des vieilles dames, il découvrit que le parrain de Françoise et d'Elda, Henry Bardet, était le petit-neveu du curé. Habitant Vichy avec sa famille, il venait à Montcombroux pendant la guerre, et séjournait à la cure. En 1942, il avait environ seize ans. Selon les dires, Henry n'aurait pas fondé de famille et serait mort depuis longtemps…

Début juillet, il retrouva dans les registres de Vichy des membres de la famille du père Bardet. Le parrain de Françoise, Henry, était né en 1927. En 1942, il avait donc quinze ans. Hélas ! il est mort de la diphtérie en 1946. Mais son frère aîné, Jacques Bardet, né en 1925, qui habitait à Noirétable, acceptait de me parler.

« 10 juillet 2011

J'ai eu le frère du parrain de Françoise au téléphone...

Son frère Henry Bardet, le parrain, a travaillé pendant un an, un an et demi comme homme à tout faire chez son grand-oncle curé. Il était né en 1927. Il est mort de la diphtérie en une semaine, en 1946, juste avant la pénicilline.

L'oncle curé rendait service à tout le monde, mais n'était pas bavard. Il disait juste : "Je ne peux pas voir les boches." Il était le neveu d'un proscrit républicain déporté à Cayenne...

Jacques, lui, a été employé à la mine pour échapper au STO. Il y avait deux mines à Montcombroux, à cinq kilomètres du vieux village, qui ont fermé peu après la guerre ; le charbon y était de très mauvaise qualité.

Pendant la guerre, il y avait beaucoup de réfugiés cachés et employés dans les mines, certains résistants, d'autres miliciens, qui logeaient chez l'habitant. "Les indigènes étaient accueillants", dit-il. Certains venaient de Nice. Et beaucoup d'Italie.

Ton frère a été baptisé près de Nice, en 1941, peut-être que c'est ce curé-là qui connaissait l'autre ? Pourtant, le premier n'avait pas laissé un bon souvenir à Françoise...

Le frère m'a donné le nom d'un mineur italien de Montcombroux qui se souvient peut-être… Alix »

— C'est un vrai polar ! (Caroline)

Comment Françoise et sa mère se sont-elles retrouvées à Montcombroux et comment ont-elles connu l'abbé Bardet ? Y a-t-il un lien entre Nice, où habita un temps la mère de Françoise, et où celle-ci accoucha, et les réfugiés niçois de Montcombroux-les-Mines ?

Jacques Desforges remontait les pistes tel le héros de son livre, *Charlie Gaul, grimpeur ailé*, dont il fut célébrer à Luxembourg la mémoire lors de courses cyclistes.

Le 4 novembre 2011, il rencontra, à la brasserie du Casino à Vichy, deux petites-nièces du curé Bardet, dont il m'envoya les photos, et recueillit documents et arbres généalogiques… « Nous avons parlé de la piste niçoise qui semble très sérieuse. Pendant la guerre, le directeur de la mine, M. Perge, venait de Nice… »

Dans l'arbre généalogique apporté par les petites-nièces se trouve un personnage dont leur frère m'avait parlé au téléphone : Gilbert, dit « Billard le Proscrit », maire de Saint-Léon en 1848, qui avait hissé le drapeau rouge sur sa maison et soulevé les mineurs de Montcombroux contre le coup d'État de Napoléon III ; il fut déporté à Cayenne en 1852. Sa sœur était la mère de l'abbé Bardet, qui portait les mêmes prénoms : Gilbert, Charles.

Ce diable d'homme s'était évadé de l'île du Diable et avait rejoint l'Amérique. Son fils fut élu maire de Topeka (capitale du Kansas) en 1910 « en dépit de son agnosticisme courageusement proclamé dans cette Amérique si croyante » d'après René Merle. Et son petit-fils, qui fabriquait et pilotait des aéroplanes, Philip Billard, héros de l'aviation américaine, périt le 24 juillet 1918 à Issoudun. Aujourd'hui, l'aéroport de Topeka porte son nom. Entre le rouge républicain et le noir calotin, les deux branches de la famille paraissaient assez antagonistes…

Mais pas du tout ! d'après Jacques Bardet, le frère du parrain de Françoise. Au contraire, la famille américaine de Topeka était même venue visiter l'oncle curé en octobre 1949 et c'était peut-être bien son « esprit proscrit », à lui, le même refus d'un pouvoir despotique, qui l'animait. Il n'aimait pas les boches ! Quant à l'étrange certificat de baptême que je lui décris, il a une explication : c'est une photocopie comme on en faisait par dizaines à l'époque dans le laboratoire de photographie où il a travaillé à Vichy. Pour faire des faux plus vrais que nature, même avec la signature du Maréchal, tant qu'à faire !

Pendant la guerre, à quatre-vingts ans, le curé Bardet était toujours actif et avait de l'entregent : « À dix-huit ans, on m'a collé à la mine pour ne pas aller travailler en Allemagne. Il disait à M. Perge, le patron : “Il faut que je planque un neveu”, et le patron obéissait. » Le curé était moderne, il avait une moto et une voiture, une 5 CV Trèfle Citroën, trois places, dont on disait qu'elle connaissait tous les fossés du chemin… Il ne dépassait pas les limites de sa paroisse, mais allait toujours dire la messe à la mine, à cinq kilomètres, où il avait une autre église.

Au fur et à mesure de son enquête, Jacques Desforges déplaça le cadre du baptême de Françoise et de sa mère, en avril 1942, de la ravissante et bucolique église romane Saint-Jean-Baptiste, au village, dont il m'avait d'abord envoyé la photo, pour le transporter dans cette chapelle de Montcombroux-les-Mines, plus petite et nettement plus récente, à cinq kilomètres de là, où se trouvait un village beaucoup plus important tant qu'il y eut des mineurs, c'est-à-dire pendant l'Occupation.

Il vient de se rendre au tout nouveau musée de la Mine à Montcombroux. Ouvert au mois de juin.

« Pendant la guerre, la mine a accueilli des Juifs et de nombreux réfractaires au STO. On a compté jusqu'à cinq cents employés. C'était beaucoup plus que n'en demandait l'exploitation des puits. Les Allemands se faisaient très discrets venant seulement une fois par an pour apporter les explosifs nécessaires au travail. La visite du musée de la Mine m'a surtout permis d'évoquer la question qui nous préoccupe avec M. Sadot, fils d'un ancien chef mineur. Je continue de contacter des personnes de la famille Perge ; j'ai la conviction que le lien est là. »

Grâce à lui, j'ai pu téléphoner à Sophie Bouthiaux, dont le mari, Émile, était un descendant Perge, travaillant à la mine de Montcombroux pendant l'Occupation. Elle m'a raconté qu'il disait, chaque fois que Françoise Giroud passait à la télévision : « Avec mes frères, on la connaissait bien. » Elle pensait qu'ils avaient été à l'école ensemble à Nice, chose impossible, mais il était né en Turquie, où son père, ingénieur des Mines, construisait le chemin de fer… Pour le moment, il manque une preuve matérielle, mais le lien existe.

Quant à l'abbé Bardet, il avait, au moins, le même ennemi que la mère de Françoise : « Bien pire était le "boche", ténébreuse Allemagne contre laquelle mon père s'était dressé au mépris de ses intérêts, de sa liberté, de sa vie » — et la même façon de le désigner que mon grand-père, Robert Foucher, ancien poilu, en ces soirs de Noël où il nous faisait écouter *Flotte petit drapeau*…

9

TOLIA EST EN TAULE

Pendant que le couple Desforges explorait l'Allier à la recherche de l'abbé Bardet, je me plongeais dans les histoires d'Occupation qui étaient contemporaines de nos certificats... Car demeurait une autre zone d'ombre. Ses biographes ayant fait grief à Françoise d'avoir été libérée de Fresnes par l'intervention de Joseph Joanovici, le ferrailleur collabo, personnage fort louche, et de ne pas vouloir l'avouer.

Découvrant que Laure Adler citait Christine Ockrent (en se trompant !), qui elle-même recopiait *L'Étrange Monsieur Joseph*, la biographie d'Alphonse Boudard — sans y ajouter le moindre élément d'enquête personnelle —, je plongeai donc à mon tour dans les vraies sources dont je fis ce petit résumé pour Caroline :

« Alphonse Boudard cite intégralement la lettre de ta grand-mère, Elda Gourdji, disant aux autorités qu'elle est allée trouver plusieurs fois Joseph Joanovici pour faire libérer "sa fille cadette", et qu'il y était parvenu sans lui demander de l'argent en échange. Elle s'en disait "infiniment reconnaissante".

Ayant lu cette lettre, Boudard est allé voir Françoise en 1973 dans ses bureaux de *L'Express*. Elle lui explique qu'elle travaillait dans le cinéma à l'époque et que les gens de cinéma fréquentaient les mêmes restaurants de marché noir que les collabos, les résistants et les trafiquants en tout genre. Dont Les Deux Cocottes (et pas "Les Deux Carottes", comme l'écrit Adler !), où il se disait que ce gros bonhomme avait le bras long, qu'il était au mieux avec les Allemands, et qu'il rendait service aux gens en difficulté.

En novembre 1943, quand sa sœur est arrêtée à Clermont-Ferrand, elle lui a demandé de l'aide avec l'accord de Dejussieu, l'un des chefs du réseau de Djénane ; ils avaient même réuni ensemble de l'argent pour l'appâter. Par l'entremise du patron du bistrot, dit Gégène, elle se retrouve un soir à la table de Joanovici. Il refuse l'argent et promet de se renseigner. Plus tard, il lui téléphone, et elle se rend dans ses bureaux, pleins de sbires armés en tout genre, "ambiance gangsters". Il n'avait rien pu faire pour sa sœur car c'était trop tard, elle était déjà à Compiègne, hors de son rayon d'intervention, mais qu'elle n'hésite pas si elle avait encore besoin de lui. Joanovici lui a donné du lait pour son fils et des cigarettes anglaises. Elle prévient sa mère, qui s'en souviendra quand Françoise sera arrêtée, à son tour, le 9 mars 1944.

Boudard ne comprend pas pourquoi elle ne veut pas reconnaître qu'elle a été libérée grâce à lui, alors qu'elle a témoigné en sa faveur à son procès, risquant les foudres de la presse communiste. Et que sa mère l'avait écrit, insistant sur le fait qu'elle ne lui avait rien donné en échange.

Cela corrobore les écrits de Françoise quand elle raconte son entrevue avec Joanovici dans ses livres. Et le portrait de Boudard : Joanovici se sucrait sur les riches, et ne manquait vraiment pas d'argent à l'époque ; il ne semble pas non plus s'être payé en nature, ce n'était pas son genre. Si bizarre que ça puisse paraître, il aimait rendre service, pas seulement aux Juifs. Une forme de commerce. Son procès a été plein de témoignages de résistants qu'il avait sortis du trou sans en retirer d'intérêt — sinon leur reconnaissance ! C'était sans doute ça l'intérêt... Et comme tous les escrocs, il savait se rendre sympathique, la base de tout. »

— Que t'en semble ?

— Ça me paraît convaincant ! Je n'ai jamais entendu personne, et surtout pas mon père, dire qu'il était pour quelque chose dans la libération de ma mère... Je ne sais d'ailleurs pas du tout ce qu'il a fait pendant la guerre à Paris, sinon qu'il a « couvert » Françoise et Djénane. J'ai appris tout ça dans un des derniers livres de Françoise, car je ne savais même pas qu'il était en prison quand je suis née !

— Autre chose intéressante : Françoise a expliqué à Boudard que beaucoup de gens s'étaient mal comportés à l'égard de Joanovici, au moment de son procès, et n'étaient pas allés témoigner pour lui alors qu'il leur avait sauvé la peau parce qu'il avait servi de bouc émissaire : « Un Juif collaborateur, quelle aubaine ! » Aussi qu'il lui avait paru une fripouille mais sympathique, incapable de sadisme. Pas un « salaud ». Peut-être que la libération de Françoise ne doit rien à Joanovici, mais que ta grand-mère, avec son sens ardent de la justice, voyant que les gens ne se bousculent pas pour le défendre, la lui attribue en écrivant cette lettre. Apparemment, c'est Françoise qui a témoigné à son procès, et pas elle. (Parce qu'elle était malade depuis deux ans déjà ? Son opération date de huit jours après ta naissance.) Et, d'après Boudard, son témoignage a fait pleurer Joanovici ! Peut-être parce qu'il était bien placé pour savoir qu'elle lui attribuait des lauriers immérités ? Quand elle rencontre Boudard, en 1973, ils sont tous morts. Elle n'a pas de raison de maintenir la fiction, mais ne va pas non plus balancer sa mère... Elle écrit qu'elle a été libérée dans la panique de juillet 1944, et qu'ayant attrapé son chef, qui fut déporté, les Allemands n'avaient plus besoin d'elle. Il est arrivé la même chose à Malraux. En juillet 1944, il y a eu un vent de panique chez les Allemands... Que t'en semble ?

— Je ne pense pas que ma grand-mère a menti à propos de Joanovici. Ce qui ne veut pas dire qu'il soit effectivement responsable de la libération de Françoise. Mais je crois qu'elle le croyait. L'hypothèse selon laquelle elle n'intéressait plus les Allemands a dû jouer aussi. Bref, un concours de circonstances... Je n'ai aucun papier sur le procès de mon père, sinon celui de l'amnistie...

— Quand a-t-il été emprisonné ? Le procès de Joanovici se situe en juillet 1949, il devait être sorti de prison à ce moment-là. Peut-être peut-on retrouver les archives de son procès ?

— Mon père a été emprisonné quand Françoise était enceinte. Elle allait lui rendre visite avec Edmonde Charles-Roux qui travaillait à *Elle*. J'ai la notification d'amnistie.

— Françoise écrit : « Un matin de 1947, j'ai vu mon mari disparaître entre deux policiers sans que ceux-ci daignent donner une explication. Ils dirent seulement qu'ils l'emmenaient à Lille », sans préciser la date...

— La notification d'amnistie date du 17 janvier 1952. La condamnation : 30 juillet 1947 par la cour de justice de Douai. Cinq ans de réclusion commués en dix-huit mois d'emprisonnement. Dégradation nationale à vie. Vingt ans d'interdiction de séjour. Amnistie par application de l'article 9 de la loi du 3 (ou 8) janvier 1951.

— Françoise écrit qu'il a eu cinq ans de prison, commués par Edgar Faure en liberté conditionnelle au bout de trois ans. On dirait plutôt deux : dix-huit mois d'emprisonnement (qui commencent à la date inconnue de son arrestation forcément antérieure à juillet), de toute façon en juillet 1949, il était libre. Mais interdit de séjour. (Où ? À Lille ? En France ?) Ils ont repris un bout de vie commune (quand ?) en 1951 maximum, parce que fin novembre 1951 elle rencontre JJSS, et en décembre c'est le discours de Mendès France, etc.

— Je ne pense pas que mon père ait été interdit de séjour en sortant de prison, car il est revenu vivre momentanément à la maison (pas longtemps ; ensuite il est parti pour Rome). Quand Françoise a rencontré JJSS, il était déjà parti. Sa mère vivait à Paris et il logeait chez elle quand il revenait en France (assez souvent dans mon souvenir)...

D'après Françoise, il est accusé d'avoir servi d'intermédiaire, en 1943, entre les industriels du textile et un bureau d'achat allemand. Une vingtaine de personnes ont été arrêtées, qui doivent être jugées. L'une d'elles, la comtesse de P., l'a dénoncé en échange de son immunité. À l'époque, c'était sa maîtresse. Quand Françoise lui demande, derrière les barreaux de la prison de Lille : « Pourquoi as-tu fait ça ? c'est incompréhensible », il lui répond qu'elle avait eu envie d'un saphir. Elle a eu son saphir... Quand elle en parle, elle explique tout par sa « russité » à lui et par un penchant personnel pour les Russes :

« J'ai toujours aimé les Russes, j'en ai même épousé un : leur grain de folie, leur sentiment tragique de la vie conjugué au goût de la fête, leurs musiques, leurs chants, leur charme.

J'avais un mari très intelligent et très civilisé, qui ne m'a jamais fait subir la moindre tyrannie et ce fut réciproque. » Ailleurs elle écrit qu'il buvait du champagne dans ses bottillons…

« Que dire encore de mon mari ? Il possédait le sens russe de la fête quand occasion il y avait. Il était le charme même ; un bon échantillon du charme slave dans lequel il entre tant de tristesse. Il parlait toutes les langues. Mais ce n'était pas exactement un compagnon tonique, capable qu'il était de passer sa journée à relire Dostoïevski en russe. » Mais elle ne dit jamais qu'il était juif, lui aussi.

Sur un site italien, je trouvai quatre photos d'Eliacheff « producteur de cinéma », en noir et blanc, prises lors d'un cocktail, le 25 mars 1954, à Rome. Une cigarette sur l'oreille, de profil, une jeune femme, non identifiée et souriante, dans les bras, que j'achetai pour Caroline. Tout sourire, front immense, en veston croisé… Et une autre, où il était assis seul sur une chaise, pour le petit-fils rabbin qui avait repris son nom, où il semblait plus méditatif… Un charme fou, le bel Anatole.

— Merci mille fois pour les photos ! Il y a toujours une femme à côté de mon père ! Il avait une réputation de grand séducteur et je crois qu'il a beaucoup trompé Françoise ! (Caroline)

Mais elle l'a pourtant défendu bec et ongles ! Dans un débat à la télévision, sur les enfants illégitimes, elle expliqua qu'une épouse était aussi responsable des fautes de son mari, sinon le mariage n'avait aucun sens… Qu'avait-il fait pendant la guerre ? Comment se procurer les détails du procès ? Qui avait succédé à Me Garçon, qui l'avait apparemment défendu ?

Dieu merci était apparu dans la vie de Catherine Dolto, meilleure amie de Caroline devenue aussi mon amie depuis la mort de Françoise, Me Alain Cornec, avocat breton aux faux airs de Lionel Jospin mais à l'humour véritable, vrai déjanté aux allures sages, qui nous plaisait énormément — et en priorité à Catherine… Un homme qui lui faisait la cour à l'ancienne, capable de suivre le rythme fou de son existence, drôle mais sûrement pas manchot dans sa profession, et qui allait l'épouser. Réunis à un dîner chez Micheline et Alain Decaux, je demandai au fiancé comment m'y prendre.

Il me répondit que les avocats ne conservaient leurs dossiers que dix ans maximum. C'étaient les notaires qui archivaient les documents de famille (mais pas les procès). J'avais des réflexes de journaliste traitant d'affaires en cours — où les avocats sont toujours les plus bavards…

Donc, il ne servait à rien de retrouver le cabinet qui avait succédé à Me Garçon, ses archives avaient dû être détruites. Il fallait retrouver celles du tribunal. Mais elles n'avaient pas l'air d'être en ligne. Avec l'accord de Caroline, j'envoyai un courriel plus explicite à Me Cornec, lui demandant comment je pouvais retrouver le procès d'Anatole Eliacheff, à Douai, en 1947. Condamné en juillet à cinq ans de prison + interdiction de séjour.

Dès le lendemain, « très flatté et honoré de cette demande », le mirobolant Me Cornec me répondait : les dossiers d'assises sont aux archives départementales. Mais rien ne garantit qu'ils soient complets. Et il faut les récupérer matériellement. A priori ça devrait être simple d'avoir le jugement pénal du père de CE. Mais le dossier risque d'avoir disparu. Et, même si on le trouve, il a pu être purgé des détails ou ne pas dire grand-chose : « Attendu que les faits sont établis »… « La Cour entend Mme X… »

Sous le titre « Des fils sur lesquels il faut tirer », il m'envoya les adresses d'archives, avec le nom des personnes à contacter. Je me lançai dans une série de courriels. Et ce furent les Archives du Nord, à Lille, qui me répondirent positivement :

« 19 avril 2011,

Madame,

Je puis vous adresser une copie de l'arrêt conservé ici sous la cote 8 W 584.

Le dossier de procédure est lui conservé sous la cote 8 W 120 mais il n'est pas consultable sans dérogation. Vous trouverez sur notre site Internet les formulaires de dérogation que je transmettrai dès réception à la cour d'appel de Douai pour avis puis au Service interministériel des Archives de France pour décision.

Michel Vangheluwe, conservateur du Patrimoine. »

Je demandai à notre cher Maître si j'avais plus de chances d'obtenir une dérogation en disant que je faisais cette recherche dans un but professionnel — ou personnel dans l'intérêt de la famille.

— Les deux mon général, me répondit le fiancé. Si tu as l'accord de CE pour le faire, le joindre.

Il me fit même un modèle du papier.

Caroline était en vacances en Toscane.

« Salut, belle Italienne, je suppose que tu as embarqué un réseau de communication moderne dans ton escapade…

Voici où nous en sommes :

Grâce au génial Me Cornec-Dolto, j'ai pu retrouver les traces du procès de ton père dans les Archives du Nord, si chères à ta chère Marguerite…

Pour en avoir communication, il faut demander une dérogation, laquelle serait plus susceptible d'être accordée si je pouvais y joindre un papier disant que tu es d'accord. Et dont la formule serait :

Je soussignée CE, fille de AE, demeurant ______, certifie être la seule héritière vivante de mon père, décédé en ___.

J'autorise ASA à faire toutes recherches au sujet de mon père auprès des archives publiques ou privées dans le cadre de son activité d'écrivain, et notamment à se faire communiquer le ou les dossier(s) judiciaire(s) le concernant. »

— Tu es meilleure que Sherlock ! Je suis de

passage à Paris jusqu'à vendredi matin. Je vais t'envoyer cette lettre.

En attendant, je reçus une copie de l'arrêt, qui était public, la partie visible du procès, conservé sous la cote 8 W 584, à mon domicile.

Anatole Eliacheff a été arrêté le 15 février 1947, date qui nous manquait. N'a fait que dix-huit mois de prison. Donc doit être sorti en août 1948.

Son interdiction de séjour concernait Lille et le nord de la France où s'étaient passés les faits qu'on lui reprochait (collaboration économique entre 1942 et 1943) sous le nom de Eger, donc pas Paris… Aucune mention de sa situation familiale — et encore un nouveau nom !

Apparemment, il a traficoté des marchandises avec les Allemands en compagnie d'une bande de branquignols — dont une jeune femme et deux Belges en fuite. Les marchandises semblent être surtout des vêtements et des toiles…

— Ce n'est pas très clair, mais on a l'impression qu'il n'y avait pas que des vêtements… me répondit Caroline, tout occupée ce jour-là à réussir une recette de sa grand-mère : du charopé blanko de Turquie. Sa petite madeleine en sucre et miel à elle !

Le 21 juin 2011, je reçus de la direction du Patrimoine, sous les auspices du ministère de la Culture, d'accord avec les Archives du Nord, l'autorisation de consulter le dossier de procédure d'Anatole Eliacheff à Lille. Aucune reproduction n'en était autorisée, et je ne pouvais communiquer aucune information susceptible de porter atteinte aux intérêts protégés par la loi, notamment à la vie privée des personnes.

Ce qui n'est pas si simple… Par exemple, avais-je le droit de communiquer ces informations à sa famille ? Le mieux était d'y aller avec Caroline, tout en demandant pour elle l'autorisation de consulter ces dossiers, car sa situation d'unique héritière pouvait ne pas suffire ; ils avaient l'air assez légalistes dans le secteur. Si toutefois l'aventure la tentait…

D'après le conservateur du Patrimoine des Archives départementales du Nord, le dossier n'était pas très épais (une bonne trentaine de feuilles). Et la consultation ne devrait pas demander plus d'une demi-journée. Il me suffisait de m'inscrire à l'accueil et de présenter ma dérogation au président de salle.

Étant lente, je comptai la journée. Et demandai à Caroline si elle voulait m'accompagner…

— Nous irons au bout du monde ! (Caroline)

La directrice des Archives départementales donna son accord au conservateur pour la consultation des documents en compagnie de Mme Eliacheff. Je devais confirmer notre visite à son collègue, Hervé Passot, pour qu'il prépare les documents…

À cause des vacances, nous fixâmes notre expédition au 1er septembre.

Et c'est ainsi qu'après avoir visité un hôpital

psychiatrique et un cimetière nous mîmes le cap, en TGV, sur les Archives du Nord, vers la case prison…

Je n'étais jamais allée à Lille, on m'avait toujours dit que c'était très beau, ma nièce et filleule Dorothée y avait fait ses études, mais les archives étaient dans un bâtiment tout neuf d'un quartier moderne sans intérêt où nous nous enfermâmes.

Il fallait laisser ses sacs et manteaux dans une consigne. Les documents nous attendaient. Ainsi qu'Hervé Passot qui les avait préparés. Il avait déjà jeté un œil sur le dossier.

Curieusement, alors que je m'attendais à des minutes, à un récit, il comprenait des pièces éparses… que nous nous mîmes à recopier frénétiquement à la main. C'était autorisé. À l'heure du déjeuner, Hervé Passot revint nous voir. Il demanda à Caroline si son père était juif. Elle répondit que oui. Il fit remarquer que ce n'était marqué nulle part dans le dossier… Ce qui était vrai. Pourquoi lui avait-il demandé ça ? À cause de son nom ? Une impression, comme ça…

Il n'y avait pas de comtesse non plus ; certes il y était question de la maîtresse de l'époque, mais c'était sa secrétaire.

Essayons de résumer cette affaire sans enfreindre la loi.

D'abord Anatole Eliacheff est né le 8 mars 1910, à Moscou (Russie), fils de Victor Eliacheff, décédé, et de Aimée née Schmelkin, qui habite à Paris.

Profession : administrateur ou représentant, selon les documents.

Adresse : 2 bis, avenue Raphaël à Paris (XVIe).

Déchu de sa nationalité russe en 1918. Il a fait ses études en Allemagne et est arrivé en France en 1933.

Marié le 13 juin 1946 avec France Gourdji, à Paris, sous le régime de séparation des biens. Un enfant : Caroline, née le 5 juin 1947 à Boulogne-Billancourt, alors qu'il était incarcéré depuis le 15 février 1947 à Douai (Nord).

En vertu de l'article 67 du 28 novembre 1944, il est déclaré coupable « d'avoir porté atteinte à la sûreté de l'État, sur le territoire français, notamment à Lille dans les années 1942-1943, en temps de guerre, au mépris des prohibitions édictées, fait des actes de commerce avec des agents de l'Allemagne, puissance ennemie, en étant acheteur de marchandises diverses pour des bureaux d'achats allemands, dans l'intention de favoriser les entreprises de toute nature de l'ennemi ; ces rapports économiques ayant par leur nature, leur ampleur, leur importance et leur répétition apporté un appoint appréciable dans le domaine économique ».

Comme Anatole Eliacheff a utilisé pendant la guerre le pseudonyme d'André Eger, on ne l'avait pas attrapé avant le 15 février 1947, alors que sa condamnation aurait dû être liée au procès du responsable du contrôle économique allemand à Lille, en novembre 1946, qui l'avait cité comme complice, ainsi que son amie

S. et ses quatre autres coaccusés — dont deux étaient toujours dans la nature…

On l'accusait d'avoir été un acheteur pour l'Allemand Otto, qui employait aussi Joanovici. Et d'avoir acheté trois tonnes de cuir et de peaux pour la Luftwaffe en 1942. Il avait recruté sa complice, S., sa secrétaire qui était devenue sa maîtresse, spécialisée dans les toiles de bâche.

Eliacheff a nié et dit qu'il travaillait pour un autre acheteur, B., qui avait ses bureaux à Lille, et qu'il achetait de la laine, des pull-overs, des cuirs et des peaux sans destination militaire — et après avoir eu l'accord de grands résistants dans le but d'obtenir des renseignements utiles aux Alliés.

Mais il n'était entré en contact avec le général Dejussieu, alias Pontcarral, chef militaire d'une organisation de Résistance, qu'en mars 1943… Il lui avait fourni des indications « peu nombreuses et peu importantes », d'après le tribunal, et rempli des missions, qui consistaient à écouter la radio russe et à donner des renseignements sur la prison de Loos.

En revanche le colonel Aron-Brunetière dit qu'il s'en est servi comme « honorable correspondant » de l'état-major des FFI (Forces françaises de l'intérieur) à partir de fin 1943 jusqu'au Débarquement, période où il avait cessé toute activité pour les bureaux d'achats allemands.

Eliacheff renseigna le colonel Brunetière sur le policier allemand Cools bien connu des résistants lillois, et accomplit une mission dans le Nord à l'été 1944. (Entre le Débarquement et la Libération.)

Eliacheff dit avoir proposé 300 000 F au maquis, refusés par le général Dejussieu, qui lui dit que le maquis n'avait pas besoin d'argent. Il a donc conservé l'argent.

« Le condamné apparaît donc sous l'aspect d'un homme intelligent et rusé, trafiquant sans scrupule, qui a profité de la présence en France de l'Allemand, ennemi à la fois de sa patrie d'origine et de sa patrie d'adoption, pour faire de fructueuses affaires en aidant au pillage de notre pays au profit de la machine de guerre allemande », écrit le commissaire du gouvernement.

On reconnaît le style « tribunal révolutionnaire » de l'époque, frappé au coin de son éternelle mauvaise foi : comment reprocher son manque de patriotisme à un apatride ? Anatole n'a jamais eu d'autre passeport que le passeport Nansen, qu'avaient tous les Russes émigrés à Paris, déchus de leur nationalité par leur mère patrie elle-même, la Russie, quand elle s'était muée en Union soviétique, laquelle fut alliée des nazis jusqu'en juin 1941…

Il avait fait ses études à Berlin, où sa famille s'était réfugiée, et parlait évidemment allemand. Il n'habitait en France, sa « patrie d'adoption », d'après le commissaire, que depuis dix ans, à l'époque, dans l'univers cosmopolite du cinéma. S'il a fait des affaires, c'était plus probablement à son profit personnel ou à celui de la comtesse — qui n'apparaît nulle part — que pour faire marcher « la machine de guerre allemande »… Et il a su changer son fusil d'épaule au bon moment ; il aurait pu ne pas le faire. Ce n'était pas un homme bourré de convictions.

Il est condamné le 15 juillet 1947 à cinq ans de réclusion, dégradation nationale à vie, confiscation des biens présents et à venir.

Cinq ans de prison, c'est exactement le même verdict que pour Joanovici en 1949 — qui en avait fait quand même beaucoup plus ! Et vendu aux Allemands un métal clairement destiné à l'industrie d'armement… Mais, pas de chance pour Anatole, son procès coïncide, non pas avec celui de Joanovici (à qui l'on essaie toujours de le raccrocher et dont il essaie toujours de se détacher) comme je le croyais au départ, mais avec une période où celui-ci faisait encore plus parler de lui à la une des journaux à sensation — parce qu'il était en cavale.

De mars à novembre 1947, « mettant bruyamment en échec la police et les renseignements généraux », selon Boudard, Joanovici avait fichu le camp à l'étranger, et il n'y avait pas une journée où la presse ne relatait les crimes du « chiffonnier milliardaire », dont la liste ne cessait de s'allonger, tout en fustigeant l'incapacité des pouvoirs publics — dont la frustration allait croissant…

D'autant que deux des complices d'Anatole, A., un Belge, et E., sont aussi en fuite. Ils sont condamnés par contumace à vingt ans de travaux forcés, vingt ans d'interdiction de séjour, dégradation nationale à vie, et confiscation de leurs biens passés et à venir.

Restent, parmi ceux qui sont là, sa maîtresse et secrétaire, S., qui n'a que dix ans de dégradation et pas de confiscation, parce qu'elle agissait sous son emprise… Et un autre, E., qui n'écope que de six mois, 40 000 F d'amende et cinq ans de dégradation.

Françoise écrit : « Selon l'avocat lillois qui le défend, cette condamnation est aberrante, comparée à celles des autres inculpés. Mais les autres sont de la région, lui est étranger, parisien… Il a bien fallu que quelqu'un paie. » Ce n'est pas faux. Elle ne dit pas qu'il est juif comme Joanovici ; juste étranger et parisien.

Le 23 décembre 1947, les cinq années de prison sont commuées en dix-huit mois par un décret du président de la République. Vu la proximité de Noël, on dirait une grâce présidentielle générale.

Anatole Eliacheff est donc libéré le 18 juin 1948.

Le 5 octobre 1948, son interdiction de séjour est levée, et Françoise demande une remise de peine concernant la confiscation de ses biens. Il ne s'agit plus de prouver son innocence, mais qu'il est ruiné, et qu'une personne malveillante a des vues sur ses meubles… Or il ne possède qu'eux — et le futur héritage de sa mère.

Le même procureur général, le 9 novembre

1948, fait remarquer qu'ils sont mariés sous le régime de la séparation des biens, et que donc l'État ne peut confisquer ceux de son épouse. Il commue néanmoins la confiscation de tous ses biens présents et à venir en une somme globale à rembourser à l'État.

Le dossier est transmis le 6 décembre 1949 à la cour de justice de Paris. Délocalisation futée… 28 avril 1951 : accord du procureur général de l'État pour l'amnistie.

Arguments : Anatole Eliacheff est marié et père d'un enfant, son épouse travaille en qualité de rédactrice en chef adjointe à *Elle* pour un gain mensuel de 100 000 F. Les renseignements sur son compte sont bons. Il vit des salaires de sa femme. Notification d'amnistie, le 17 janvier 1952, remise le 24 janvier. (Grâce, d'après Françoise, à Pierre Lazareff qui était intervenu auprès d'Edgar Faure, à l'époque garde des Sceaux.)

Anatole est gracié. Il n'a plus d'amende.

Dans le train du retour, après un sandwich Coca light, pour Caroline, et bière pour moi, nous épiloguons sur les différences de convictions patriotiques entre sa famille maternelle et sa famille paternelle… Sur Anatole, que tout le monde, comme Françoise, dans ses livres, appelait Tolia. Sur le passeport Nansen des apatrides, que Caroline lui a toujours vu, comme un immense dépliant, quand elle allait en vacances à Rome, où il habitait… Jamais ni lui ni Françoise ne lui avaient dit qu'il était juif. De Rome, elle rapportait à sa grand-mère des images pieuses, en souvenir.

Et la cousine russe, Alexandra Grinkrug, qui le connaissait et pourrait en parler ? Caroline a fait sa connaissance à l'enterrement de son père — qui l'a toujours tenue éloignée de sa famille et de ses fêtes, alors que son frère y était convié… D'ailleurs, c'est par Alexandra qu'est arrivé à Laure Adler le nom du vrai père d'Alain, le fils de Françoise : Élie Nahmias, tordant le cou aux ragots colportés par Christine Ockrent.

Alexandra prétendait que Françoise avait refusé de l'épouser parce qu'elle ne voulait pas dire qu'elle était juive…

Or son autre cousine, Anne-Marie Faraggi, dont Caroline m'avait donné le courriel, archéologue, et surtout l'historienne de sa famille maternelle, avec qui nous échangions depuis bulletins de naissance, certificats de mariage et potins familiaux sur trois générations, dit que ce secret avait été gardé de ce côté de la famille, où l'on croyait qu'Alain était le fils de Danis, son père adoptif… Elle pense qu'Élie Nahmias était déjà marié. Ce qui semble plus cohérent avec ce qu'écrit Françoise : s'il n'y avait pas eu la débâcle, elle aurait été mariée. (Il a dû y avoir un projet.) Suit tout un paragraphe sur le drame des jeunes filles maîtresses d'hommes mariés qui semble très « vécu ».

Il est possible qu'il ait été marié avant. Et

n'ait pas voulu (pu ?) divorcer. Ou non. Elle est tombée enceinte en juillet 1940, et a dû s'en rendre compte en plein bazar national, quand l'heureux père et son contrat n'étaient guère plus joignables que le reste de la population.

Mais c'est assez simple à vérifier. Il suffit déjà d'avoir la date de son mariage à lui, d'après la pragmatique cousine Anne-Marie Faraggi.

Et si ce n'était pas le même ? Celui qu'elle devait épouser, et le père de son fils ? Tout est possible…

Il faudrait poser la question à la cousine Alexandra !

Caroline étant d'accord mais phobique du téléphone, le rendez-vous avec cousine Alexandra prit un certain temps à organiser… Et, le jour où nous partions visiter la cousine Alexandra, je reçus ce message de l'efficace cousine Anne-Marie :

— J'ai reçu l'acte de mariage d'Élie mais, comme l'événement a eu lieu il y a moins de soixante-quinze ans et que je ne suis pas de la famille, je n'ai qu'un extrait disant que le mariage a eu lieu le 30 avril 1942 à Paris XVIe, entre Élie Nahmias, né le 1er mars 1908 à Comotini (Grèce), et Inna, ou Ines, Rosenberg, dite Segui, née le 26 mai 1919 à Kiev (Russie).

Il n'était donc pas marié avant la naissance d'Alain, le 13 avril 1941.

Vendredi 10 février 2012, à 16 heures, nous avons donc rendez-vous chez la cousine Alexandra Grinkrug pour le thé.

J'avais pris un plan au cas où, vu nos talents respectifs de navigatrices… mais Caroline nous pilota comme un chef dans sa petite voiture ; la cousine habitait le quartier où elle-même avait habité enfant… Et, grâce à l'invocation de l'ange de Françoise Dolto, au sens pratique très développé, nous trouvâmes une place de parking à deux pas.

La cousine Alexandra réside dans un immense immeuble moderne, face à un terrain de sport jouxtant l'ambassade de Russie, en lisière de Paris, sur les boulevards des Maréchaux. Sur son balcon, parmi les plantes vertes, un ange en pierre. Elle dit qu'elle a failli lui couper les ailes, il y a quelques années, mais qu'elle y a renoncé pour lui trouver finalement un charme kitsch ; ouf !

Elle est peintre, et s'est fait voler cinquante tableaux par les déménageurs de Drouot, qui se sont retrouvés en vente sur Internet… D'autres peintures figuratives, de styles variés, sont sur ses murs et sur le palier. Elle expose sous le nom d'Alex Grig, et sa fiche sur le Net dit qu'elle est née en 1938.

Cousine Alexandra nous offre du thé vert, des macarons et un « gâteau maison », en ironisant sur cette expression, comme le faisait son père, Onésime. Mais de quelle maison ? disait-il. Un gâteau est toujours forcément de la maison… De toutes les expéditions que nous avons faites avec Caroline, c'est la plus gourmande et la plus chaleureuse. La cousine a des pommettes slaves, les cheveux blond vénitien presque roux, en catogan, l'air russe et chic.

Elle a préparé plein de documents pour nous, parmi lesquels une affiche d'un film produit par son père avec Annabella, dont l'assistant réalisateur est Michel Romanoff — l'amant en titre d'Annabella à l'époque, beaucoup plus jeune qu'elle, et qui, mais c'est une autre histoire, écrivit de belles et tendres lettres à la jeune Françoise. Il était très beau et très charmant, dit-elle…

Avant de nous lancer dans les aventures de Tolia (qu'elle écrit Tolya), *quid* de l'histoire de Françoise, d'Élie Nahmias et de leur fils ?

Élie n'est devenu le cousin d'Alexandra qu'en 1942, par alliance avec sa cousine Ina Rosenberg. Sa famille lui a tapé sur les doigts d'avoir révélé qu'il était le père d'Alain : ses enfants ne le savaient pas…

Caroline, qui était aussi au courant, les avait rencontrés, une fois, justement, chez Alexandra. Ils lui avaient posé un cas de conscience : que fallait-il leur dire ? Elle leur apprit juste qu'ils partageaient un secret de famille, en leur demandant de lui téléphoner, si cela les intéressait. Mais ils ne l'avaient jamais appelée.

Cependant la cousine Alexandra pensait qu'Élie n'avait pas voulu épouser Françoise parce qu'elle avait déjà un enfant, alors que c'était le sien qu'elle attendait, et elle ignorait que Tolia avait fait de la prison. Nous avons commencé par lui faire quelques révélations sur la famille… Chacune son tour !

Quant à elle, son père, Onésime Grinkrug, producteur de cinéma, était le cousin germain de Tolia, mais son aîné d'une quinzaine d'années ; il y avait un décalage. D'après les arbres généalogiques qu'elle a dessinés, sa grand-mère, née Anna Schmelkin, était la sœur aînée de la mère de Tolia : Louba, traduit en français par « Aimée » dans les papiers du procès. Une autre de leurs sœurs, Julia, avait été la maîtresse d'Ernest Beaux, le célèbre parfumeur, né à Moscou, qui a créé, en s'inspirant d'elle, le fameux N° 5 de Chanel.

La cousine Alexandra revendique l'héritage de ces Juifs russes « chic et snobs » qui ont lancé Saint-Moritz dans la roue des Rothschild, et peuplent ses albums en costume de tennis ou de ski comme des personnages de Proust ; ces familles où l'on parlait russe — et pas yiddish — et où l'on se laissait anoblir par le tsar de Russie, la reine d'Angleterre ou l'empereur d'Autriche. Son grand-père, Alexandre von Grinkrug, médecin du tsar, a été anobli, et la cousine Alexandra aurait le droit de s'appeler von Grinkrug, la noblesse étant héréditaire en Russie, même pour les femmes. Elle ne le fait pas, en général, pour ne pas en rajouter…

La particule n'existe pas en russe ni en Russie, mais l'Almanach de Saint-Pétersbourg (suspendu pour cause de guerre après 1913) stipule, en accord avec la cousine : « Nous admettons fort bien qu'à l'étranger beaucoup de Russes tiennent à indiquer extérieurement leur classe, c'est-à-dire en traduisant leur état de noble par la particule "de", le cas échéant "von". » Alexandra pourrait s'appeler « von Grinkrug » ou « de Grinkrug », si elle le voulait, selon le vieil usage, mais à quoi bon, aujourd'hui… Cependant qu'il fût juif avait posé un problème à son grand-père quand il avait voulu être membre d'un club aristocratique. Était-il juif ou était-il noble ? Une véritable affaire Dreyfus, à l'époque où, à Paris, le Jockey Club n'admettait que les Rothschild et Charles Haas, l'un des modèles de Swann.

Après être nés à Moscou, ils ont émigré à Berlin, puis à Paris et aux États-Unis en 1940. Son père est parti pour New York en laissant la compagnie de cinéma (Arsis films) à Joseph Lucassevitch, dit Luca, avec qui il travaillait, et qu'elle trouvait très sympa (d'après les descriptions de Françoise, il était gras, chauve et très louche) et à son cousin Tolia pendant l'Occupation. Alexandra avait suivi son père en Amérique et était rentrée en 1950. Donc elle n'est pas un témoin direct de l'Occupation… Tout cela est très loin et très flou, dit-elle. Elle se rappelle les photos de Caroline enfant habillée par Dior…

« Est juif qui je désire, disait Hitler. » Mais Eliacheff est un nom juif. Elia, c'est le prophète Élie.

Tolia avait une maîtresse, Irène de Poligny, qui s'est ruinée pendant la guerre. Il a vendu beaucoup de bijoux de la comtesse. (Il semble avoir raconté exactement l'inverse à Françoise.)

Tolia était beau, pas coquet, il aimait les femmes, l'amour et écrivait des scripts… Il parlait toutes les langues. Très cultivé. Alexandra l'admirait et appréciait beaucoup sa compagnie. Mais il n'était pas aimable !

Victor, le père de Tolia, était très respecté et quelqu'un de très bien. Mais Tolia n'était pas quelqu'un de fort correct. Il avait un humour glauque et caustique. Françoise disait : « cruel » ; le genre d'homme à faire asseoir un aveugle sur un banc fraîchement repeint : « Alors j'ai épousé un homme singulier, T., d'origine russe, dont l'histoire n'était ni plus ni moins tragique que celle de dizaines de réfugiés russes, mais il l'avait mal vécue et compensait par l'humour une façon d'être désespéré. »

Tolia ne méritait pas l'amour de Françoise. Elle a été très chic avec lui. Tolia habitait entre Paris et Rome. Plus encore que le père d'Alexandra, il aimait les réjouissances et portait la kippa pendant les fêtes. Mais Mme Gourdji, la mère de Françoise, ne voulait pas d'influence judéo-russe sur ses petits-enfants, elle voulait qu'ils soient catholiques et français. Louba, la mère de Tolia, n'était pas très intégrée.

La famille était intelligente et large d'esprit. Alexandra parlait librement avec sa mère des choses de l'amour. « Tout est permis si tu aimes », lui disait-elle.

« J'ai eu une enfance protégée et du mal à trouver un mari. Parce que mon père était drôle, et très libre. Il avait des maîtresses ; ma mère le savait ; il n'y a jamais eu de disputes, que de l'amour. Papa plaisait toujours à quatre-vingts ans. » Il recevait des lettres d'admiratrices, et, à sa demande, c'est sa mère qui y répondait. Elle trouvait que ça le maintenait plus jeune. Que, tant qu'il payait, ce n'était pas grave, mais s'il s'était mis à envoyer des fleurs, là ça l'aurait été…

Pourtant une fois son père s'est fâché contre Tolia, qui aimait les boîtes échangistes. Le jour où il a proposé à Alexandra de l'accompagner pour lui permettre d'entrer rue de Chazelles, car, seul, il ne pouvait pas. Évidemment, elle n'aurait rien fait à l'intérieur, disait-il, c'était juste pour entrer… L'idée plaisait à la cousine Alexandra, on parlait beaucoup de cet endroit, et elle a demandé la permission à son père — qui s'est mis en colère. Malgré sa largesse d'esprit. Mais là, il a fermé sa porte à Tolia pendant un bon moment.

Le plus surprenant est qu'Alexandra semble toujours surprise de la réaction de son père…

« Tolia n'était pas un père », dit-elle.

Caroline raconte qu'en Italie, sur un tournage en dehors de Rome, il l'a mise dans le lit de Robert Hossein. Il avait réservé une chambre pour trois à l'hôtel, où il était déjà avec Célina. Robert Hossein était là aussi avec une autre fille, et il lui a dit d'emmener Caroline dans sa maison ; il savait très bien ce qu'il se passerait… Elle avait quatorze ans.

Tolia a été un meilleur père pour Alain que pour Caroline, poursuit la cousine. Il avait le droit de fréquenter sa famille russe mais pas Caroline.

(Est-ce que ce ne serait pas plutôt une question de morale que de religion ? A posteriori, ça ne me semble pas absurde, comme prévention.)

Tolia a fini sa vie avec une « horrible bonne femme » qui a tout hérité. Alexandra dit que Caroline est gentille de lui avoir tout laissé. L'appartement et les livres. Il connaissait Bernardin (le fondateur du Crazy Horse) et emmenait Alexandra chercher des danseuses qui, hors de la scène, se montraient très pudiques face à elle, qui était pourtant une femme. Sa danseuse s'appelait Nadia Safari. Son visage était d'une laideur incroyable, mais il disait qu'elle avait un corps divin. Et elle avait une sœur qui était bonne sœur !

Et ce nom d'Eliacheff était désormais porté par son petit-fils, un rabbin, père de neuf enfants, qui ne touche pas la main des femmes... Et invite souvent Alexandra chez lui : elle ne raterait pour rien au monde une bar-mitsva chez ses petits cousins de Strasbourg !

10

LES HOMMES DE LA FAMILLE

« 31 mars 2011

Cher Aaron Eliacheff,

Monsieur le Rabbin,

Ainsi que vous le savez certainement déjà, j'étais une amie de votre grand-mère, et j'ai fait, il y a quelques années, avec Caroline, en réaction aux nombreuses erreurs contenues dans sa première biographie, des recherches autour de l'histoire de Françoise et de ses parents.

Cette enquête était restée en suspens sur la photocopie de deux certificats de baptême datant de 1917, et qui ne correspondaient à rien dans les registres de la paroisse de l'Allier dont ils étaient censés provenir… On ne comprenait pas non plus comment, allant de Suisse à Paris, Françoise et sa mère auraient pu se retrouver dans cette région à ce moment-là…

Je pensais que Laure Adler allait remonter la piste, mais j'ai découvert avec stupéfaction dans son livre qu'elle citait ces documents sans les mettre en doute, et considérait même le roman posthume de Françoise, *Les Taches du léopard*, comme « un acte philosophique de transmission » de sa propre judéité, et une reconnaissance de votre choix de vie — alors que le héros finit poignardé par un antisémite pédophile et demande à être enterré dans le caveau de sa famille adoptive catholique…

Cette interprétation me laissa d'autant plus pantoise que, dans toutes les conversations que j'avais eues avec Françoise à ce sujet, elle disait redouter la terrible menace que l'antisémitisme faisait planer sur vos enfants, se proclamait catholique et redoutait d'ailleurs l'effet de la sortie de ce livre auprès des intellectuels juifs, pour laquelle elle avait même mobilisé l'aide de BHL.

J'ai donc repris l'enquête et découvert que Françoise et sa mère avaient bien été baptisées dans cette paroisse — mais en avril 1942 — et que le curé avait volontairement antidaté ce certificat pour qu'il puisse leur servir pendant la guerre, transformant la première en musulmane turque convertie à son arrivée en France, et Françoise en bébé baptisé à sa naissance. (Les certificats de la veille au soir n'étant d'aucune utilité à l'époque.) Apparemment ni l'une ni l'autre n'en ont eu besoin.

Il s'agit bien d'un document correspondant à un acte authentique, mais établi dans un but tout aussi évident de protection.

Elle ne m'en avait jamais rien dit ; elle m'avait parlé d'un "vœu" de sa mère… Peut-être en savez-vous plus ?

Vous a-t-elle raconté cette histoire de baptême dans l'Allier pendant l'Occupation ?

Y a-t-il dans votre correspondance avec elle des éléments qui permettraient de comprendre et de situer cet événement ?

Apparemment, il ne suffisait pas qu'elle dise, comme elle l'a fait à plusieurs reprises (elle l'a même écrit), que sa mère s'était convertie pour que vous n'ayez pas besoin vous-même de vous convertir, mais il aurait fallu qu'elle admette, elle aussi, devant un rabbin, qu'elle était juive pour que vous le deveniez sans conversion.

Est-ce vrai ? Et l'a-t-elle fait ?

Merci de me répondre, et pardon de vous prendre un temps précieux — que vous occupez fort bien, si j'en juge par votre livre, que j'ai trouvé passionnant et lumineux, jusque dans l'expression, ce qui est rarissime aujourd'hui chez les auteurs en général, et franchement exceptionnel dans le genre de littérature auquel vous vous attaquez.

La clarté de style et le sens de la formule demandent un certain talent mais aussi beaucoup de travail sur l'écriture, qui formaient le lien le plus profond que j'avais avec Françoise, et qui semblent être, d'une certaine façon aussi, si je puis me permettre, votre part à vous.

Très amicalement.

Alix de Saint-André »

Je m'étais fendue d'un beau courriel pour le rabbin, ayant lu son livre, *L'Idolâtrie ou la*

Question de la part, coécrit avec Frank Alvarez-Pereyre, que m'avait offert Caroline à sa parution : un vrai régal ! Il faut dire que j'ai un goût pervers pour ce genre de littérature, qui s'exprime rarement dans un français aussi élégant.

Je pensais que le fait que Françoise et sa mère aient été baptisées en pleine guerre, dans le but ultime de sauver leurs vies, était beaucoup plus justifiable du point de vue de la loi juive que l'apostasie pure et simple d'une conversion volontaire.

Je l'appelai Aaron ; Caroline l'appelait toujours Nicolas, son prénom d'origine — mais pas son nom de baptême, car il n'avait jamais été baptisé ! Il est né en 1964, et je savais que son anniversaire tombait le 17 janvier, date associée désormais, pour Caroline, à la douleur de la mort de sa mère…

— Françoise est tombée dans le coma le 17 et ses rapports avec Nicolas étaient aussi compliqués que ceux qu'elle avait avec son fils…

— Ils avaient des rapports orageux, mais compliqués, je ne savais pas. Pour une rationaliste voltairienne qui croit au progrès, il mettait la barre très haut ! Beaucoup de gens de sa génération ou un peu plus jeunes, mais du même profil philosophique que Françoise, ne comprennent pas davantage Nicolas… Elle disait : « On se pose en s'opposant. » Elle avait la possibilité de s'opposer à lui, et elle l'a fait de toutes ses forces. Pour son bien… Selon son idée du bien, tu ne crois pas ?

— Tu as la version « soft ». Ce qui lui a éclaté à la figure, ce sont les origines juives qu'elle a non seulement refoulées mais déniées, ce qui est beaucoup plus grave. Elle n'avait aucune possibilité de s'y opposer sinon elle l'aurait fait ! Mais cela signifiait se coltiner Nicolas… Il s'en tire admirablement bien et il a travaillé pour toute la famille. Quant à ceux qui « ne comprennent pas », je n'en connais pas qui se soient donné la peine d'aller au-delà de leurs préjugés. (Caroline)

Et boum ! Voilà Ma Dalton, la mère du rabbin… qu'elle se rappelait toutefois, de temps en temps, être allée chercher au commissariat, au cours de sa jeunesse agitée.

Quand je la croyais empêtrée dans des histoires de religion, Caroline me répondait toujours qu'elles étaient intimement liées à des histoires de famille, autrement complexes.

« Chère madame,

Répondre par écrit à vos questions serait un peu long. Le mieux serait que nous nous rencontrions. Je suis à Paris ce mercredi au Centre Fleg, rue de l'Éperon, de 11 heures à 19 heures ; si vous avez le temps nous pourrons en parler.

Bien cordialement.

Aaron Eliacheff »

Le mercredi 6 avril 2011, j'étais au Centre Fleg, dans un hôtel particulier au cœur du vieux joli Paris, rue de l'Éperon, au Quartier latin. Je n'étais pas sûre de pouvoir identifier Aaron-Nicolas que je ne connaissais pas. Je l'avais vu, barbu et souriant, de loin, au milieu de la famille, sur des photos que Caroline m'avait envoyées. Et comment distinguer un rabbin dans un centre d'études juives ?

Une jeune fille me le désigna, assis à une table, finissant de déjeuner en compagnie de l'un de ses demi-frères Hossein, qu'il voyait pour la deuxième fois de sa vie. Dans le rôle du père, Robert n'avait pas été génial ; il l'avait apparemment confondu avec celui de l'homme invisible… Cela ne pouvait que s'améliorer ! Et cela s'améliorait, du reste. Grâce à sa femme, Candice Patou, et à Nicolas, son troisième fils, devenu le rabbin Aaron Eliacheff.

Il portait de petites lunettes transparentes, un costume cravate et une barbe fournie mais courte, empêchant de voir à qui il ressemblait désormais. Il m'entraîna en haut des escaliers, souriant, dans un bureau, pour parler. Je lui avais apporté, imprimés, les certificats de décès de Salih, les extraits de baptême de Françoise, et une photo méditative de Tolia, son grand-père, qu'il n'avait jamais vu non plus… J'avais sept ans de plus que lui, mais je n'allais pas le tutoyer ; je ne l'avais pas connu sous sa précédente identité.

D'emblée, il me dit qu'il était antisémite quand il était jeune, alors qu'il n'avait rien lu ou entendu de tel autour de lui, et que l'antisémitisme était quelque chose de naturel : le monde voulait se débarrasser des Juifs. Cela me parut bizarre ; je pensais que c'était plutôt culturel, mais je n'allais pas entamer, sur ce sujet, une discussion avec un rabbin… D'autant qu'il y avait sans doute beaucoup plus réfléchi que moi ! Et j'étais venue pour apprendre des choses sur lui et sur Françoise.

Au départ, il avait été acteur ; il avait fait le cours Florent et le conservatoire ; il avait joué dans des pièces et des films. Les photos de sa carrière en beau jeune homme glabre à cheveux longs sont encore sur Internet. Comment avait-il su qu'il était juif ? D'où lui était venue la révélation ?

— Ça m'est arrivé par Caroline, qui m'a donné *Seul, comme Franz Kafka* de Marthe Robert. Moi qui n'étais pas du tout un grand lecteur, j'ai dévoré ce livre, et je me suis totalement identifié à Kafka. J'avais les problèmes de Kafka…

— Déchiré entre le refus de l'assimilation et le refus d'un retour au judaïsme…

— C'était lumineux, évident ! J'ai lu ce livre, j'étais comme ça, point final. Avant, j'avais refusé d'apprendre ; j'étais un vrai cancre… Dès que j'ai lu ce livre, j'ai tout de suite voulu étudier le judaïsme… Et ensuite est venu Aharon Appelfeld. *L'Héritage nu.* L'histoire de la Shoah. Les Juifs partis en fumée, on ne peut pas passer à côté. La Shoah nous a donné une dimension spirituelle.

(« Comment, après tant d'années dans l'intimité de la mort, les créatures que nous étions devenues ont-elles pu se métamorphoser en petits-bourgeois, confortablement installés, sans vision spirituelle, profondément absorbés dans la routine ? Les bruits faits par les enfants dans les maisons d'études, insensibles au brouhaha du monde, me semblent être une première étincelle de réponse », écrit Appelfeld.)

— Tout est dit. Il fallait le prouver... Je ne serais pas devenu juif ; ça n'aurait pas eu de sens : je l'étais !

— Et le judaïsme se transmet par les femmes...

— On m'a dit : tout le monde sait que ta grand-mère est juive ! Françoise le savait, mais elle ne m'a pas répondu... Je lui ai posé la question à un déjeuner chez Lipp avec Alex Grall... Je me suis jeté à l'eau. J'ai lancé à Françoise : « Tout le monde dit que tu es juive ! » J'ai vu son visage se fendre en deux. Littéralement. Elle m'a répondu : « Je ne veux pas parler de cela. Si tu veux mourir, cela n'engage que toi. »

Fin de la discussion. Chez Lipp, c'était plutôt gonflé, drôle d'endroit pour une telle question, mais il semble avoir un côté assez provocateur, encore aujourd'hui...

Pour ne pas avoir à se convertir, il aurait fallu ou que Françoise lui dise qu'elle était juive — ou bien qu'il découvre qu'elle l'était. Il se mit à enquêter, interrogea des témoins et finit par retrouver, en mairie, les traces de son mariage avec Anatole Eliacheff, et par savoir le nom de jeune fille de sa mère : Elda Faraggi ; c'était un nom juif. Comme celui de sa mère à elle : Nahmias. Aucun doute !

Quand il est parti étudier à la yeshiva (centre d'études juives), à dix-neuf ans, il se considérait comme juif, mais ne se déclarait pas tel.

— J'ai accepté le parcours de la conversion parce que Rav Yehochoua Gronstein, mon rabbin, m'a dit : « C'est sûr que tu es juif, Faraggi est un nom juif, Nahmias aussi… » La conversion consiste à dire : « J'appliquerai les lois de la Torah », à aller au mikveh (bain rituel), et à un petit plus de circoncision que j'avais déjà faite… Mais si je n'avais pas été juif, je ne l'aurais jamais fait ! Je n'aime pas les bondieuseries et la religiosité ; je n'étais pas en recherche spirituelle ; je ne suis pas un mystico-dingo… Ma vie, c'est comprendre ce que c'est qu'être juif.

— Quand vous l'a-t-elle dit, finalement ?

— Au moment de mon mariage… J'ai fait un dernier essai auprès de Françoise. J'avais vingt-trois ans. C'était important de savoir, pas seulement pour moi, mais aussi surtout pour ma femme… Là, elle m'a dit que sa mère lui avait déclaré qu'elle s'était convertie au christianisme, mais qu'elle lui avait fait jurer sur son lit de mort de ne pas le révéler.

— Elle m'a répété à peu près la même chose sur la plage de La Baule, à part le lit de mort.

— Françoise était très intelligente. Quand on est intelligent, on fait tout pour arrêter d'être juif ! Il faut bien vivre… On n'est pas religieux quand on est intelligent… Elle était hédoniste et pragmatique. De cette forme d'intelligence qui va avec l'assimilation. Elle ne s'intéressait pas au passé ; elle vivait au présent. Le métier de journaliste était idéal pour elle. Elle a changé de nom parce que c'était plus pratique.

— Et vous avez rechangé de nom…

— J'ai choisi le prénom Aaron, c'est l'interface, la part invisible. Celui qui transmet l'héritage spirituel. Eliacheff était un nom en voie de disparition en France.

Il paraît trouver que la part des hommes, dans cette famille, tend à se réduire à la portion congrue et semble intéressé par les écrits de son arrière-grand-père, Salih Gourdji ; je vais essayer de lui en retrouver. Nous parlons aussi de son livre et du serpent dans le Jardin d'Éden… Sur le pas de la porte, une dernière question pour la route — à propos d'un autre écrit non revendiqué de Françoise :

— Et les lettres antisémites anonymes ?

— Beaucoup de Juifs écrivent des lettres antisémites !

Et il éclate de rire ! Là, il m'a scotchée… Je rapportai cette étonnante saillie à sa mère…

— Ça c'est vrai ! (Caroline)

En tout cas, j'avais compris comment la nouvelle que Françoise était juive avait pu me parvenir à Canal+ : par le canal de Catherine, la belle-fille d'Alex Grall, puisqu'il était présent quand Nicolas avait posé sa question au restaurant… Dans *Latour-Maubourg*, Valérie, la fille d'Alex, raconte : « Le bébé Nicolas, avec qui je roulais amoureusement sur le sable de la plage de Caprera, s'est brutalement plongé dans la recherche des origines juives de sa grand-mère et donc des siennes. Converti, exégète des Écritures saintes, il ne me touche plus pour me saluer. Je revois la colère ulcérée d'Alex et de Françoise face à ce retour œcuménique, insupportable. »

Valérie pense que ça devait quand même la travailler, car, alors qu'elles revenaient d'un concert de Dee Dee Bridgewater au Théâtre des Champs-Élysées et qu'elle-même était enceinte de sa fille et hésitait dans le choix de son futur prénom, Françoise lui avait fait une confidence, en sortant de sa voiture : « Tu sais mon vrai prénom… enfin mon autre prénom c'est Léa, c'est joli Léa non ? » Et elle avait claqué la portière sur cette révélation. Le concert avait eu lieu le 24 octobre 1997. Et c'est précisément ce prénom de Léa qui m'était arrivé dans les coulisses de la télévision, où je travaillais à cette époque-là.

Pour Aaron, qui semblait curieux de l'œuvre des hommes de la famille, je me lançai donc dans de nouvelles recherches sur Salih Gourdji, le père de Françoise, toujours très présent sur le Net, où se trouvait *Les Revendications turques*, une plaquette publiée en 1922, que je commandai à un collectionneur.

Par ailleurs, le professeur Paul Dumont, de

l'université de Strasbourg, spécialiste de l'histoire turque, le citait dans sa conférence *La Présence culturelle française dans l'Empire ottoman à l'âge de la compétition coloniale française (1870-1914)*. En savait-il plus ? Où pourrais-je trouver d'autres écrits de lui ?

Par retour de courriel le professeur me répondit qu'il ne savait malheureusement pas grand-chose de plus sur Salih Gourdji, à part ce qu'il en avait écrit dans son article sur le journal *La Turquie nouvelle*, auquel Salih avait collaboré, mais il ajouta :

« Je vous transmets cependant ci-joint un article en langue turque sur lui. Même si vous ne lisez pas le turc, vous repérerez sans difficulté les mots clés, notamment dans les notes de bas de page. Vous pouvez contacter l'auteur de ce travail (qui propose une biographie assez détaillée de S.G.) en écrivant à M. Salih Tunç, maître de conférences à l'université d'Antalya. M. Tunç connaît suffisamment de français pour pouvoir vous lire et vous répondre. »

Le professeur Dumont m'envoya le texte de la conférence, dont le titre, *1912 seçimlerinde musevi cemaati'nden ittihatçi bir mebus adayi : Salih B. Gürci ve seçim beyannâmesi*, ne me parut pas d'une grande clarté, ne lisant pas le turc, accompagné d'une belle photo de notre Salih Gourdji très digne, avec un fez et une moustache. Deux prospectus électoraux étaient reproduits, dont l'un — Dieu merci ! — était en français : un manifeste destiné aux habitants de Bagdad, où Salih « Directeur-Fondateur de l'Agence Télégraphique ottomane » se présentait à des élections en 1912. Je renvoyai la photo à Caroline et écrivis au professeur d'Antalya, qui portait le même prénom que lui : Salih Tunç.

— Très belle photo ! (Caroline)

Le professeur Salih Tunç me répondit qu'il était à un symposium de quelques jours, en dehors d'Antalya, et qu'il m'écrirait à son retour…

En attendant de ses nouvelles, je me plongeai dans les épreuves de *La Torah dans les ténèbres* du rabbin Ephraïm Oshry, qu'Aaron avait lues dans le train en venant de Strasbourg, où il habitait, lui aussi, et qu'il m'avait offertes. Les réponses numérotées et précises d'un rabbin lituanien aux questions de sa communauté pendant la Shoah. Un texte bouleversant, par ce qu'il révèle de sa toile de fond, la pire des situations, où le rabbin essaie de garder un cap lumineux pour les siens.

J'y cherchais toujours, bien évidemment, une défense et illustration à la cause de sa grand-mère, Françoise. Nous avions eu aussi avec Aaron une conversation sur le serpent du Jardin d'Éden, dont il parlait dans son livre, qui avait apporté la mort dans le monde, selon l'Apocalypse, et dont il disait qu'il ne mentait pas, car personne ne mentait dans la Torah, et je reçus ce courriel :

— Le lien entre le serpent et la mort est une citation du Maharal de Prague. Amitié. (A. Eliacheff)

— Merci ! Le serpent est dans notre tradition assimilé à Satan et « père du mensonge » — d'où ma surprise à vous entendre dire qu'il ne mentait pas ! Dans le livre que vous m'avez donné, et que j'ai lu passionnément, à de nombreux titres, il y a, me semble-t-il, plusieurs passages qui concernent ces étranges certificats de baptême (photocopies de photocopies) que Françoise a laissés à Caroline — sans les détruire ni davantage les confier aux archives. Et dont elle savait qu'ils étaient faux : *33) Il est interdit à un juif d'utiliser un tel certificat, même si on espère sauver sa vie avec.* Dieu merci, ça n'est pas arrivé, et ni Françoise ni sa mère n'en ont eu apparemment besoin. *58) Est-ce qu'un juif peut écrire « RC », religion catholique, sur son passeport ?* Dans le cas de l'homme qui décide d'écrire « RC », religion catholique, parce que son apparence et son nom dissimulent son identité juive, et que ce subterfuge lui permet de se cacher, le rabbin statue que oui. Que Françoise ait signé le COIC, formulaire stipulant qu'elle était catholique, pour pouvoir travailler dans le cinéma semble être du même ordre. *105) Pénitence pour avoir possédé un passeport qui identifie la personne comme catholique.* L'apostasie n'étant pas connue par dix juifs, elle n'était pas publique, il ne s'est pas servi de ses papiers, il s'est bien comporté, il n'était pas un apostat. L'apostasie de Françoise était aussi secrète que son judaïsme… Et le certificat de sa mère stipulait qu'elle avait abjuré, elle, mais… l'islam ! Qu'en pensez-vous ? (Alix)

— Il est vrai qu'elles n'ont peut-être jamais eu besoin de ces certificats, mais il existe un interdit intéressant qui concerne le fait de posséder des faux poids et mesures même si on ne s'en sert pas ! (Deutéronome 25/13) et ce qui est dit ensuite… (A. Eliacheff)

C'est-à-dire : « Vous n'aurez pas dans vos sacs des poids inexacts, certains plus lourds et d'autres plus légers. Vous n'aurez pas chez vous des mesures falsifiées, certaines plus grandes et d'autres plus petites. Vous ne devez avoir que des poids exacts et que des mesures justes. Ainsi vous vivrez plus longtemps dans le pays que le Seigneur votre Dieu va vous donner. En effet le Seigneur votre Dieu a en horreur ceux qui commettent des injustices de ce genre. »

Le jeune rabbin Eliacheff était moins accommodant vis-à-vis de sa grand-mère que ne l'aurait été son vieux prédécesseur — contemporain des faits… Ceci expliquant peut-être cela.

Lui-même avait souligné trois phrases de ce livre que je lui renvoyai au cas où elles lui manqueraient : « Ainsi avec le temps, Chabbat avait été presque entièrement oublié dans le Ghetto. Je trouvai donc approprié de me mettre en danger pour maintenir Chabbat et le sanctifier. Je vois que grâce à cette mitvah, j'ai survécu à la "vallée de larmes" et mérité de voir l'effondrement de ces diables d'Allemands. "Je remercie Dieu de mon vivant et je Le loue tant que je vivrai" (Psaume 146, 2). » Amen !

Sans nouvelles de « l'Orient compliqué », cher au général de Gaulle, et puisque Salih semblait être né à Bagdad, capitale de l'actuel Irak, où il s'était présenté à des élections en 1912, mais qui appartenait, à son époque, au même Empire ottoman que l'actuelle Turquie, j'explorai les *Mémoires d'un Juif de Bagdad* d'Edmond Samuel, un pur délice, d'une nostalgie allègre, bulle d'espace-temps pleine de parfums et de saveurs, dont j'envoyai cet extrait à Caroline :

« À propos de son prénom, Gourdjia, qui pouvait aussi s'appliquer à un mâle sous la forme de "Gourdji", il semblerait qu'il fût d'origine hongroise ("Gyorgi" dans la langue originale) et qu'il apparût dans la communauté juive de Bagdad avec l'arrivée au XIXe siècle de quelques enfants juifs de Hongrie fuyant les persécutions. D'ailleurs, on disait de quelqu'un "beau comme un Gourdji" ; et si on admet qu'il y avait souvent des blonds aux yeux bleus parmi ces enfants, on comprend pourquoi... » Ce n'était pas le cas de Salih, brun charbonneux, mais l'explication était charmante.

Quant à la famille et aux prénoms : « Tante Simha était l'aînée des quatre enfants. Elle avait épousé son oncle paternel Gourdji. Je dois souligner ici que ce genre de mariage entre cousin et cousine ou nièce et oncle était fréquent dans notre famille, et, contrairement aux théories sur les dangers de ce type d'épousailles, aucun "accident" n'est survenu et la progéniture était saine et vigoureuse. Ce type d'arrangement n'est pas prohibé par la Halakha (règles d'application des lois de la Torah). Cet homme, Gourdji, lui donna quatre garçons, Saleh, Obaidi (ou Ovadia plus tard en Israël), Eliahou et Saül, et deux filles, Violette et Suzette. Encore une fois, des prénoms bibliques pour les garçons, français pour les filles (je dois avouer que je n'y avais jamais prêté attention avant d'écrire ces lignes). »

Notre Salih pourrait-il être apparenté ? Apparemment ce système de noms français donnés aux filles a l'air traditionnel. Et si le Saleh était un Salih à la génération d'avant ? Edmond Samuel était de la suivante…

Malheureusement, par le truchement de son fils, Jérôme, il me répondit que Gourdji était le nom de son oncle, et qu'il n'avait jamais entendu parler de Salih.

Au mois de juin, je pus apporter au rabbin Aaron Eliacheff *Les Revendications turques*, de Salih Gourdji, son arrière-grand-père — au moins cette plaquette « vendue 5 francs au bénéfice du Croissant-Rouge », institution semblable à la Croix-Rouge dans les pays européens, était-elle lisible, mais toujours pas sa biographie en turc… Passée à la moulinette des traductions automatiques, elle s'était transformée, par mes soins, en indescriptible charabia.

Entre-temps, j'avais eu quelques conversations avec lui, et cru constater qu'il préférait le téléphone aux courriels, étant un homme de parole et fort occupé à naviguer entre Strasbourg, Paris et Israël.

J'essayais de dater les révélations de Françoise sur sa judéité — qui s'étaient produites juste avant le mariage d'Aaron, où elle avait obligé les hommes présents à quitter leurs grands chapeaux dans la maison, sous prétexte que c'était la coutume et la politesse en France... La date : le 1er août 1988 ; et je notai les prénoms de ses arrière-petits-enfants, qui, à l'exception de la classique Esther, reine célébrée par Racine, la faisaient tant râler dans son journal.

Une chose me turlupinait.

— Ses révélations, Françoise vous les a faites par écrit ou par oral ?

— Par écrit.

Je m'en doutais... C'étaient ces fameuses lettres dont parle Laure Adler... Françoise était incapable de dire les choses. « On ne parle pas de ces choses-là »... Sur la plage de La Baule, elle n'avait fait que me répéter des phrases déjà rédigées. Et leur échange avait été épistolaire, pas verbal.

— Françoise avait le cerveau de l'assimilation. L'intelligence pratique. Pourquoi faire compliqué ? La loi juive oblige l'intellect à penser différemment que la pensée habituelle. Il faut un bagage. Ce n'est pas naturel. Le cerveau de l'assimilation, c'est la froideur. Il fait fi du passé ; il n'y a que le présent, l'efficacité. Pourquoi s'encombrer ? Ce sont des freins... Mais c'est dangereux. Cela donne des hommes sans états d'âme pendant que les autres se font massacrer. Et des femmes très intelligentes et sans cœur…

Sa phrase se perdit dans un sourire attendri, fixé sur son téléphone, où l'une de ses filles lui envoyait un SMS ; elle profitait de son passage à Paris pour faire des achats, m'expliqua-t-il, en commentant :

— C'est une vraie galère d'acheter une robe cachère !

Apparemment, si l'on voulait qu'elle soit jolie aussi. Enfin, Caroline semblait accompagner sa petite-fille…

Au mois d'août, il fit un séminaire intitulé *Réflexions sur la question du goy*, auquel j'aurais bien assisté : l'invitation était d'un étonnant rose bonbon. Mais j'étais loin de Paris. Dommage !

Quant à Antalya, où le biographe de Salih semblait n'avoir toujours pas réapparu, la seule solution, en désespoir de cause, était de faire traduire le texte de sa monographie par un professionnel — qui s'avéra une professionnelle, Caroline Riera-Darsalia, qui avait l'air de bien connaître la période et d'écrire une fort belle langue.

Les traductions se paient au mot, en fonction de la rareté de la langue d'origine et du temps passé : plus c'était rapide, plus c'était cher. Il y avait neuf mille mots, elle disait qu'il lui faudrait une semaine mais, ayant d'autres travaux à faire avant, me les promit pour quinze jours plus tard.

Elle me jura qu'elle tiendrait ses délais. Puis, au jour dit, m'annonça un léger contretemps, et baissa son prix... pour le lendemain, sûr !

Au téléphone, ma traductrice était fort sympathique et cultivée, mais elle n'en finissait pas. Je n'ai aucune indulgence envers mes propres défauts quand je les rencontre chez les autres — ce qui n'est guère original... Je commençais à avoir avec elle les rapports du capitaine Haddock avec le marbrier de Moulinsart, les explications du retard étant plus longues que les fragments du texte qui commencèrent à me parvenir, petit à petit...

Le titre signifiait : *Un Candidat d'Ittihat ve teraki issu de la communauté juive pour les élections de 1912 au Parlement ottoman : Salih B. Gourdji et son programme électoral, par Salih Tunç.*

Et « *Ittihat ve teraki* » ? Le nom de son parti : Union et Progrès...

J'appris que le Bey du nom de Salih, qui signait toujours ses articles Salih Bey Gourdji, correspondait au « sir » britannique, ou au « don » espagnol, une façon noble de dire « monsieur » en turc.

Je reçus d'abord le début et la fin... Une phrase du texte, page 7, surlignée en mauve, me permit de comprendre l'intérêt soudain des Turcs pour Salih : « Il rejette les allégations sur le génocide arménien. » Allons bon ! Il ne manquait plus que ça... Mais c'était dans une conférence à Paris, le 20 février 1903. On les en accusait déjà ? En tout cas, ce massacre-là, comme l'ensemble du texte, était bien antérieur au génocide de 1915… D'où, peut-être, cette légère baisse d'intérêt des équipes locales.

Comme l'auteur de l'article se demandait comment Salih pouvait avoir un aussi bon niveau de français, je renvoyai à ma traductrice un extrait du livre de M. Franco, sur l'Alliance israélite universelle, où il avait été élève, à Constantinople, d'après les archives que j'avais retrouvées naguère : « Cette école, inspirée des traditions de l'enseignement laïque en France, dispensait un cursus orienté surtout vers les sciences et les lettres françaises, en dépit de l'hostilité des milieux rabbiniques et des chefs de la communauté qui y voyaient au début une déviation du chemin de la foi pure et dure et de l'étude de la Tora. »

Nous devisâmes sur l'origine du nom Gourdji : elle l'avait « rattaché à l'ethnonyme qui signifie en ottoman "géorgien" ("Gurdji", ou en turc moderne "Gurdju", écrit "Gürcü"), car, en partant du turc ou du persan, c'est la première idée qui vient à l'esprit. D'autre part, étant donné la relative proximité géographique entre le Sud-Caucase et Bagdad, on aurait pu aisément envisager ce type de lien. Cependant, vos informations sont tout à fait plausibles car on peut aussi facilement imaginer un glissement de "Gyorgi" vers "Gourdji". Quant à la provenance : les deux pistes (hongroise et caucasienne) restent possibles, mais il est vrai que, dans le contexte ottoman, les Caucasiens sont souvent évoqués pour leur beauté légendaire (non seulement les Géorgiens mais aussi et notamment les Circassiens) ».

En ce qui concernait son agence de presse, qui, dans les documents anglais, s'appelait « Milli », tout s'expliquait : « Si l'agence lui a été confisquée par l'exécutif de l'époque, on comprend que ce dernier n'ait pas voulu garder un nom rappelant son fondateur, en l'occurrence *milli* signifie "national(e)". »

Enfin, j'eus le texte complet de Salih Tunç le 8 décembre, signé « Inikâs traduction », un travail fort peaufiné…

« Affirmant que "Ce n'est pas au titre de ma confession judaïque que j'ai l'honneur de solliciter vos voix pour vous représenter à l'Assemblée mais en tant qu'Ottoman, honoré par la confiance témoignée par ses concitoyens", Gourdji attire l'attention sur la représentation nationale dans la Constitution, qui prévoit un système fondé non pas sur les différentes communautés, mais sur une représentation proportionnelle au nombre d'habitants des cir conscriptions, sans distinction à caractère ethnique ou religieux. (…) Gourdji ajoute : "C'est pourquoi je refuse catégoriquement de présenter ma candidature en tant que Juif… Si nous souhaitons assurer la grandeur de notre nation, nous devons nous rappeler qu'avant d'être des Chrétiens, des Musulmans ou des Juifs, nous sommes avant tout des Ottomans et devons rester unis…" »

Son arrière-petit-fils risquait d'interpréter ce que ma traductrice appelait « une vision universaliste de la citoyenneté » comme un manifeste clair d'intégration.

L'article détaille le programme de Salih Gourdji : d'abord et surtout la liberté — qui passera par l'éducation, une vaste réforme agraire et l'harmonisation des relations entre musulmans et non-musulmans.

Il ne fut pas élu. Mais l'article signalait que ce programme existait en version originale française, rédigée par Salih Gourdji lui-même.

Grâce à Caroline, la traductrice, qui traduisit mon courriel en turc, je reçus, en français, des nouvelles de Salih Tunç, l'auteur de l'article, dont les six mois de silence s'expliquaient par une hernie discale persistante…

Il me demanda la date de la mort et le lieu de sépulture de Salih Gourdji, que je n'eus aucun mal à lui indiquer, et nous échangeâmes programme électoral en français contre *Les Revendications turques.* Avec de grands vœux de bonne année pour un dos en meilleure santé ! Quant aux nouvelles questions que je lui avais posées sur Salih, il allait me répondre le soir même, puis dans huit jours, et puis dans, *ad libitum…*

« Le 10 janvier 2012

Cher Aaron-Nicolas,

À l'issue de tribulations assez longues à expliquer, j'ai retrouvé un texte électoral de votre arrière-grand-père, candidat député aux élections de Bagdad en 1912.

C'est très bien écrit et je pense que son positionnement et son programme, très "Alliance israélite universelle", vous intéresseront.

Je regrette de ne pas avoir pu assister à vos conférences sur le problème du Goy, dont le titre avait l'air très alléchant, malheureusement, je n'étais pas à Paris au mois d'août.

Je vous souhaite une excellente nouvelle année civile, qui, je l'espère, nous donnera l'occasion de nous revoir !

Très amicalement

Alix »

« Merci beaucoup ! Je suis débordé !

Dès que cela se calme je vous appelle.

À bientôt. A. Eliacheff »

En cadeau de Nouvel An, Caroline, la petite-fille de Salih, m'emmena, le 9 janvier 2012, après un rapide déjeuner rue Soufflot, où elle ne mangea pas encore grand-chose, à une conférence, rue d'Ulm, en l'honneur de la publication des correspondances croisées entre Pierre Mendès France, Françoise Giroud et Jean-Jacques Servan-Schreiber, *La Politique soumise à l'intelligence*, en présence de Florence Malraux, de Stéphane Hessel, au comble de la gloire, et d'anciens de *L'Express*. Tous ces témoins élégants, sympathiques et fort intelligents — dont seule Christiane Collange était drôle — épiloguaient sur leur formidable rêve de jeunesse d'une gauche non communiste auquel ils avaient consacré tant d'efforts, d'enthousiasme et de réelles prises de risques, et qui n'avait donné, à l'arrivée, qu'une nouvelle branche au vieux parti radical.

Peu de monde, en dehors de leurs proches ; seuls les vainqueurs écrivent l'histoire. Ils se saluaient sans amertume comme à une espèce de réunion de famille ; la plupart s'embrassaient. Mendès France, comme plus tard Delors ou Rocard, ne manquait pas d'intelligence mais, bien au contraire, d'après mon amie Véronique, qui s'y connaît en politique, de ces énormes et nombreux défauts nécessaires aux hommes pour réussir dans cet univers en France : mensonge, ruse, ingratitude, grosse estime de soi doublée d'une absence de complexes, narcissisme, autoritarisme…

Vae victis ! notai-je avec cruauté dans mon cahier, avant de raccompagner Caroline qui me donna, ce jour-là, de nouveaux papiers de ses trésors : le passeport de Salih et une demande d'incorporation dans l'armée américaine du 21 septembre 1918, refusée pour limite d'âge, l'inventaire des archives de Françoise à l'Imec, et le mail de cousine Anne-Marie Faraggi, l'historienne de la famille.

Faites pour nous entendre, nous nous sommes lancées dans un échange de courrier et de documents effréné ; il faut dire qu'établir les arbres généalogiques de personnes sans date de naissance précise et dont les noms varient sans cesse devrait faire partie des sports olympiques !

— Chère Anne-Marie, autant j'ai retrouvé des traces du passé scolaire de Salih Gourdji à l'école de l'Alliance israélite de Constantinople, autant je n'ai rien trouvé sur sa femme, Elda Faraggi. Sauriez-vous où elle a été à l'école ? Elle est née à Salonique, est-il possible qu'elle y ait été scolarisée ? Ou bien chez les bonnes sœurs de Notre-Dame-de-Sion à Constantinople, où allaient les jeunes filles de la bourgeoisie, quelle que soit leur confession ?

— Sur les études de ma tante Elda, que j'ai connue petite, je ne peux guère vous renseigner. Je ne sais pas combien de temps elle a vécu à Salonique et si elle a pu y être scolarisée, mais si cela était le cas ce serait aux Écoles de l'Alliance. Il est plus probable que ses parents soient allés vivre à Constantinople assez vite et dans ce cas Notre-Dame-de-Sion aurait été son école.

— Savez-vous quelque chose aussi de son premier mariage (avant Salih) ?

— Elda s'appelait Tova Elda, Tova étant un diminutif du prénom Mazeltov. Son premier mari a été Haïm Uriel Ventura. Ils se sont mariés à Constantinople en 1905, mais ne sont pas restés mariés très longtemps : divorce religieux en 1908. Un relevé des mariages et des décès a été fait par un généalogiste américain il y a quelques années déjà au Grand Rabbinat d'Istanbul et c'est ainsi que j'ai découvert ce premier mariage.

— J'ai trouvé que le baptême de Françoise et de sa mère ne s'est pas passé en 1917, comme l'indique le faux certificat, et sa biographie, mais en 1942, dans l'Allier, ce qui change beaucoup la donne. Qu'en pensez-vous ?

— Un baptême en 1917, je n'y crois pas du tout ! Mais c'était probablement un faux papier pendant la guerre. Avez-vous la date exacte de ce soi-disant baptême de 1917 ? Je peux vous dire que le 7 juillet 1917 la mère et ses deux filles se trouvaient à Champéry en Suisse, ayant quitté Lausanne en janvier 1917. Salih lui était reparti en Turquie. Un baptême en 1942 me semble plus vraisemblable car pendant la guerre beaucoup de Juifs se sont fait baptiser dans le seul but d'avoir un certificat à montrer, pas vraiment par convictions religieuses, sauf certains sans doute.

— Savez-vous le nom du premier mari de Djénane, affreux collabo qui finit fusillé par le maquis, avant qu'elle épouse Chappat qu'elle avait connu dans la Résistance ?

— Rien sur le premier mari de Djénane, sinon qu'il était collabo, tante Léa de Castro (née Mallah et sœur de ma grand-mère) aurait pu nous dire tout ça !

— Savez-vous où Salih et Elda habitaient à Paris ? Peut-on reconstituer leur itinéraire ?

— Les Juifs ottomans se sont regroupés autour de la place Pereire pour les plus riches, ou autour de la place Voltaire pour les autres. Il faudrait consulter un bottin de téléphone de l'époque.

— J'ai des publications de bans de mariage en 1908 à Paris de Salih et Elda, mais sans plus de précision sur la date exacte du mariage…

— Certainement en 1908, mais quel est l'arrondissement de la publication des bans ? Si on le sait, on peut demander un acte de mariage même sans connaître la date exacte, mais il faut être de la famille, je veux bien le faire.

— En 1908, comme représentant du mouvement Jeunes-Turcs Salih rencontre Clemenceau (journaux d'époque). Ensuite, il a dû retourner à Constantinople pour créer son agence de presse. Djénane est née en 1910 — était-ce à Constantinople ?

— Le 7 septembre 1910 à Constantinople.

— Il participe à des dîners là-bas. Il est cité dans le journal d'un ambassadeur. Il s'est présenté aux élections à Bagdad en 1912. Où il est né…

— Sources familiales : naissance à Bagdad.

— Mais selon son acte de décès et son passeport, il serait né à Constantinople…

— Sources Lausanne : naissance en 1883, origine Turquie, sans autre détail.

— Arrêté le 18 septembre 1914 à Constantinople en raison de ses opinions (journal suisse). Il a participé à la conférence des nationalités à Lausanne en juillet 1916, où Françoise (France Léa) est née le 21 septembre de la même année. D'après vos recherches, ils étaient à Lausanne de décembre 1915 à janvier 1917. Ensuite Salih est aux États-Unis (adresse à New York) en 1917 et 1918 où il donne des conférences et essaie de s'engager dans l'armée américaine, mais est refoulé à cause de son âge. Trop vieux (document). En 1919, il essaie de récupérer son agence qui a été nationalisée et que son cofondateur lui a piquée (Foreign Office britannique). En mars 1923, il se fait refaire un passeport à Constantinople. Pour aller en France. Il passe par l'Italie. Sans trace de famille l'accompagnant.

— Sources familiales : Elda et Salih se sont séparés assez vite et Salih était un homme volage !

— En avril 1923, il est expulsé de Lausanne à la suite d'une conférence (journaux). En octobre 1923, il obtient à Paris un visa pour les États-Unis. Mais rien n'indique qu'il y soit allé (passeport). En avril 1925, il entre à l'hôpital de Ville-Évrard où il meurt le 9 février 1927. Inhumé au Père-Lachaise dans le carré israélite (certificats). Saviez-vous de quoi il était mort ?

— Tante Léa m'avait dit qu'il était mort fou de la syphilis. C'est moi qui l'avais appris à Caroline.

— Elda et ses filles sont naturalisées françaises en mai 1930.

— Le 31 mai 1930, réf. au Bulletin officiel 6386-30. Elda est née le 17 septembre 1882 et non en 1884, elle s'est rajeunie de deux ans !

— Elda est morte le 10 juillet 1959. Enterrée au cimetière Montparnasse. Le 6 octobre (d'après la plaque), Françoise la rapatriera à Oinville avec Salih. Mais j'ai l'impression qu'elle a laissé à Montparnasse sa grand-mère détestée… qui doit toujours y être !

— La mère d'Elda était Léa Nahmias et beaucoup de Nahmias sont enterrés à Montparnasse. Pour le lieu de naissance d'Elda, je doute que ce soit Salonique. Sur les papiers suisses ci-joints, son lieu de naissance n'est pas indiqué. Son frère a déclaré être né à Constantinople dans les papiers de naturalisation. Et les parents étaient installés à Kusguncuk, banlieue d'Istanbul, mais il faudrait connaître leur lieu de mariage.

— D'après Françoise, les femmes de sa famille, avant elle, étaient toutes mortes au même âge. Elda est morte en 1959, à soixante-quinze ans (ou soixante-dix-sept si on la fait naître en 1882), donc sa mère étant de 1855 (selon le site des Amar de Salonique) a dû mourir en 1930 ou 1932. Mais c'est une hypothèse…

— Le site Amar est celui de mon cousin Francis. Il l'a élaboré avec mes informations sur mes branches Faraggi, Mallah, Nahmias et autres. La date de naissance de Léa en 1855 n'est qu'une estimation de ma part d'après la date de naissance de son fils en 1879, elle est née vers 1855 ou 1860. Une de ses sœurs, Emma, est née en 1879, décédée en déportation, pas encore de dates pour les autres sœurs. Je ne vois pas qui sont les autres femmes de la famille qui seraient décédées au même âge, puisque nous n'avons de date ni de naissance ni de décès. Léa devrait être enterrée à Montparnasse avec les autres membres de sa famille. Je fais de temps en temps des visites de cimetière et je note et photographie toutes les dalles portant des noms de Salonique. À Montparnasse, j'ai relevé pour l'instant trois tombes Nahmias, mais pas de Léa.

— Imaginez-vous que je sors de chez Caroline, où j'ai plongé dans les papiers pour trouver... le certificat de mariage de ses grands-parents ! Ils se sont mariés dans le IXe arrondissement, le 17 septembre 1908. Dans ce document Salih est né à Constantinople le 18 mars 1883 (quand il se présente aux élections à Bagdad, il dit pourtant être né à Bagdad !), fils de Binjamin (*sic*) Gourdji et Esther Jerusalmi, marié avec Elda Faragi née le 17 septembre 1884 à Salonique (Turquie), de Elias Bey Faragi et de Lia (*sic*) Nahmias. Il n'a pas été fait de contrat. En marge : « La future régulièrement mariée en Turquie et divorcée le 17 mai dernier dans ledit Empire, autorisée à contracter le présent mariage ainsi qu'il en résulte d'une pièce annexée. » Sur son acte de décès, le 10 juillet 1959, Elda Faragi (toujours un seul *g*) est née à Salonique aussi.

— Nos noms de famille n'avaient pas d'orthographe précise dans l'Empire ottoman et Faraggi pouvait aussi s'écrire Farache, Faradji ou bien Faragi qui est en effet le nom d'Elda et de son frère dans les dossiers de naturalisation. Le père de Léa était Jacob Ben Nahmias (dont la mère était une Faraggi) et sa mère Sarah, dont j'ignore le nom de famille. Donc le mariage n'a eu lieu ni dans le XVIIe, ni dans le VIIIe, mais dans le IXe ! Salih est né à Constantinople pour finir, vous voyez comme on pouvait dire n'importe quoi à son avantage !

— J'ai fait l'acquisition dans un site de généalogie d'un lot Nahmias : cinquante et une fiches. Est-ce que ça vous intéresse ? Par ailleurs, j'aimerais bien savoir ce que vous avez pensé des *Taches du léopard*, le dernier livre de Françoise…

— J'ai lu *Les Taches du léopard* lors de sa parution et il faudrait que je le relise. C'était en tout cas la première fois que Françoise osait aborder le thème « juif » et le livre reflète cette ambiguïté qu'elle avait en elle-même sur son appartenance, on la sent soudain travaillée par ce dilemme. Elle porte elle-même les taches… du peuple juif et ça la dérangeait jusqu'à ce livre, mais c'est peut-être son petit-fils Nicolas qui lui a fait voir les choses autrement. Mais je vais rouvrir le livre, j'ai peut-être maintenant, presque dix ans plus tard, une autre vision des choses. Merci mille fois pour la découverte de ce lot Nahmias !

— À propos de Nahmias, êtes-vous au courant d'un projet de mariage entre Françoise et Élie Nahmias, le père de son fils Alain ? Vers 1940 ?

— J'ai l'impression que, dans la famille, on ignorait qu'Élie était le père d'Alain, je l'ai appris par Caroline et non par tante Léa pour une fois ! On s'était demandé si Élie était un cousin de Françoise, mais je ne peux toujours pas le dire…

— Sauriez-vous quand ce mariage a eu lieu ? Était-ce longtemps avant 1940 ? Ne pouvait-il divorcer ?

— Je viens d'avoir ma cousine au téléphone. Voici ce qu'elle m'a dit : Élie Nahmias était espagnol et s'est marié en 1942 à Paris XVIe (je peux faire une demande d'acte), donc il n'était pas encore marié lors de la naissance d'Alain.

Et, tandis que je lui envoyais le passeport de Léa Faraggi, la grand-mère honnie de Françoise, qui lui permit de fixer la date de sa naissance en 1859, la cousine Anne-Marie demandait cet acte de mariage…

Elle le reçut juste le jour où Caroline et moi allions visiter cousine Alexandra, la Russe, dont ce document nous apprit qu'Élie Nahmias avait épousé, le 30 avril 1942, sa cousine Ina, née à Kiev en 1919, devenant ainsi le cousin par alliance de la cousine Alexandra, alors qu'il aurait pu être, en toute logique, s'il avait épousé Françoise, celui de la cousine Anne-Marie.

Il y avait de quoi, en effet, y perdre son latin, son hébreu, son russe et un peu de ladino…

« 17 janvier 2012

Cher Aaron,

Je dois aller à l'Imec consulter les archives officielles de Françoise.

Elles contiennent quelques lettres de vous qu'elle avait conservées.

Est-ce que vous m'autorisez à les lire ?

Amitiés

Alix »

« Pas de problème !

A. Eliacheff »

11

MÉMOIRES D'OUTRE-TOMBE

Au mois de juillet, en débarquant du bateau, invitée chez Martine de Rabaudy pour travailler à La Mente, maison de délices dans le massif des Maures, où la cave est aussi riche que la bibliothèque, je relus son livre d'entretiens avec Françoise, *Profession journaliste*, dont les corrections nous avaient servi de devoirs de vacances, l'été de La Baule... Je voulais vérifier un détail : leurs entrevues s'étaient déroulées au printemps 2001, et Françoise racontait à un moment qu'elle venait de se débarrasser de son encombrant passé en confiant ses archives, textes et photos, à un organisme en charge de les classer et de les conserver. Quand elles s'étaient rencontrées, les déménageurs venaient juste de partir, me confirma Martine, et ils n'avaient pas les mains vides...

La légende veut que Françoise ait détruit tous ses papiers personnels, à cause d'un passage de son journal, en juin 1996, où elle se décrit en train de jeter des monceaux de lettres d'amour et de dossiers pour qu'ils échappent à un éventuel « biographe fureteur »... Ce que Christine Ockrent, se sentant sans doute visée, prit au pied de la lettre, en signalant que Françoise n'avait déposé à l'Imec (Institut Mémoires de l'édition contemporaine) que des archives « liées à ses activités », donc professionnelles... Sans rien vérifier.

Au moins Laure Adler, sa seconde biographe, s'était-elle rendue dans ce haut lieu de pèlerinage, puisqu'il conserve aussi les manuscrits de Michel Foucault et de Marguerite Duras, phare et balise de feu notre XXe siècle, dont elle était revenue en signalant que les archives de Françoise étaient considérables : vingt-cinq cartons ! Or, Caroline n'avait ajouté au legs initial de Françoise, après sa mort, qu'un seul envoi pour achever de vider son appartement (essentiellement la collection complète de *L'Express* jusqu'en 1972), gardant un unique dossier d'archives privées chez elle. Résultat : un énorme inventaire de quelque deux cent cinquante pages que je commençais à recouvrir de Post-it roses et verts, à l'hiver 2011, pour me composer un petit programme de lecture en rêvassant : située près de Caen, dans l'ancienne abbaye d'Ardenne, la bibliothèque de l'Imec était magnifique en photo sur le Net. À moins d'une heure de Trouville, où je loue un studio meublé à l'année sur la mer, et où Caroline a une maison, planquée dans le bocage voisin...

Une abbaye normande transformée en bibliothèque correspondant à peu près à mon idée du bonheur sur la terre, déjà nantie des bénédictions de Caroline, l'ayant droit, j'allai demander à Jean-Marie Laclavetine, mon éditeur préféré, un ordre de mission pour un livre dont je ne lui avais jamais parlé, n'étant pas encore sûre moi-même qu'il existât vraiment, sauf sous forme d'un début de premier chapitre qui commençait par « Un Verlaine en Pléiade » et parlait d'une histoire de cheveux blancs... Cela ne l'empêcha pas de me rédiger un papier où il me décrivait quasiment comme un futur prix Nobel, occupée à écrire une biographie de Françoise Giroud qui portait tous les espoirs de la maison Gallimard !

Évidemment, je me perdis pour arriver... Mais c'était fréquent, paraît-il. Entre la sortie n° 7 de l'autoroute à Caen et l'abbaye, on traverse un morceau de banlieue très mal fléché. L'endroit me rappelait l'abbaye de Fontevraud, qui a aussi été transformée en centre culturel de l'Ouest, près de chez moi, mais qui est en plein village. Moins isolée. À l'extrémité de la cour, après l'ancienne mare et le jardin, la bibliothèque est installée dans l'abbatiale.

Au-dessus du porche, un ange à la tête coupée veille dans la pierre, surplombant deux modernes portes de coffre-fort, ouvertes sur une église immense, gothique, aux murs recouverts de livres et d'escaliers en colimaçon : un rêve ! Serais-je admise à Poudlard avec Harry Potter ?

La nef, occupée dans toute sa longueur par une rangée de tables en bois, était strictement découpée en larges bureaux où une poignée de lecteurs se faisaient face, au fond. J'allai me présenter à un jeune homme souriant, derrière un ordinateur, et signai le règlement intérieur, qui stipulait que je devais laisser manteau, cartable, téléphone portable et objets encombrants dans un casier du sas de l'entrée. Il me désigna une place, à côté de quelqu'un qui travaillait déjà, tout près de son bureau. D'autres personnes étaient attendues dans l'après-midi ; on rangeait les lecteurs par ordre d'arrivée.

Je ressortis m'en griller une avant d'empiler mes affaires dans le casier. En ce mardi 24 janvier 2012, il ne faisait pas chaud mais j'étais bien équipée pour le climat, et savourais la joie que Françoise m'offrît un aussi bel endroit pour la rechercher, en m'accordant un pur moment de contemplation… Un collègue en train de s'emmitoufler me rejoignit ; je lui proposai une cigarette qu'il refusa pour piquer un sprint à travers la grande cour battue par le vent. Les toilettes étaient tout là-bas, ou près du réfectoire un peu plus proche, mais guère accessibles sans écharpe ni bonnet par ce temps, m'expliqua-t-il. Sans doute, à force, les lecteurs se transformaient-ils en purs esprits, comme l'ange qui veillait sur nous. Espérons qu'on n'y perdrait pas non plus la tête !

Après avoir signé un premier bordereau, j'allai chercher mon premier carton, d'où l'on me sortit un dossier. On n'avait pas le droit à toute la boîte d'un coup. J'avais décidé de commencer par les parents de Françoise et un album où je reconnus Salih en maillot de bain avec un bonnet et sa grosse moustache, nageant la brasse, de Paris Plage en 1909, à Constantinople en 1911 et 1912, beaucoup plus gai et rond que sur sa sombre photo en digne candidat portant le fez pour les élections de Bagdad. Et voilà Françoise, bébé, dans les bras de sa mère, à Champéry en 1917… Déjà plus de Salih à l'horizon !

Et, comme un clin d'œil, que faisait-elle là ? Une photo de Françoise, pour l'anniversaire de *L'Express*, un léopard en peluche dans les bras, ce léopard tacheté, symbole de son journal, de sa vie professionnelle, mais aussi du secret de son identité… Puisqu'elle place la judéité cachée du héros de son dernier roman sous son emblème, après un exergue du prophète Jérémie : « Un Éthiopien peut-il changer sa peau, et un léopard ses taches ? »

L'invitation personnelle de Mlle Dombasle (souligné) à l'Opéra-Comique pour *La Belle et la toute petite bête*, le jeudi 16 janvier 2003 ! « Un conte de fées mis en scène par Jérôme Savary », me parut d'un humour beaucoup plus noir. Livret rose bonbon avec Arielle Dombasle très poupée Barbie, en petite tenue. La dernière sortie de Françoise qui s'acheva tragiquement dans l'escalier… « La faute à la fatalité », comme on dit dans *La Belle Hélène*. Du rose au noir…

Une autre carte fit mon miel :

« Madame Djénane Gourdji, Monsieur Jean J. Chappat ont le plaisir de vous faire part de leur mariage qui a été célébré le 29 septembre 1945 en l'église N.-D.-de-l'Assomption dans la plus stricte intimité. »

Merci Françoise ! Grâce à cette information, complète et précise, je pourrais — enfin ! — retrouver les traces du baptême de Djénane et de son premier mariage avec le collabo, il me suffirait d'appeler la paroisse de son dernier mariage pour remonter la piste…

L'invitation à la remise des insignes de commandeur de la Légion d'honneur par Alain Decaux, nouveau clin d'œil.

Et un permis de conduire, délivré par la police suisse, le 14 décembre 1935, à Gourdji Léa Françoise Dominique, qui m'avait tout l'air bidon… (D'où sortait ce Dominique ? Pourquoi aurait-elle passé son permis de conduire en Suisse ?) Sur la photo, elle a le visage grave et rond, des cheveux longs en macaron. Quand Françoise avait brandi à l'Assemblée nationale un papier montrant qu'elle avait été proposée avec sa sœur pour la médaille de la Résistance, des députés s'étaient moqués d'elle en disant qu'elle agitait son permis de conduire… Mais c'était le permis qui était faux ! Et pas la lettre de Dejussieu. Dans cette affaire aussi, les gens oublient toujours que le procès a abouti à un non-lieu, et la bonne foi de Françoise reconnue… Une carte de parking pour la visite officielle de SM Élisabeth II en 1957, plus authentique.

Une ordonnance du docteur François Lorimy, le mari psy d'une amie psy de Caroline. Le 30 août 1985. Antidépresseurs, calmants et somnifères. Ça correspond à quoi ? Alex Grall, son amour, est mort quatre mois et demi plus tard, le 10 janvier 1986. Sans doute en était-il à la phase terminale de son cancer. Sa dépression, que Françoise situe après son décès, avait peut-être commencé avant... Ou lui fallait-il toute cette panoplie chimique pour tenir le coup ? Et assurer une présence gaie et souriante à son malade ? Le contenu de cette visite relève du secret médical, qui ne s'arrête pas avec la mort du patient, et je me rappelle notre première rencontre, médicamentée.

Caroline s'était rendu compte, à un moment, que sa mère lui avait piqué des ordonnances pour s'autoprescrire des antidépresseurs. Petite-fille de médecin et mère de deux médecins, ayant envisagé, à un moment de son analyse, de passer enfin son bac pour étudier elle-même la médecine, il est rassurant de savoir que le docteur Françoise Giroud allait donc quand même parfois consulter ses confrères...

Un autre document me touche encore davantage : un cahier d'écolière, en cuir noir, le seul qu'elle ait conservé. « Littérature ». Son nom d'époque : Francette Gourdji. L'écriture est bien carrée, presque crénelée, volontaire. Ça commence le 25 février sans indication d'année, par un cours sur Dante, avec une description de l'Enfer, du Purgatoire et du Paradis... Dire que je l'ai bassinée avec les anges ! Ça devait lui rappeler sa jeunesse ! Il y a même une description de Satan : « Il est horrible, il a trois têtes (rouge, jaune, noire). De ses six yeux il pleure éternellement. Il a six ailes flasques de chauve-souris. » Exactement son portrait sur les fresques de la cathédrale de Torcello, près de Venise.

Puis Pétrarque, Boccace. L'Arioste. Le *Roland furieux*. Elle avait au maximum quatorze ans, les cours de l'époque étaient d'un sacré niveau. Mais directifs, on vous dit quoi penser... À *L'Origine de la tragédie*, l'écriture devient plus « script », plus adolescente. Le culte de Dionysos. *Iphigénie*, Euripide, Racine... À l'encre bleu des mers du Sud. Et voici notre copine : *Athalie*, 1691...

Ce texte que nous avions évoqué ensemble, dont parlaient les premières pages que j'avais juste commencé à écrire, et sans doute le fond de sa pensée originelle sur les Juifs... Huit pages et demie.

« Racine a inventé le songe d'Athalie d'où dépend toute la pièce. C'est un épisode de l'histoire des Juifs (IXe siècle avant J.-C.). »

Résumé des actes, exposé des caractères : « La foi qui n'agit pas, est-ce une foi sincère ? » Puis : Impression morale.

« Sentiment de la justice de Dieu qui protège l'innocence et fait triompher le bon droit. Ce qui est particulier à cette tragédie, c'est que Dieu est le personnage principal. Invisible, il mène visiblement les événements, dirige tous les acteurs, sans fatalisme, laissant à chacun sa liberté.

C'est le Dieu des Juifs. Il est le maître temporel de ce peuple qu'il s'est choisi. Il règne et manifeste sa volonté par des révélations et des oracles. C'est un maître sévère qui punit les fautes de son peuple mais il n'est pas cruel comme le dit Jézabel.

C'est le Dieu des chrétiens. Il témoigne son amour aux faibles et sa miséricorde annonce le règne de Jésus-Christ. »

Je fais scanner le texte, ça coûte une fortune, mais j'ai vraiment l'impression que Françoise me tient la main… Pourquoi a-t-elle conservé cet unique cours de toutes ses très courtes études ? Bien sûr le texte n'est pas d'elle, mais c'est son écriture et son encre, ces grands fonds de la pensée remontant à la surface quand on vieillit.

Au déjeuner, délicieux et arrosé du vin de Chambord, sous les voûtes d'un réfectoire du XVe siècle, mes jeunes collègues étudiants ne savent pas qui est Françoise Giroud. Mes neveux, qui ont leur âge, non plus. Mais j'ignore tout autant les auteurs sur lesquels ils travaillent… Pendant les week-ends de quatre jours, l'Américain et l'Haïtien, seuls dans l'abbaye, très loin de chez eux, se débrouillent pour faire leur ravitaillement. Avec un vélo pour deux ; il n'y a ni magasin ni le moindre café dans les alentours… À 6 heures, la bibliothèque ferme, gardant tous ses trésors à l'intérieur, et il fait nuit. Leurs soirées se passent sur Internet. Vive Trouville !

L'après-midi, nous n'étions pas plus nombreux dans l'abbatiale, et une dame avait remplacé le monsieur derrière le comptoir. Continuant à jouer les Petit Poucet, je passai l'après-midi avec Salih, d'invitations stambouliotes pour « un Garden Partie » (le mot, comme la chose, était nouveau !) à une lettre de refus de sa candidature à la SDN, en août 1923, qui disait avoir déjà trop de personnel…

Une conférence sur Pierre Loti et *Les Désenchantées*, roman dont il disait avoir connu les personnages en vrai. Avec ce développement très contemporain sur les femmes voilées :

« Le port du voile n'est pas une prescription religieuse, on ne trouve dans le Coran aucun texte formel à ce sujet. Il s'est établi par l'usage et les mœurs. Comme preuve, en Caucasie, en Bosnie, dans certains pays arabes, les femmes ne se voilent pas. Par contre il est d'autres contrées où les femmes chrétiennes et les femmes juives portent le voile. Cet usage du voile a eu d'effroyables conséquences. Il a séparé complètement la société des hommes de celle des femmes. La religion, ce soleil des âmes, éclaire à verse pourtant la vie quand on la tient à distance, mais quand on la met en rapport direct avec les affaires humaines, elle se ternit à leur contact et y porte la destruction et l'incendie. »

Magnifique ! On pourrait écrire cela aujourd'hui, si l'on savait : « La religion, ce soleil des âmes. » Son désespoir et sa nostalgie transparaissent dans les dernières lignes de cet article inachevé :

« … Si l'influence de l'Allemagne n'avait conduit la Turquie vers les bords de l'abîme où nous avons la tristesse de la voir aujourd'hui et n'avait fait de cette révolution jeune-turque, notre suprême et dernier espoir, le plus cruel des désenchantements. »

Salih Gourdji, cet homme de liberté, amateur de bains de mer et des plaisirs de la vie, a raté sa révolution, sa greffe en Amérique, sa carrière politique, et même son exil qu'il acheva au pays de son idéal, aliéné, délirant et claudiquant dans les couloirs immenses et lépreux de l'asile de Ville-Évrard, par une journée d'hiver humide et glacée, sans doute semblable à celle-ci…

Le lendemain, je me perdis encore, dans les lambeaux de la nuit et les phares des camions. La dame derrière le bureau d'accueil n'était pas celle de la veille, mais elle avait toujours le même sourire que l'ange de Reims qui semblait être passé de l'une à l'autre. Dans la grande abbatiale, nous étions toujours une petite poignée, et elle me laissa choisir ma place.

J'ouvris la boîte *Souvenirs d'Elda Gourdji.*

Dans une enveloppe marron : une mèche de cheveux blancs, épaisse et longue, enroulée. Bêtement, je la sortis sur la table… Que faisaient-ils là ? Un cheveu s'échappa, rebelle, que je n'arrivais plus à rentrer… Heureusement, la dame était plongée dans son ordinateur. Je collai le cheveu blanc d'Elda avec des Post-it roses et jaunes dans mon cahier, tant bien que mal, sur la page de gauche. De l'ADN de la grand-mère !

Aujourd'hui, il y est toujours. Comme le fil que je tire depuis le début de cette histoire, soudain matérialisé... Les cheveux blancs de Françoise, que je n'avais jamais vus, et dont j'avais parlé à Caroline, et ceux de sa mère, bien rangés, un peu jaunis. Caroline n'a jamais vu sa grand-mère avec les cheveux longs. C'est intime, les cheveux. Un signe. La présence d'une absente. Est-ce que cela correspondait à quelque chose ? À quoi ? Une bénédiction à travers les siècles ?

Sur la carte d'identité d'Elda, il est dit qu'elle faisait un mètre soixante-cinq, plus que Françoise et moins que moi. Quand elle m'avait dit que j'avais été maternelle, peut-être entrait-il aussi une question de taille, de volume ?

Photo de Françoise dans les bras de sa mère, 1917-1918. Plein de photos de famille. D'amis, d'enfants...

Et des lettres. Des cartes de Caroline, enfant, qui écrit de vacances à sa Mamy qu'elle ressemble à un petit léopard parce qu'elle a pelé au soleil. Décidément, cette histoire nous poursuit !

Une lettre de Mauriac à Elda, qui lui a envoyé un de ses livres parce qu'elle est malade, et s'adresse aussi à Caroline, qui lui sert de secrétaire : « Être fidèle, demeurer fidèle à travers tout, et malgré toutes les fautes et les misères d'une vie, on s'aperçoit, à mon âge, que ce fut la grâce des grâces… » Mais impossible de la scanner, il faudrait l'accord des ayants droit Mauriac.

Tous les petits trésors de la grand-mère…

Puis les albums de Françoise… Caroline en demoiselle d'honneur, Caroline avec Dior, Alain à l'école, Alain en aube blanche de profession de foi à l'école des Roches, Alain à cheval, Caroline en danseuse, des photos faites pour les journaux : Caroline, les cheveux courts, avec son premier bébé, Nicolas, et la photo du père vedette absent accrochée avec une épingle de nourrice sur son oreiller… Photos de ses petits-enfants. Au piano « avec mon petit-fils Jérémie »… Avec Alex Grall, son « professeur de bonheur », en voyage dans les mines du roi Salomon, ou à Antibes, et qui sont bien les plus naturelles et les plus joyeuses de toutes… Je nous retrouve au mariage de Micheline avec nos chapeaux… Je note tout pour Caroline, si elle en veut.

À midi et demi, je regagne la table des lecteurs, désignée par une étiquette, qui ressemble à celle du commandant sur un bateau, ou à celle des professeurs dans un collège d'antan et me donne d'irrésistibles envies de chahut. Je photographie tout le monde. Les étudiants, qui ont l'habitude de rouler leurs cigarettes, mi par écologie mi par économie, appellent les miennes des « indus' » : des « industrielles », un vrai produit de luxe aujourd'hui !

L'après-midi, j'attaque la correspondance. Que je recopie sagement. Photocopies interdites. On peut faire scanner des photos (j'en ai pris une de Djénane à Constantinople, petite fille avec une étoile de David autour du cou pour son petit-neveu le rabbin) mais pas photocopier, il faut recopier tout, comme des moines médiévaux, quitte à faire des erreurs, qui sont, paraît-il, tout le sel de la recherche… Et passer des heures sur place sans penser. Je copiais sur mes cahiers, imaginant qu'en recopiant le soir sur l'ordinateur j'aurais une meilleure vision des choses. Comme quand on prépare des examens et qu'on veut se mettre des trucs dans le crâne. C'était une erreur. Je commençais à m'en rendre compte : le soir, après la route, dans la nuit, à Trouville, je n'avais pas le courage de m'y mettre… Ou je découvrais des mots illisibles qui m'obligeaient à tout recommencer.

Les lettres à Françoise.

De Michel Romanoff, l'héritier de Nicolas II, amant en titre d'Annabella, qui l'appelle « mon petit arabe aimé ». Très jolies, affectueuses et tendres.

De Pierre Danis, l'homme à qui Françoise fit adopter son fils Alain. Je pensais que c'était un ami à elle, un collègue de travail sur les plateaux de tournage, mais, visiblement, c'était aussi et surtout un amant, éconduit, jaloux et désespéré, qui la traite de bourreau, et finit par s'engager dans les spahis, en 1947. Il lui écrit du désert qu'il l'aime et qu'il est bien malheureux…

Une autre lettre, pour lui, d'Alain, son fils adoptif, enfant, visiblement dictée par sa Mamy, qui « pense beaucoup à lui », en lui donnant des nouvelles de ses vacances… Sans doute un brouillon, pour qu'elle soit restée là.

D'autres lettres d'Alain, plus grand, à Françoise, sur ses études et la maison de Gambais, où il parle d'Élie (son vrai père) qui lui donne des conseils financiers, et de Lacan, son analyste. De ses études : « J'ai besoin de campagne, d'internat et de toi. »

Les lettres de Tolia, son ex-époux, qui la vouvoie, parlent d'argent, ou d'une circulaire vacharde d'Henri Jeanson qu'il lui joint à l'époque de *L'Express* : « Il est très intéressant d'avoir, grâce à elle, le point de vue turco-suisse… » Tolia s'excuse de ne pas avoir pu, cette année encore, lui payer son loyer, mais il est malade et a fait des affaires catastrophiques. « Le côté Dostoïevski », explique-t-il. À sa mort, Caroline laissera l'appartement que Françoise lui louait — en théorie — à sa dernière compagne, la danseuse du Crazy Horse. Sans le moindre bail.

Dix lettres de Caroline qui passent de « Chère Maman » à « Chère Françoise » à un moment indéterminable ; elles ne sont pas datées… Avec les fax que Françoise lui avait envoyés, ce fameux printemps 2001, où j'avais joué les casques bleus entre les VIe et VIIe arrondissements. Plus un testament, de la même époque, sur un ton assez sec, mais où figure ce détail qui m'émeut : « Je voudrais laisser une somme un peu substantielle à Blanche. Vingt-cinq ans d'amour, ce n'est pas si mal… » Elle parle de ses petits-enfants. De Jérémie qu'elle adore et de Nicolas qui la hérisse et la blesse. De tableaux. « Le mieux serait de jeter mes cendres à la mer. » Je copie tout cela en attendant d'avoir toutes les réponses en vis-à-vis. De toute façon, quoi que Caroline en ait fait, Françoise y écrit : « Je souscris d'avance à ce que tu décideras. »

Et sept lettres de Nicolas-Aaron : une carte d'un camp de vacances aux États-Unis, sa réponse à une lettre reçue à Lausanne, des vœux envoyés pour le Nouvel An juif et une lettre de sa femme, Valérie, qui demande à Françoise de recevoir ses arrière-petits-enfants à Paris. Chronologiquement situées entre la Suisse, où il est adolescent, et la carte de vœux, où il est déjà père d'un garçon, se placent les deux lettres de « la révélation »… Pas datées, manuscrites, et serrées.

La seconde est classée en premier, et son ton déborde d'une affection que je ne m'attendais pas à y trouver : « Ta lettre m'a complètement bouleversé. Merci, Mamie, de m'avoir dit cela. En un instant, tu as changé ma vie. » Suivent beaucoup de questions… Sans réponse.

La première lettre, beaucoup plus longue, reprend le récit qu'il m'avait fait de son cheminement, plus explicité. Là aussi, il faudrait que j'aie les deux morceaux pour reconstituer la correspondance.

J'envoie des photos de l'abbaye à Caroline, elle trouve que ça n'a pas l'air très gai. Elle doit demander à Nicolas si je peux lire ses lettres de Françoise.

Le lendemain, il fait froid et beau, et l'on doit jouer avec le soleil et la lumière normande — si puissante qu'elle attira tous les impressionnistes dans la région — à laquelle n'ont pas pensé nos chers modernes en restaurant l'abbatiale, transformant les vitraux en vitres transparentes sans rideau ni store ; le port de la casquette à visière se développe chez le lecteur, et bientôt le nomadisme avec ordinateur, pour se mettre à l'ombre. Dieu merci, nous avons la place ! Comme dans le théâtre russe, on attend toujours des personnages qui ne viennent jamais… Mais les moines de jadis n'auraient pas eu l'idée d'utiliser leurs églises pour lire ou ranger des manuscrits, qui ont besoin, comme le vin, de l'ombre douce humide des caves. Et ça doit coûter la peau des fesses, de chauffer un endroit pareil ! Apparemment, le risque de transformation en pur esprit est nul chez moi… Je me plonge dans *La Blanche et la Noire*, une nouvelle publiée en 1942, contemporaine du baptême, mais qui ne m'apprend rien sur lui.

Dans une autre, *Sale Histoire*, il est question d'un certain Boris, un prince russe qui ressemble beaucoup à Tolia : « En fait, quand il voulait s'en donner la peine, Boris était irrésistible. Mais il ne voulait pas souvent. C'était beaucoup trop fatigant. » Il donne de l'argent à la Luftwaffe et raconte les derniers potins qu'il a entendus dans les bars, dans les bureaux d'achats allemands, ou chez Maxim's... On retrouve la comtesse, liée aux milieux industriels du Nord : « Par le truchement de Boris, elle vendit aux Allemands la laine et les textiles qu'elle achetait aux fabricants. Ina et Boris avaient gagné en une semaine plusieurs centaines de mille francs. » La comtesse, maîtresse d'un Allemand, avait un mari héros de la Résistance... Françoise décrit la vie quotidienne à Clermont-Ferrand et dans la prison de Fresnes, utilisant ses souvenirs personnels. Elle a appelé un jeune résistant Alain, comme son fils. Et cette phrase, comme un coup de feu :

« Il arriva à minuit, le visage bouleversé ; il venait d'apprendre que son père avait été fusillé à Paris. Ils étaient tous atterrés. Ils n'avaient jamais pensé que Jacques était juif. »

Enfin, *Histoire d'une femme libre*, seul titre à la rubrique « autobiographie », en trois dossiers, et qui m'intrigue vraiment... S'agit-il du texte dont elle parle dans *On ne peut pas être heureux tout le temps*, son dernier livre de souvenirs ? Écrit juste après sa tentative de suicide ?

« Je suis sortie de la clinique dans un état misérable. Hélène Lazareff m'a prêté sa maison du Midi. J'y suis allée, seule, pendant quelques jours, et j'ai écrit naturellement. Un texte hurlant. Sauvage. Après, j'ai eu conscience qu'il ne fallait pas publier cela, qu'il ne faut pas toujours rendre public ce que l'on écrit. »

Or ce suicide, à la suite de sa rupture avec Jean-Jacques Servan-Schreiber et de son renvoi de *L'Express,* date de 1960. Exactement comme tous ces textes réunis sous le seul titre *Histoire d'une femme libre.* Et même plus précisément : juillet 1960-septembre 1960.

Christine Ockrent, citant Françoise, l'a présumé disparu dans la grande lessive de ses archives, et Laure Adler, qui est pourtant venue ici, à l'Imec, écrit qu'il n'en restait pas trace.

Et quand bien même ce serait lui… Florence Malraux, qui l'avait lu à l'époque, l'avait trouvé très mauvais. Très impudique. Gênant. Pas de la littérature. Nous avions eu l'occasion d'en parler déjà. D'après elle, Françoise l'avait fait aussi lire à François Erval, son mentor en la matière, qui en avait aussi pensé le plus grand mal. Ce Juif hongrois, planqué pendant toute l'Occupation dans un hôtel, rue de la Sorbonne, à dévorer des livres, selon Roger Grenier, en était sorti très maigre et très cultivé à la Libération. Ses kilos repris, et bien au-delà, il dirigeait les pages littéraires de *L'Express* à l'époque, avant de se lancer dans l'édition. N'osant pas rendre son avis le premier, il avait attendu que Florence se lance pour affronter Françoise — qui avait accepté son verdict sans aucun problème ! Tout comme elle est restée amie avec François Erval jusqu'à sa mort, en septembre 1999, où elle écrit : « Il n'y a personne dont le jugement pouvait m'être aussi précieux. » Et Françoise disait tout autant de bien du jugement artistique de Florence — sans qu'elle fût morte pour autant.

Bref, ce texte, dont Françoise ne semblait pas du tout regretter la non-publication, et déclaré disparu, semblait pourtant bel et bien là. Les dates sur le dossier étaient sans équivoque. Elle n'aurait pas pu en écrire deux en même temps, tout de même... Il devait être bien mauvais. Cependant, ne serait-ce que d'un point de vue documentaire sur ce qui était arrivé à Françoise, c'était passionnant. Puisqu'elle ne l'avait — justement — pas jeté.

Cette unique pièce, au dossier « autobiographie », se trouvait en trois dossiers différents.

La première version, *Histoire d'une femme libre, 1, 1,* était tapée à la machine, dans une chemise verte. En premier, venait la page 45 : qui l'avait mise à cette place ? Mystère. Le règlement de l'Imec stipule qu'on doit remettre les documents dans l'ordre où on les a trouvés... Et tout de suite une expression me saute à la figure, et je copie sans y penser :

« Quand bien même aurais-je eu l'oreille dure et la vue basse, je possédais, comme tous ceux que la notoriété a effleurés, beaucoup d'amis qui me voulaient du bien. Les lettres anonymes se déclenchèrent. Quand l'objet de la notoriété est une femme, les anonymes habituels se multiplient par les malades qui font, sur sa personne, une fixation d'ordre sexuel. Toutes les femmes qui ont une vie publique connaissent cela. Si j'ai eu, peut-être, à en souffrir plus que d'autres, c'est que le combat politique aggravait mon cas. Mais, de tout temps, j'ai attiré les corbeaux. »

Incroyable ! Les fameuses lettres anonymes…

Sur la deuxième page, qui devrait être, en fait, la première : le titre, *Histoire d'une femme libre*, en capitales, avec en exergue un communiqué de l'AFP sur un tsunami au Chili.

Ensuite un chapitre de neuf pages dactylographiées…

Je copiai :

« Je suis une femme libre. J'ai été, donc je sais être une femme heureuse. Qu'y a-t-il de plus rare au monde ?

Cela est dit sans orgueil, mais avec gratitude à l'égard de ceux qui m'ont aidée à me construire ainsi. Car, pour la liberté, j'avais des aptitudes, mais peu de dons pour le bonheur.

Ma liberté, j'en connais la limite. Je l'ai touchée le jour où j'ai voulu abréger ma vie, pour sortir d'un camp de concentration où je m'étais enfermée et dont je ne trouvais pas l'issue. J'ai étrangement échoué, en dépit d'une bonne organisation. Choisir sa mort, l'heure et la forme de sa mort, c'est cependant l'expression la plus pure de la liberté. Elle m'a été interdite. »

Après un très long premier chapitre, on saute au récit, toujours à la première personne, de sa rupture…

Elle a renommé Jean-Jacques : Blaise. Il était apparemment en analyse avec Sacha Nacht, un psychanalyste contemporain de Jacques Lacan, mais beaucoup plus conventionnel, semble-t-il. Les pages portent à la fois des lettres et des nombres ; il a dû y avoir plusieurs versions... Je copie les différentes paginations :

— F- 68

« Un psychanalyste, auquel il avait confié le soin de ses insomnies et ses délires, avait consciencieusement exhumé le percheron qui, selon lui, somnolait depuis trente-cinq ans sous une robe de pur-sang. Maintenant Blaise avait besoin d'être aimé par une autre, de s'admirer dans un autre miroir. Depuis plus de deux ans, je savais où il allait. Que le trajet soit accompli, j'en étais presque soulagée. »

Cela continuait ainsi, jusqu'au récit de son suicide... Je copiais frénétiquement. À chaque nouvelle dame souriante succédant à une autre dame souriante derrière son ordinateur, je demandais la permission de photocopier, mais non, c'était impossible, c'était toujours non, avec le même sourire, mais toujours non... J'allais perdre la tête, comme l'ange, finalement.

Et mes camarades lecteurs en étaient tous au même point, réduits à l'état de copistes, mais leur passé de bons élèves les empêchait de protester.

Dans *Histoire d'une femme libre*, *2*, *2*, Françoise avait orchestré, derrière le même premier chapitre, toute l'histoire de sa vie autour de cette vilenie dont on l'accuse à tort, et qu'elle n'explicite pas, mais qui lui vaut d'être renvoyée de *L'Express*, comme dans sa jeunesse, en pension, la directrice l'avait accusée d'avoir fait le mur, en la sachant innocente, parce que la coupable était riche, et que sa mère à elle, en revanche, n'avait pas les moyens de régler son trimestre…

L'humiliation fondamentale. La racine de l'écriture.

Toutefois le chapitre sur le suicide semblait moins explicite que dans la première version.

Dans cette histoire, chacun portait son vrai nom, y compris Jean-Jacques Servan-Schreiber, quand il s'agissait du fondateur de *L'Express*, mais il était rebaptisé Blaise, dès qu'il s'agissait de sa vie privée.

Elle avait découpé le personnage en deux. D'où une certaine incohérence. Est-ce que l'histoire tiendrait si l'on se contentait de lui remettre son vrai prénom ? N'était-ce pas cela qui avait gêné Florence Malraux et François Erval à la lecture ?

Et surtout : est-ce que c'était bon ? d'un bout à l'autre ? Certains passages, sur sa famille, que je recopiai pour la cousine Anne-Marie, me semblaient excellents, dont celui de la grand-mère aux côtelettes dont nous avions tant médit :

« Ma grand-mère est un monstre qui se nourrit de côtelettes d'agneau et qui s'abreuve du sang de ma mère. Je la hais. Elle ne vit pas, elle règne.

Elle n'appelle pas, elle sonne. Le pire est que, devant elle, les serviteurs rampent. Elle a l'art souverain du commandement. Jamais on ne l'a vue courber sa taille, qu'elle a haute et mince, pour ramasser un mouchoir. Son mari était colonel. Toute sa vie elle a eu quelque ordonnance à martyriser, toute sa vie, elle a nié l'existence des autres, sinon pour en faire des serviteurs de ses besoins et ses partenaires au bridge. »

Je copie des pages et des pages, pour les montrer à Caroline, jusqu'à la limite du vendredi, où nous ne sommes plus que deux lecteurs dans l'abbaye, et où je viens d'attaquer les carnets de Françoise de cette époque…

Et le vendredi, l'abbaye ferme à 5 heures, au secours ! Là j'écris directement sur l'ordinateur, car cette idée de cahier à recopier ne faisait que doubler le temps passé à une activité abrutissante — sans la rendre plus intelligente…

Un cahier bleu à spirale, de notes, datant de 1960, aidait à comprendre l'origine du texte… Comme me l'avait dit l'archiviste, elle n'avait pas une écriture facile à déchiffrer…

D'un côté deux listes avec :

Première page, colonne à gauche : <u>Hypothèse vie</u> avec une dizaine de choses, plus ou moins rayées ; à droite : <u>Hypothèse suicide</u> sans rien au-dessous.

Et une succession de brouillons de lettres à Jean-Jacques…

Françoise écrit qu'elle sait qui a écrit les lettres, mais que ce n'est pas elle et qu'elle ne le lui dira jamais.

Qu'il faut du courage pour se tuer et plus encore sans laisser une lettre qui l'aurait rendu coupable d'assassinat à ses yeux pour toute sa vie…

« Je ne peux pas recommencer à me suicider tout de suite. D'abord parce que je n'aime pas le ridicule. Ensuite parce que je ne vous veux pas de mal, et qu'à la prochaine fois, si elle se produit, vous ne devez pas être impliqué. Donc il faut que j'attende. »

La dernière lettre, toujours inachevée, et que je n'eus le temps de recopier en entier que la semaine suivante, était la plus aboutie et la plus bouleversante :

« Cette lettre, c'est un devoir que le médecin de l'esprit qui me soigne m'a donné à faire.

C'est un homme subtil et bon. J'ai confiance en lui. Il dit que je ne guérirai jamais dans ma tête si je ne commence pas à vous raconter certaines choses, que c'est comme une blessure…

Je ne crois pas beaucoup aux vertus thérapeutiques de ce récit. Je le ferai cependant par discipline.

Excusez-moi d'écrire à la machine (*c'est écrit à la main !*), il y a deux raisons. La première est que, physiquement, je ne peux plus vous écrire depuis que vous vous êtes servi de mes lettres, de lettres qui m'ont pourtant tant coûté de peine — celles que je vous écrivais presque chaque jour en Algérie —, pour en faire un dossier d'accusation entre les mains d'un huissier. C'est un réflexe de malade, je sais. Mais quand j'ai essayé de vous écrire à la main, ces derniers jours, ma main droite s'est comme disloquée.

La seconde raison est que je vis avec un voile gris devant les yeux. Et qu'à la machine je connais le clavier, et je m'y retrouve, comme un aveugle.

Ce qu'il faut que je vous raconte, paraît-il, c'est d'abord ce qui s'est passé. Et que vous avez caché en 1954.

Et déjà en 1952, j'étais enceinte de vous. Je vous vois encore… J'étais recroquevillée sur un divan, juste en face de vous. Je voulais vous en parler. Mais vous aviez un article important à faire. Je ne sais plus si c'était pour *Le Monde* ou pour…

Pourtant je voulais vous parler. Vous vous êtes levé et c'est vous qui m'avez parlé. De Madeleine.

Alors les mots me sont restés dans la gorge. Le lendemain, j'étais plus ou moins mourante, et opérée.

Je ne vous ai rien dit. Et quand le chirurgien m'a annoncé comme une bonne nouvelle que je ne pourrais plus avoir d'enfants, je me suis jurée de ne rien faire pour vous épouser. Ce qui n'eût pas été, je crois, en dessous de mes possibilités.

Or, en 1954, j'ai été de nouveau enceinte. Car, en vérité, on m'avait laissé peu de chances que ça se reproduise mais une chance tout de même.

Cette fois, c'était l'état inespéré, et j'en étais si émue que je vous l'ai dit.

Nous étions dans votre petit bureau au 37. Vous avez d'abord été attendri et puis résolument contre. Vous ne vouliez pas. Cela vous dérangeait. C'est à Mendès France que vous vous intéressiez... Et à Madeleine. Qu'alliez-vous faire avec Madeleine ?

J'ai pleuré dans la poche de votre veston. Un mot pour vous dire : ne vous tourmentez pas. Je ferai ce que vous voulez.

Et j'ai fait ce que vous vouliez.

Vous ne vous êtes pas soucié dix minutes de savoir si j'en avais souffert, ou si j'avais de la peine.

Et j'ai su ce jour-là que vous ne m'aimiez pas, que vous aimiez le reflet de vous que je vous offrais.

J'étais libre de ne pas accepter cette vie-là. Je l'ai fait en connaissance de cause. Et je ne l'ai pas regretté.

Mais *L'Express* a joué peu à peu le plan de l'enfant de vous et moi que vous m'avez refusé.

En février, cette année, quand vous m'avez annoncé que vous alliez épouser Sabine, vous m'avez atteinte au point précis où j'étais vulnérable.

Car cela signifiait — et je l'ai compris immédiatement, perdre *L'Express,* c'est-à-dire perdre mon enfant, cet enfant de vous.

Je me disais : “Je m’y habituerai… Cela se fera lentement… Je ne suis pas obligée de partir tout de suite…”

Et vous vouliez tellement croire que tout allait pour le mieux dans le meilleur des mondes, vous me demandiez tellement de ne pas vous déranger…

Mais il ne fallait pas faire de peine à Madeleine, il ne fallait pas…

Alors comment s’en sortir ?

C’est à ce moment-là que j’ai commencé à penser au suicide comme seule issue possible.

Et j’ai été voir Nacht avec un grand espoir, car là je n’ai pas été indiscrète, il savait tout.

Il a préféré ne pas savoir. »

Au dos d’*Histoire d’une femme libre* des brouillons raturés du premier chapitre.

Elle essaie de commencer l’histoire par sa naissance, son père qui voulait un fils, tout en faisant d’autres brouillons de communiqués pour expliquer son absence du journal. Elle essaie de comprendre, en sortant du coma, ce qui s’est passé. De dater les événements, dont elle a perdu le souvenir.

Et le livre se dessine…

Daté du 8 juillet 1960, au stylo plume.

« Histoire d’une femme.

Je suis incapable d’écrire ce nom. Je le sais. J’ai essayé.

Que Pierre s’appelle Jean et le tour est joué.

Je vais essayer de le faire sans complaisance et sans masochisme.

1. Le jour de ma naissance, mon père m'a jetée par terre. Il voulait un fils.

Il est mort à quarante ans sans que je garde de lui le moindre souvenir.

Je vais parler de lui en disant : Mon Père. Mais pas Papa, ce mot-là n'a jamais été dans mon vocabulaire.

Je suis là, ma bonne vieille blessure au flanc.

Y a-t-il une place dans le monde où je pourrais poser ma tête ? »

Et commence l'histoire de la pension…

Cette lettre, sans cesse recommencée et toujours inachevée, à Jean-Jacques, deviendra *Histoire d'une femme libre*… Ne pouvant lui dire les choses, ni même écrire son prénom, elle va transformer ses confidences en un récit autobiographique. Ce que le « médecin de l'esprit subtil et bon » (sans doute Jacques Lacan, qui lui rendit visite cet été-là dans le Midi, où il était en villégiature, et l'emmena au Festival d'Aix-en-Provence voir *Don Giovanni*) lui avait dit de lui écrire, elle va nous l'écrire, et prendre ses lecteurs comme confidents du plus intime d'elle-même, considérant ce livre comme sa seule planche de salut, dans cette grande solitude du milieu de sa vie.

Pour rentrer à Paris dîner avec Caroline, j'embarquai un étudiant à mon bord, pour ne pas tomber d'épuisement sur l'autoroute…

Je me demandais si ce manuscrit retrouvé valait quelque chose, et si oui, s'il n'était pas la réponse aux accusations qu'on portait contre Françoise depuis qu'elle était morte… Si le temps n'était pas venu, enfin, de lui rendre la parole :

« C'est de là qu'il me faut repartir pour le monde des vivants. J'attends qu'un chemin m'apparaisse. »

12

CALAMITY JANE

Caroline m'apprit qu'elle avait aussi lu *Histoire d'une femme libre*, à l'époque ! Et vraisemblablement avant tous les autres... En cachette, à Capri, où Françoise l'avait emmenée au mois d'août 1960, avec sa machine à écrire. Elle revoyait l'hôtel, certaines de ses pensionnaires, la machine, Françoise, mais elle n'avait gardé de sa lecture qu'une impression bizarre... que j'attribuais au fait que Françoise ait rebaptisé Jean-Jacques : Blaise ; elle avait dû se dire que sa mère avait mené une double vie avec l'homme invisible. Elle avait tout juste treize ans à l'époque... Et l'impression de regarder par le trou de la serrure, qu'elle éprouve toujours en lisant les textes autobiographiques de Françoise, vient peut-être de cette première lecture « non autorisée », dont elles n'avaient, bien entendu, jamais parlé ensemble.

De retour à l'Imec, je continuai à copier comme une abrutie sur l'ordinateur, pour lui en envoyer des morceaux et étayer mes propos, qui avaient dû être bien confus… Tout en décryptant les carnets d'époque.

Ça me paraissait bon, comme toujours quand Françoise parle d'elle-même — les meilleurs de ses livres. Très bon même, parfois. Sauvage, seule et blessée, avec son grand courage, au milieu de sa vie, je retrouvais Françoise, telle qu'en elle-même enfin… Émouvante, comme je l'avais connue — même si ce n'était pas l'effet recherché. Décalée. Hypersensible.

Virée de son boulot, plaquée par son amour, rejetée même par la mort. Orpheline et célibataire, seule parmi les décombres, elle s'arrache à la dépression pour se refaire une santé au soleil de la Méditerranée avec la seule force des mots — comme naguère à La Baule… À l'attaque ! Elle numérote ses abattis pour repartir au combat. Sans complaisance. Exactement comme dans ses carnets, elle fait des listes de ce qu'il lui reste, comme biens matériels et possibilités de travail et d'amour ; elle s'examine. Depuis le début de sa vie, cherchant des pépites de bonheur.

Elle paie cash. Cette espèce de maelström central, qui correspond au tsunami de l'exergue, sa rupture sur fond de dépression causée par la mort de sa mère, et d'avortements, devait sembler un récit très gênant à Florence Malraux, si c'est cela qu'elle a lu à l'époque… D'une indiscrétion qui a disparu avec la mort des protagonistes et surtout après ce qu'on a pu écrire sur eux depuis. C'est du Françoise : des virgules, des points, des points de suspension. Des énumérations. Pas de figures de style, de métaphores… Sa jeunesse ne fut pas un « ténébreux orage ». D'excellents dialogues ; les leçons du cinéma. Un style « journalistique » qui colle très bien au genre « brut de décoffrage » de l'ensemble. Sans gras. Et qui n'a pas pris une ride ! Moderne, dans un monde en mutation, où elle n'a nul endroit pour poser sa tête que cette page blanche, Françoise en a bavé, elle en bave, mais elle avance dans une analyse sans complaisance d'elle-même.

Après toutes les bêtises qu'on avait pu entendre à son sujet, elle me semblait soudain là, présente, avec ses mots et sa défense ; je l'entendais à nouveau. Et pourquoi pas, dix ans après sa mort, lui rendre, enfin, la parole ? Sa parole ? Sa vérité ?

Publier le livre de la façon dont elle l'envisageait à l'époque, en rétablissant les noms et les passages édulcorés dans la deuxième version, l'apporter à Jean-Marie Laclavetine chez Gallimard, pour voir ce qu'en dirait un éditeur tout à fait étranger à ce milieu et à ses histoires, vrai écrivain et très fin lecteur de vraie littérature ; pour les dix ans de sa mort, elle retrouverait l'éditeur de ses tout premiers livres… Bref, je jouais ma Perrette :

— Qu'est-ce que tu en penses ?

— Il faudrait d'abord que je le lise ! (Caroline)

Réaliste Watson avait raison : mes morceaux choisis, livrés dans le désordre, ne pouvaient lui donner une idée d'ensemble. Mais sa divine qualité d'ayant droit lui octroyait même le droit à des photocopies. Je lui communiquai les références des 147 feuillets du premier dossier, et des 324 du second à commander à l'Imec. Le troisième n'était qu'une photocopie reliée du second. Ça devrait leur prendre une quinzaine de jours. Pour patienter, je lui envoyai un extrait avec les deux premiers chapitres et la scène « maelström ». Réaction immédiate :

— C'est excellent ! J'ai l'impression qu'elle a repris beaucoup de choses dans d'autres livres. Donc, il faut voir ce que ça donne dans la longueur…

— Sur la longueur, elle a un problème de structure parce qu'elle a scindé JJSS en deux personnages. Mais qui disparaîtrait puisqu'on n'est plus aujourd'hui obligé de le faire… Et quand elle veut se justifier sans dire de quoi on l'accuse. Elle a repris ensuite des éléments de ce livre dans d'autres (c'est sa vie, elle ne peut pas en changer !), mais c'est la première mouture, la plus cohérente, la plus complète et, sans doute, la plus sincère. Pour la suite, je t'envoie la version finale, tant qu'à faire…

— Je n'arrive pas bien à comprendre si, dans ce que tu appelles la version finale, il y a toujours le dédoublement JJSS, Blaise ? Car c'est évidemment ça qui est gênant… Sinon, je me souviens très bien l'avoir déjà lu au moment où elle écrivait la première version à Capri.

— La version finale comporte toujours ce

dédoublement. À la fin, elle écrit qu'elle s'est efforcée de faire un reportage et pas un roman, avec un minimum de transpositions pour ne pas nuire. Aujourd'hui on peut rétablir le texte sous-jacent. Finir le boulot, puisque Françoise a laissé tout le matos pour ce faire... Les contradictions tomberont d'elles-mêmes puisqu'elles sont — justement — artificielles.

— Si tu penses qu'il est possible de tirer un texte qui gomme (ou arrange) l'affaire des deux personnages, JJSS et Blaise, je trouve ça vraiment intéressant. Et je te suis sur Gallimard et Laclavetine.

Je passai une nouvelle semaine à l'Imec dans les écrits de Françoise ; Caroline, en villégiature normande, devait m'y rejoindre pour une visite le vendredi. L'abbatiale-bibliothèque était fermée pour un problème technique et les lecteurs, limités au nombre de huit, repliés parmi les archivistes, au fond du jardin, dans une espèce de bunker en forme de tuyau semi-circulaire, où on leur a paysagé des bureaux avec de petits arbres.

Le décor était beaucoup moins grandiose à l'intérieur d'une salle de réunion transformée — et branchée — en bibliothèque moderne, mais plus besoin de se couvrir d'anoraks pour aller aux toilettes. On s'embourgeoisait. Je m'arrachais les yeux sur les carnets de Françoise ; le temps passait à toute vitesse dans un silence délicieux.

Au déjeuner, Gilles Philippe, qui supervisait l'édition de Marguerite Duras en Pléiade, me regardait avec un peu d'inquiétude parce qu'il avait publié une tribune critique, à la mort de Françoise, dans *Le Monde* où il décelait dans ce « deuil national » un épiphénomène de la société du spectacle... Comme ce n'était pas dirigé contre Françoise elle-même et qu'il allait me l'envoyer, je lui rapportai un cendrier de l'hôtel Flaubert à Trouville, avec Flaubert dessiné dessus, dormant sur une mouette, en hommage à la vraie littérature. Sans rancune.

Très gentiment, Claire Giraudeau, avec qui j'avais taillé quelques bavettes, accéléra le rythme des photocopies que je pus livrer à Caroline, dans des chemises bleues, dès le mercredi 22 février, à Pont-l'Évêque, à 9 h 45, devant la quincaillerie, en partant pour l'abbaye. À 18 h 38, elle m'envoyait un texto :

— J'ai tout lu ! Il y a du travail mais je crois que ça vaut le coup !

— Oui, c'est bon ! Contrairement à ce qu'on en a dit... C'était de toute façon impubliable à l'époque. Et puis les biographies ont levé beaucoup de tabous — que Françoise n'a jamais eus. Menteuse, peut-être, mais pas hypocrite ! C'est au plus proche d'elle, de son écriture et de la personne que j'ai connue. Maintenant, c'est une question de montage à l'ancienne avec papier et colle...

— Pour moi, c'est évident qu'il faut « retravailler » ce texte pour le rendre le plus lisible et le plus concis possible, comme le sont ses meilleurs livres (c'est ton boulot !). Je n'ai eu aucune instruction de sa part concernant ce texte sinon le fameux « je te fais confiance ». Je ne lis pas dans ses pensées, donc on fera ce qui nous paraîtra le mieux pour que le texte se tienne ! C'est ça la fidélité !

Le vendredi, en tant que sœur tourière, je lui fis les honneurs de l'Imec ; à force, j'étais presque de la maison... La dame de l'accueil était en RTT, je regrettai que l'abbatiale fût toujours fermée, mais je lui présentai Marjorie Delabarre, qui supervisait les lecteurs, et Stéphanie Lamache, qui avait archivé l'œuvre de Françoise ; elles nous laissèrent regarder les photos de famille et les documents. Caroline demanda deux photos et rectifia trois légendes, dont l'une, censée représenter son père, n'était pas lui. Ensuite, les dames nous emmenèrent au sous-sol, où sont conservées les archives, derrière des portes de coffre-fort, avec une température et une humidité contrôlées. À déjeuner, dans le réfectoire, nous mangeâmes, comme tous les vendredis au menu de l'abbaye, du poisson, vestige monastique, avec deux Espagnols.

Ironiquement, nos photocopies étaient barrées du copyright de l'Imec, interdisant la reproduction.

Dans un premier temps, je mis *Histoire d'une femme libre* dans l'ordre chronologique, en prenant la meilleure version chaque fois.

Le premier chapitre, très long, trouverait

le juste rythme des futurs livres de Françoise coupé en trois. Deux chapitres indépendants, une conversation avec une femme sur la plage et le récit de ses amours avec Pierre, un homme marié, pouvaient être déplacés, sans problème d'intelligibilité, pour retarder tout en l'annonçant (suivant son idée) l'arrivée météorique de JJSS, et rééquilibrer l'ensemble.

Beaucoup d'épisodes m'étaient déjà connus. Mais pas, évidemment, le vrai *background* de son suicide — dont la première version était la plus détaillée. Restaient quelques petites coupes et de légers aménagements dans les transitions. Mais rien de plus. C'était une question d'architecture, pas de décoration.

Et le plus fastidieux : remplacer tous les Blaise par des Jean-Jacques… À la main. Valérie m'aida : elle mettait le blanc, je mettais le noir. Ah ! tomber en panne de blanc, le vendredi, à 7 heures du soir…

C'est cette version photocopiée que je déposai à Jean-Marie Laclavetine — qui connaissait mieux les chroniques de Caroline sur France-Culture et son livre sur les mères et les filles que ceux de Françoise — pour avoir son verdict le jour de notre rendez-vous… Y aurait-il encore des incohérences ? Était-ce vraiment bon ? Si oui, il faudrait des notes, une préface. Et une postface de Caroline sur sa première lecture, en cachette ?

J'avais aussi recopié la lettre de Charles Gombault, ami de Françoise et, à l'époque, directeur de la rédaction de *France-Soir*, jointe au dossier. Ses objections tenaient essentiellement à la dichotomie Blaise/Jean-Jacques, qui rendait le livre inintelligible, et aux critiques contre *L'Express*, à un moment où le journal avait de nombreux ennemis… Toutes raisons, très justes à l'époque, mais qui n'avaient plus lieu d'être.

Et Jean-Marie aima Françoise ! Sa solitude, sa vie, son œuvre, les portraits de Mendès France, de Mauriac, et de… Finalement, le personnage qui lui paraissait presque le plus léger était Jean-Jacques. Peut-être était-ce parce que ce livre était à l'origine une lettre qui lui était adressée ?

Dans la foulée du dixième anniversaire de sa mort, en janvier 2013, où Caroline avait créé des « Prix Françoise Giroud » de journalisme, qui seraient alimentés par les droits d'auteur du livre, nous décidâmes de ressortir, avec cette toute première autobiographie inédite, son premier livre de portraits publié chez Gallimard, *Françoise Giroud vous présente le Tout-Paris*, dont les textes étaient aussi bons que son étonnante couverture, où elle porte un long gant noir, à la Ava Gardner… Une nouvelle jeunesse !

Héritant des notes et de la préface d'*Histoire d'une femme libre*, je me posai, comme Françoise émergeant du coma, de nombreuses questions sur les circonstances de son suicide. Des détails me manquaient. Ne serait-ce déjà que la bonne date…

Dans ses carnets, Françoise essaie de retrouver la chronologie des événements, comme on le fait quand on sort du coma : le mardi, elle travaillait encore, le mercredi après-midi, elle eut l'entrevue fatale avec JJSS, à son domicile, avec qui il était prévu qu'elle dînât le vendredi 13 mai 1960 pour le septième anniversaire de *L'Express* — dîner qui n'eut jamais lieu... Détaillant tout ce qu'elle avait prévu : Gardénal, téléphone débranché, serrures inviolables, un mercredi soir, donc le 11 mai 1960, pour qu'on la découvre le jeudi, jour calme à *L'Express*, où on la croirait morte d'une crise cardiaque, car elle faisait toute confiance à son médecin pour qu'il présente ainsi sa mort à ses enfants, elle a jeté les boîtes des pilules qu'elle a prises pour qu'on ne puisse pas lui administrer d'antidote.

Furieuse que ça n'ait pas marché, elle se demande qui sont les hommes venus enfoncer ses portes. Par où sont-ils passés ? Comment ont-ils su qu'elle avait aminci la cloison de sa chambre pour entendre, la nuit, sa mère malade ? Apparemment, ils l'avaient défoncée... Qui était là ?

Qui pouvait savoir cela ? Notre chère Colette Ellinger, la collaboratrice de Françoise, qui nous avait donné un sacré coup de main quand nous cherchions la tombe familiale... Mais elle n'était pas encore son assistante à l'époque, même si elle était déjà à *L'Express*. Elles n'avaient jamais parlé ensemble de sa tentative de suicide, sujet très douloureux. Mais évidemment, dans un journal, huit jours après, tout le monde était au courant. Son amie Nicole Mestre, qui travaillait avec Louis Fournier, pourrait m'en dire davantage… C'était un ancien militaire, grand et costaud, que Jean-Jacques avait connu en Algérie, et qui était allé récupérer Françoise.

Et, de fait, Nicole Mestre se souvenait… Pas du jour précisément, mais du coup de fil qu'avait reçu Louis Fournier, parti comme un fou du journal, à l'époque sur les Champs-Élysées, si vite qu'elle avait eu peur, et s'était levée pour aller voir dans le hall… Il avait filé sans explication. Ça se passait l'après-midi, avant 5 heures du soir, et il n'est pas rentré de la journée. L'autre homme, c'était sûrement Lucien, le chauffeur de Jean-Jacques, car Louis Fournier n'avait pas de voiture. Deux hommes discrets et costauds qui n'ont rien dit. Mais au bout d'un moment, explique-t-elle avec un léger accent du Sud, elle a su…

Louis Fournier n'a pas beaucoup parlé, il devait avoir reçu des consignes, mais quand même raconté qu'il était allé chez Françoise avenue Raphaël, et qu'ils avaient cassé la porte pleine de verrous. Nicole n'a pas entendu parler de cloison. Ils l'avaient trouvée dans son lit, dans le coma. À l'hôpital, ils l'ont récupérée « par la pointe des cheveux ». Vraiment de justesse, elle avait des organes abîmés, et elle est restée sans y voir pendant longtemps… Françoise était très mécontente après Louis Fournier. À l'époque, on avait peur du ridicule quand on ratait son suicide…

Nicole Mestre me confirme le mauvais état dans lequel elle était juste avant : elle avait maigri, mais elle était redoutable dans la façon de se dominer ; dans la pire situation, elle était toujours souriante… Affaiblie, elle était en ruines intérieures, mais elle cachait ses sentiments, ses drames.

Et Jean-Jacques ? Ah ! Jean-Jacques ! Nicole Mestre aussi se serait fait hacher menu pour lui et pour le journal. D'ailleurs elle l'avait fait… Il était beau, bouillonnant, et il le savait. « Enjôleur », dit-elle. Quand elle est arrivée, en 1957, elle lui a donné du « Monsieur le Directeur »… Non : appelez-moi Jean-Jacques ! Moralité : Nicole a trimballé de l'argent pour Mendès France, elle a été plastiquée, que sais-je encore ? Mais ne regrette rien de cette merveilleuse aventure… Avec une cause à défendre, la guerre d'Algérie, et une ambiance pas compassée. Elle voyait Mauriac et des célébrités, et allait au travail avec plaisir. Elle est partie en 1964 parce que son mari était muté à Marseille. La fin d'une époque. Elle confirme, d'accord avec les autres : JJSS n'était pas fait pour la politique… Il faudrait expliquer l'« effet Jean-Jacques » à Jean-Marie Laclavetine, cependant il ne semblait pas fonctionner sur les hommes — à part Mauriac.

Françoise ne lira pas le mot amical et encourageant de Mendès France, publié au milieu de leur correspondance croisée, si touchant quand on s'aperçoit qu'il a été « déposé chez Françoise

Giroud, le 11 mai à 20 heures », c'est-à-dire après la scène de son renvoi, dont il connaissait la cause, le soir même où elle allait essayer de se tuer : « Chère Françoise, je sais que vous avez beaucoup de peine. Je pars demain matin tôt pour 48 h en Bretagne. Aussi je confie à ce mot rapide mes pensées de sincérité et de fidèle amitié. Je vous demande de ne pas en douter. »

Et Françoise n'aura jamais non plus le fin mot de l'histoire dans l'enquête qu'elle mène pour comprendre comment on l'a sortie, contre son gré, de la mort…

Elle en a déduit que Jean-Jacques avait prévenu son médecin : « Il n'a pas eu peur pour moi, il a eu peur pour lui parce que j'ai dit très bas, avant de le quitter : "Vous avez fait de moi une femme perdue", et qu'il me savait peu encline à l'inflation verbale. Et il a appelé mon médecin avec lequel il me savait liée d'amitié pour l'inciter à prendre contact avec moi. C'est le seul reproche que je me sente aujourd'hui fondée à lui faire, c'est la seule circonstance où il m'a déçue. Il a manqué ce soir-là tant à l'amour qu'au courage. Et il a rompu notre contrat. J'avais respecté la façon dont il entendait atteindre à la paix. Il n'a pas su respecter la façon dont j'entendais entrer dans la paix. De cela, et de rien d'autre, il porte à mes yeux la responsabilité. »

Il manque à Françoise un élément clé dans son enquête — qui ne lui aurait sans doute pas plu… En réalité, si son ange gardien, qu'elle baptisa Arthur dans l'un de ses livres, n'avait pris alors la forme plutôt inattendue de Sabine, sa phobie, la fiancée de Jean-Jacques, celui-ci n'aurait jamais songé à prévenir personne. Sans la clairvoyance et l'obstination de cette étonnante jeune fille médium, dont l'apparition avait causé sa disparition, Françoise serait vraiment morte.

Longtemps je l'avais soupçonnée, en tant que première destinataire de ces lettres anonymes, d'être la balance qui les avait gardées et données aux biographes. Mais Caroline, qui la connaissait, contrairement à moi, n'y croyait pas ; Sabine était une femme généreuse et droite, lumineuse, qui s'était occupée de ses enfants. D'ailleurs mon ami Joachim, historien très habile à distinguer vrais et faux mystiques, en disait aussi le plus grand bien. Nous avons rendez-vous avec Caroline et elle pour déjeuner le vendredi 13 avril, dans un « restaurant de filles », comme elle dit, de mon quartier, où la patronne émit l'intention d'éloigner son chien, un lévrier, du chariot des desserts, mais il s'installa sur les genoux de Sabine et n'en bougea pas.

Blonde et brusque comme un ange, peu banale, les cheveux noués en chignon, Sabine a de la branche, comme aurait dit mon père, qui fut le professeur d'équitation de sa mère, Betsy, à Saumur ; ce compliment suprême, pour un cavalier, allie fière allure et joli port de tête. Elle a la même voix rauque que sa mère, la même minceur, et la même tenue. Tout au chagrin du deuil de son fils David, mort en juillet dernier, qui l'interrompt parfois, pour demander à Caroline si c'est normal (Oui !), elle nous raconte son étrange histoire…

Quand Jean-Jacques vint la retrouver à Versailles, Sabine ignorait tout de la scène terrible qui s'était déroulée entre Françoise et lui, à son domicile de l'avenue Pierre-Ier-de-Serbie dans le XVIe arrondissement, où il l'avait accusée d'avoir écrit les lettres anonymes, et virée sur-le-champ de *L'Express.* Mais dès son arrivée, Sabine eut l'intuition qu'il devait absolument appeler quelqu'un, toutes affaires cessantes : « Vous avez un coup de fil à passer ! » Elle ne savait pas qui, mais il devait appeler, c'était important. Il revint ; le téléphone sonnait dans le vide ; Sabine insista pour qu'il recommence afin d'obtenir une réponse, qu'il appelle quelqu'un d'autre !

— Et c'est là, Caroline, que tu lui as dit que tu ne pouvais pas ouvrir la porte !

— Je ne m'en souviens pas.

— Il m'a dit : « Je n'arrive pas à joindre Françoise… Caroline non plus. Elle n'a pas pu entrer chez sa mère. »

C'est comme ça dans la vie de Sabine… Il faut qu'elle soit à certains endroits, à certains moments. Elle passe pour folle ; elle dit des choses… Surprenante, et habituée à surprendre, elle poursuit. Plus fort, Sabine a réussi à calmer l'ire de Jean-Jacques et œuvré au retour de Françoise à *L'Express,* contrairement à ce que disait Madeleine dans le livre de Christine Ockrent, après la naissance de son premier fils, David, qui l'avait changé, elle était consciente que ni le journal ni lui ne pouvaient tourner sans elle : « Il fallait à Jean-Jacques quelqu'un avec qui parler, et qui ne soit pas un courtisan. Françoise trouvait le mot juste de sa pensée, même si elle n'était pas d'accord. Elle coupait dans son délire. » Sabine savait qu'elle avait voulu un enfant et qu'il l'avait fait avorter ; il ne trouvait pas ça grave ; elle trouvait ça terrible.

Dans sa famille, son mariage avait créé « un fichu charivari », qui mettait en péril celui de sa sœur avec l'unique héritier Harcourt, programmé en juillet. Mais qui eut lieu comme prévu en grand tralala. Avant le sien, en toute discrétion, au mois d'août. Son père était ami avec Jean-Jacques et sa mère l'avait prévenue : Ton mari va te tromper avec la terre entière, tu seras malheureuse ! — Oui, comme le tien, avait-elle répondu, mais je ne passerai pas ma vie à remonter les pierres d'un vieux château !

Elle était parfaite, jeune fille sortie du couvent, pas de syphilis… Ce mot surgit soudain, ombre de la vie de Françoise, rappelant qu'à l'époque on testait tous les futurs mariés pour être sûr qu'ils ne l'aient pas. D'après Sabine, si Madeleine Chapsal avait su qu'elle était stérile avant son mariage, on aurait pu l'annuler religieusement, mais on lui avait dit que ça coûtait très cher… Tant pis, on serait adultère avec des enfants bâtards !

Elle regrette que Françoise ne lui ait pas enseigné le journalisme, l'art des corrections : « J'aurais voulu que Françoise soit mon maître, qu'elle m'apprenne. Elle a perdu son fils, un enfant difficile, maintenant, c'est elle qui est mon maître… » Sabine pleure. Avec ses trois autres fils, elle a aidé David, le médecin, à finir son dernier livre, jusqu'à la fin, composant les inters : « Les Schreiber meurent en écrivant. »

En dehors de cette angélique révélation, nous avions affaire à un nouveau mystère : Caroline s'aperçut qu'elle avait complètement oublié cette période ! Après l'hypothèse « Sabine raconte n'importe quoi » — invraisemblable car elle avait pris Caroline à témoin des faits —, cherchant si elle était à la maison ce jour-là, un jeudi, jour de repos au lycée, et non déjà en pension, où elle ne serait sortie que le week-end, et donc absente, Caroline s'aperçut qu'elle avait un grand trou de mémoire entre la rentrée suivant la mort de sa grand-mère, en septembre 1959, et la rentrée suivante, en septembre 1960.

Je la bombardai de courriels avec tous les détails que je pouvais retrouver sur cette période dans les carnets de Françoise, dans la mémoire de Sabine, de Colette, ou même les programmes télé d'époque, et des photos de Capri, mais rien ne lui disait rien…

Ironie du sort, Caroline préparait un exposé sur la mémoire reconstruite pour les Assises internationales du roman à la Villa Gillet dont le thème était : « La fabrique de la mémoire »...

Elle relut pour la première fois ses journaux intimes de l'époque, soigneusement conservés, mais qui s'interrompaient entre le 23 avril et le 15 août 1960. Rentrant alors d'Angleterre, elle résumait : « Il s'est passé beaucoup de choses, Alain a eu un accident de voiture, maman a essayé de se suicider à cause de JJ ce qui a causé bien des troubles à la maison. » Françoise et elle étaient parties pour Capri (en hélicoptère !) du 15 août au 5 septembre, mais, en réalité, elle avait lu *Histoire d'une femme libre* à Paris le 15 septembre — et compris dès le 16 que Blaise était Jean-Jacques, réalisant soudain le double rôle qu'il jouait dans la vie de sa mère.

Mais le plus surprenant est que cette lecture des faits écrits ne ravivait en rien ses souvenirs !

Comme son entrée en pension à Marymount était prévue pour septembre 1960, elle était toujours au lycée : « Un jeudi de mai, j'étais forcément à la maison. En fait, je vois la scène de la défonce de la porte (et je connaissais bien Louis Fournier et Lucien, chauffeur de la famille Servan-Schreiber avec qui j'allais chaque année à Megève en voiture), que je pensais m'avoir été racontée... Mais rien avant, ni après... jusqu'au mois de juillet à Roscoff. »

Seul est resté dans sa mémoire ce vrai souvenir du jeudi 12 mai 1960 — dont elle était persuadée qu'il était faux.

Depuis je mets des cierges à saint Antoine,

qui retrouve les objets perdus, pour qu'il intervienne, mais Caroline m'explique qu'en bonne névrosée elle est très attachée à son trou de mémoire…

Toujours à la recherche des faits, je poursuivis par courriel la conversation commencée avec Sabine, à la recherche d'un « Potin de la commère » de Carmen Tessier dans *France-Soir*, entre janvier et mai 1960, annonçant son futur mariage avec JJSS et déclencheur de toute l'affaire (JJSS pensait que cette information venait de Françoise), que je n'ai jamais retrouvé malgré un stage prolongé à la bibliothèque de Beaubourg, lieu de rêve, facile d'accès, ouverte jusqu'à 22 heures, même aux clochards, avec une terrasse fumeurs et des toilettes, entourée de bistrots, bien chauffée, et où le personnel a le droit de dire oui ! L'anti-Imec… Certes, quelques numéros du journal manquaient… Mais cet écho avait-il vraiment existé ?

Quant aux lettres anonymes, évidemment, ce n'était pas Sabine qui les avait données aux biographes. Les siennes, elle les avait brûlées ; elle avait même oublié jusqu'à leur existence avant le livre de Christine Ockrent. Elle ne voyait pas les sœurs de Jean-Jacques, même si toutes ne portaient pas Françoise dans leur cœur, faire une chose pareille non plus. En revanche, Madeleine lui avait dit à ce sujet, un dimanche : « Il fallait bien que la vérité se sache ! »

— Quelle vérité, en vérité ? Pour moi, la

vérité est toujours belle parce qu'elle apporte quelque chose. Il y en a qui n'apportent rien, commente Sabine, toujours élégante.

Quand j'eus croisé mes sources avec celles de Caroline, et fus sûre que c'était bien Madeleine Chapsal qui avait gardé pendant quarante ans ces lettres ignobles pour les livrer à la fois à Christine Ockrent et à Laure Adler, en faisant publier, sous couvert du même anonymat, un courrier qui ne lui avait jamais été adressé, ne la concernait pas et n'était pas signé, je lui demandai un rendez-vous, en me recommandant de Florence Malraux, son amie de jeunesse, qui lui est pour toujours reconnaissante de l'avoir fait entrer à *L'Express*.

Avant notre rencontre, je me plongeai dans son œuvre. Une épreuve… Parmi ses plus de quatre-vingt-dix livres, dont certains en leur temps furent des best-sellers, *La Maîtresse de mon mari* mettait en scène Françoise qu'elle enterrait, sous le nom d'Andréa, dès le premier chapitre… Ne pouvant avoir d'enfants, toujours dolente, elle racontait son étrange amitié pour ladite Andréa, avec laquelle il fonde *L'Essentiel*, un journal, et comment elle avait elle-même « déniché la mère porteuse », rebaptisée Marie-Rose, et organisé le futur mariage de son mari avec la suivante… On reconnaît tout le monde. Déjà elle écrivait que sa rivale se parfumait de *Jicky*. Était-elle aussi à l'origine de cette bêtise-là ?

Un an tout juste après la mort de Françoise, en janvier 2004, Madeleine Chapsal avait publié un second livre sur le sujet, *L'Homme de ma vie*, pour remettre les pendules à l'heure et gagner les dix de der à cette belote amoureuse et éditoriale chez Fayard où, sous la direction du même Claude Durand (encore un « ami » !), s'étaient déjà succédé les livres de Françoise et la bio de Christine Ockrent : l'épouse éternelle de Jean-Jacques, c'était elle, Madeleine, *ad vitam aeternam*, la première, la seule, la vraie, malgré leur divorce en 1960, leurs innombrables aventures à chacun, et même s'il avait réépousé Sabine avec qui il terminait sa vie, leur amour durait toujours, d'ailleurs tous ses enfants l'aimaient plus que leur propre mère… La couverture s'ornait d'une photo de leur mariage, en noir et blanc, le 27 septembre 1947, lui, debout, en élégant spencer d'aviateur, elle, assise à ses pieds, dans une bouillonnante robe blanche de princesse, les yeux levés vers les siens, béate d'admiration.

Ce livre de souvenirs s'achevait par les véritables obsèques de Françoise au Père-Lachaise, où une scène touchante réunit la famille recomposée de Jean-Jacques, accompagné de Sabine et de leurs quatre fils, faisant une place à Madeleine parmi eux. Dans les dernières pages, Jean-Jacques, gâteux, lit la biographie de Françoise par Christine Ockrent, lui demande si c'était sa copine et quand elle viendra… Aucun risque, enfin !

Cette nouvelle version de l'histoire fait une belle part aux lettres anonymes, inexistantes dans le roman, Madeleine expliquant avoir compris qui en était l'auteur grâce à une de ses amies, qu'elle appelle F., et qui reconnaît l'écriture de Françoise sur les enveloppes. Ladite F., qui avait quitté *L'Express* et Paris à cette époque, nie totalement l'épisode décrit, ainsi que son rôle dans cette affaire. (Pas plus qu'elle n'est l'assassin présumé qui a balancé Françoise dans l'escalier de l'Opéra-Comique !) En amour, la mauvaise foi est de bonne guerre, même si elle rend peu crédible le témoignage à géométrie variable de Madeleine à l'égard d'une rivale dont elle prétend ne jamais avoir été jalouse, mais qu'elle préfère très nettement voir morte — et plutôt deux fois qu'une.

En guise de petit dernier pour la route, je lus *David*, qui venait de paraître, sur ce fils aîné de Jean-Jacques, son fils de cœur, médecin, dont elle racontait l'écriture et le combat contre la maladie : son livre *Anticancer* avait été écrit dans sa maison de l'île de Ré. Restaient quatre lignes seulement, en tout et pour tout, sur Sabine sa vraie mère, qui l'avait pourtant accompagné dans ses derniers instants, sans la moindre image. En revanche, une photo réunissait le jeune Jean-Jacques, bébé David avec la jeune Madeleine, et, beaucoup plus tard, à Noël, papy Jean-Jacques, mamy Madeleine et les quatre fils de Jean-Jacques. Comme si c'étaient les siens. Quant au style, c'est du roman rose : une maison « ceinte d'un jardin », etc.

Cette réécriture de l'histoire à la soviétique, qui enlève les personnages des photos comme des récits pour les remplacer par d'autres, est quand même effarante ! Et habituelle, semble-t-il, chez elle. Plongée dans mon enquête, j'avais lu les deux tomes de *La Saga Servan-Schreiber*, où les auteurs, signalant les trois mois de « relecture » par Madeleine des Mémoires de Jean-Jacques, *Passions*, découvrirent avec surprise son grand-père postier transformé en un « secrétaire particulier de Bismarck, qui émigra d'Allemagne un peu avant 1870, en désaccord avec le Chancelier de Fer sur le conflit avec la France », que Jean-Jacques avait déjà collé dans sa préface au livre posthume de son père, Émile, *Raconte encore !* — lequel ne racontait rien de tel — et dont aucun historien sérieux n'avait jamais entendu parler. Cette apparition du secrétaire de Bismarck coïncidait avec la quasi-disparition de Françoise, que le *rewriting* joueur de Madeleine avait presque transformée en secrétaire de rédaction…

Dans le dernier épisode post mortem de leurs aventures, elle veillait à ce que celle qui lui avait piqué son mari, même si elle prétendait ne pas lui en vouloir et avait feint pour elle cinquante ans d'amitié, alors que tous lui avaient pardonné de son vivant et que JJSS avait perdu la mémoire, ne l'emportât pas au paradis. Basta !

Ses longs cheveux teints en orange, racines apparentes, chaussée de baskets, l'air moins sorcière toutefois que sur ses photos, Madeleine me reçut, le 6 juin 2012, dans le grand appartement haussmannien de l'avenue Pierre-Ier-de-Serbie, que Jean-Jacques lui avait laissé en partant, et qu'elle n'avait jamais quitté, après leur lointain divorce. Elle m'offrit du thé. Sur une table basse, elle avait préparé une chemise en carton bleu, marqué « FG ».

Son dossier contenait, entre autres, les lettres anonymes qu'elle agita devant mon nez, à bout de bras, en prétendant ne pas vouloir me les montrer, comme la queue de Mickey qu'il fallait décrocher au manège de petits chevaux quand j'étais petite. Je lui dis que je n'avais aucune envie de les voir, et qu'elle aurait dû les brûler. Que c'était dégueulasse de les avoir gardées si longtemps pour divulguer ainsi après la mort de Françoise — sans jamais lui en avoir parlé avant — ces lettres qui ne lui avaient causé aucun tort.

J'étais surprise qu'elle me les sorte si facilement, elle le fut sans doute aussi que ça ne m'intéresse vraiment pas. Son vieux truc ne marchait plus. Nous discutâmes pendant deux heures, où j'utilisai cette fois le dos de ma fourchette pour aplatir patiemment toutes ses petites piques contre Françoise et rectifier ses erreurs — au cas où la vérité l'intéresse autant qu'elle le prétend. On ne sait jamais !

Comme Madeleine Chapsal est très âgée et très bien élevée, et, en moindre proportion, moi aussi, nous nous quittâmes fort agréablement, et j'avais un peu peur d'avoir noyé le poisson.

Un coup de téléphone de Florence Malraux me rassura. Madeleine l'avait appelée ; elles ne s'étaient pas parlé depuis deux ans, au moins… Et alors ?

— Elle m'a dit que tu étais venue pour l'engueuler !

Le message était passé.

Je pouvais ranger ma fourchette.

13

CORRESPONDANCES

Le dimanche 5 février 2012, j'avais achevé ma deuxième semaine de copiste à l'Imec, et il restait encore un peu de neige sur les trottoirs de la rue Michel-Ange dans le XVIe arrondissement, quand nous assistâmes, avec Caroline et son Marin, à la conférence d'Aaron Elyacheff — d'après le programme qui lui attribuait un *y* ! — sur l'idolâtrie dans le regard de la tradition talmudique à l'Alliance israélite universelle. Marin m'avait dit, en Normandie, que ce garçon, qu'il avait connu enfant, était un grand sage et l'un des rares hommes exceptionnels qu'il ait jamais rencontrés.

Aaron parlait sur fond d'une affiche où voletaient deux anges blonds avec toute leur tête… « Ce n'est pas moi qui peux être à l'origine ; le statut de juif n'est pas un choix », disait-il ; je pris des photos de l'événement, y compris d'un Falasha tout noir à la kippa toute blanche, qui lui posa une question à la fin.

Dix jours plus tard, à un déjeuner avec son

ami d'enfance, Nicolas Kugel, dans un restaurant cachère des bords de Seine, où nous avons fait une nouvelle revue de famille, débriefé notre visite à la cousine Alexandra avec Caroline, et éclairci la parenté par alliance des Russes avec les Nahmias, il me remit les lettres de Françoise. Les originaux. À charge pour moi de les déposer à l'Imec... J'allais finir notaire de la famille !

Grâce à lui, je pus reconstituer sa courte mais décisive correspondance avec Françoise, qui remonte au printemps 1988.

La première lettre de Nicolas commence par « Chère Mamie » ; il va lui annoncer une bonne nouvelle, dont vont découler des choses plus difficiles... La bonne nouvelle, c'est qu'il va se marier avec la femme qu'il lui faut ; il est sûr que c'est elle, il lui en a déjà parlé et veut la lui présenter. Elle étudie la Torah à Marseille.

Ensuite, les choses plus difficiles... Il lui rappelle, en s'excusant pour sa maladresse, le déjeuner chez Lipp avec Alex Grall, quand il lui a demandé, sous forme très indirecte, si elle était juive. Sa pâleur soudaine, et son visage fendu en deux. Sa réponse : « Je ne veux pas parler de cela. » Qui n'était pas une réponse. Et son autre phrase : « Si tu veux mourir, cela n'engage que toi. » Il n'y avait rien compris, et continuait à n'y rien comprendre.

Ce silence l'avait obligé à se convertir, parcours pénible. Même si son rabbin était persuadé qu'il était juif, car Faraggi, le nom de sa mère, était un nom juif. Il a ensuite rencontré un M. Nahmias qui n'a pas voulu lui dire la vérité par « respect pour son silence ». Et lui a conseillé de se faire psychanalyser. À un moment, il a voulu en avoir le cœur net et a rencontré une historienne qui lui a parlé de Salih Gourdji, mais seule la femme de celui-ci, en réalité, l'intéressait…

Quelqu'un s'est alors souvenu que les parents de Françoise s'étaient mariés dans le IXe arrondissement, et il est allé chercher leur acte de mariage, qu'il lui recopie. Il peut lui envoyer un double, si elle le veut : que des noms juifs ! Sa mère, Elda, était divorcée.

Il attend sa réponse, en lui demandant pardon s'il lui fait de la peine, mais il doit être vraiment sûr avant de pouvoir en parler avec sa future épouse…

La réponse de Françoise à cette longue lettre de Nicolas tient en neuf lignes tapées à la machine sur son papier à lettres à en-tête, *Françoise Giroud*, datée du 29 avril sans mention de l'année.

« Mon chéri,

Tu peux rassurer ta fiancée. Ta grand-mère est née juive. Elle a abjuré et s'est convertie, en septembre 1917, et m'a fait baptiser le jour de sa conversion.

Pour te dire cela, je dois rompre un serment que j'ai fait à ma mère sur son lit de mort, ce qui m'est, franchement, assez odieux.

Mais puisqu'il y va de ton bonheur avec une jeune femme que tu aimes, soit… Disons que cela ne me réconcilie pas avec l'intolérance juive !

[*manuscrit*] Je t'embrasse. Mamy »

La deuxième lettre de Nicolas-Aaron déborde d'affection et de reconnaissance envers « Mamie » pour avoir changé sa vie en un instant, accompagnées de nouvelles interrogations sur sa grand-mère, sur les raisons de son silence, dont il souligne la gravité, et de ses silences en général, qu'il ne comprend toujours pas…

Il lui demande qui est M. Nahmias et si elle pense, elle-même, avoir réglé ce problème. La lettre se termine par « Je t'aime, Mamie » avant un post-scriptum lui demandant, en vérité, de quoi est mort son père.

Réponse de Françoise, sur le même papier, *Françoise Giroud*, toujours tapée à la machine, à part la signature, datée « samedi » :

« Mon chéri, je suis submergée de travail comme travail…

Non : plus que d'habitude, et je n'ai pas le temps d'écrire longuement.

Tu m'as posé deux questions.

Nahmias : intelligent, cultivé, raffiné, très riche. J'ai été à deux doigts de l'épouser en 1940. Grâce à la guerre, si j'ose dire, nous y avons coupé, lui et moi. Il a filé en Espagne.

La mort de mon père : à l'hôpital tout simplement. Et comme Baudelaire : à l'issue d'une longue et sale maladie contractée aux États-Unis qu'on ne savait pas soigner à l'époque. Rien de très romantique, comme tu vois. Qu'avais-tu donc imaginé ?

On en finit avec le jeu du détective ?

Le passé m'ennuie. D'ailleurs, je n'en ai pas. Je l'abolis au fur et à mesure que la vie avance. C'est moi l'auteur de ma vie, tu comprends ?

C'est difficile de t'expliquer cela. Mais c'est une autre histoire.

Je t'embrasse fort, mon chéri.

Mamy »

Le double « travail comme travail » de la première ligne donnerait bien du travail à un psy ! Françoise, auteur de sa propre vie, a bien calé sa révélation sur la date fictive de son « vrai »-faux certificat de baptême : en septembre 1917. Le lit de mort est littéraire — mais lourd de signification.

L'évocation d'un projet de mariage avec Élie Nahmias se retrouve dans ses carnets de 1960 à l'Imec dans la courte liste de ses manques de chance, juste avant Tolia en prison : « Si Élie eut consenti à m'épouser au moment où je le voulais… » Sans rien au-delà de ces points de suspension.

Françoise n'arrive pas non plus à écrire le nom de la maladie de son père, évoquée par une périphrase, très claire, dans sa lettre à Nicolas, sur Baudelaire. Le mot lui-même n'apparaît que deux fois sous sa plume. La première, de façon assez ironique, quand elle raconte sa passion de jeune fille pour les mots rares : « Syphilis, Tubéreuse, quels jolis prénoms pour une jeune fille… » La seconde, quand elle croit l'avoir attrapée dans la prison de Fresnes, à cause de taches sur son bras et d'un faux diagnostic.

Mais la syphilis liée à son père est absente de ses livres, où sa maladie incurable et contagieuse est même une fois transformée en tuberculose, dans *Arthur*, décontaminée de son côté MST, qu'on appelait « maladie honteuse », à cette époque : « Quand mon père est mort à quarante-trois ans, emporté par la tuberculose, je ne l'avais pas vu depuis trois ans. Ainsi ma mère avait-elle espéré nous protéger du terrible bacille qui faisait alors des ravages. » Françoise recourt au même procédé que sa mère en évitant la contagion malsaine du mot. Le tréponème pâle devient bacille de Koch, incurable aussi avant les antibiotiques, mais qui ne s'attrapait pas du tout de la même façon. Dans son asile, Salih n'était pas contagieux pour ses éventuelles visiteuses ; il était fou.

Dans un carnet de 1976, alors qu'elle a un virus bizarre, Françoise sort de chez le médecin en notant : « Ma répugnance à dire la vérité au sujet de la mort de mon père… » Sans ajouter ni pourquoi ni comment. Ni de quoi il s'agit.

Il est certain que Nicolas toucha là un autre point hypersensible.

Toutes ses nombreuses questions sur elle-même, sa mère, les raisons de son silence, sa gravité et ses conséquences sont restées sans autre réponse que : « Je suis l'auteur de ma vie… »

Et le travail d'Aaron, à tout le moins la conférence à laquelle j'avais assisté, ses « Je ne suis pas à l'origine » constituent une réponse argumentée à cette phrase de Françoise — que je trouve fascinante…

D'un point de vue littéraire, évidemment.

Il voulait d'elle une information pour son mariage, et il l'avait obtenue par retour du courrier, l'obligeant à rompre un serment fait à sa mère morte. Quant aux effusions et aux explications, Françoise n'avait pas le temps, et ne l'aurait jamais. Mais il continue à parler avec elle, par personnes interposées. De ces phrases mortes, Aaron a fait une parole vivante.

La correspondance conservée à l'Imec se poursuit avec Valérie, la femme d'Aaron. Dans une lettre pas datée, elle remercie Françoise de sa proposition de lui offrir quelque chose qui lui appartient. Expliquant qu'elle-même tirait sa force de souvenirs d'enfance très heureux, en partie dus à sa grand-mère, elle lui demande, au lieu d'un objet, que ses enfants puissent profiter de son attention et de son regard, quand ils passent à Paris. Qu'elle n'attende pas qu'ils en aient vingt ! conclut-elle avec humour et toute son affection.

On suit les conséquences de cette proposition dans le journal de Françoise.

Le 4 juillet 1993 : « Mon arrière-petite-fille, deux ans, vient me voir avec son père. Elle habite la province et me connaît à peine. Jouets, bonbons, j'entreprends de la séduire. Elle s'en saisit mais reste de glace. Un petit animal sauvage. Je lui parle : elle me regarde gravement, sans un sourire. Elle a un cri de joie quand elle aperçoit le chat, mais ledit chat, aussi sauvage qu'elle, a filé comme un dard.

Pendant deux heures, je vais essayer en vain de l'apprivoiser. Elle me signifie silencieusement qu'il n'en est pas question et, quand je m'approche, s'enroule autour des jambes de son père. Je n'entendrai pas le son de sa voix. Elle a un ravissant visage et je me demande comment ce petit bout sera à vingt ans. Et puis je me souviens que je ne le saurai jamais. Elle repart, digne, sans avoir désarmé... »

On se demande vraiment de qui elle tient cette jeune personne... Françoise dissocie cette rencontre d'un déjeuner avec son père — dont la conversion est comme soulignée à l'encre rouge.

Le 30 juillet 1993 : « Déjeuner chez un jeune homme qui m'impressionne fort. Après une longue adolescence frivole, et des jeunes années orageuses, il s'est converti, au terme d'une longue marche, au judaïsme. Et ce n'est pas simple ! Les Juifs ne font pas de prosélytisme et détestent les pièces rapportées. Aujourd'hui marié à une femme exquise, père de trois petits enfants, il vit une véritable aventure spirituelle qu'il ne cesse d'approfondir, où il a trouvé équilibre et épanouissement. Ce jeune original est l'un de mes quatre petits-fils. Les autres ne me paraissent pas du tout partis pour suivre la même voie ! »

Son journal témoigne d'une autre rencontre, tout aussi ratée, le 28 février 1996, avec trois autres de ses arrière-petits-enfants. Le premier s'endort, le deuxième, déluré, en est à l'âge des onomatopées. « Reste le troisième, un garçon de sept ans, charmant. J'aimerais beaucoup parler avec lui, mais il est intimidé. Ou bien est-ce moi qui suis intimidée ? Le contact ne s'établit pas et je suis triste. Et puis je me dis qu'un jour il y aura une rencontre entre nous, que quelque chose de tendre jaillira, que nous ferons connaissance… Les grands garçons, je sais comment leur parler. »

Dans un autre échange de lettres conservées par Nicolas, Françoise lui demande une photo qu'elle lui a donnée, s'il ne l'a pas perdue ou déchirée, la représentant avec sa mère, sa sœur, sa grand-mère et son arrière-grand-mère, à laquelle elle tient beaucoup. Elle innove en lui envoyant « Des bizous pour toute la famille ! », signé Fcse. Sans doute était-ce fin 2000, pour son livre de souvenirs *On ne peut pas être heureux tout le temps,* écrit à partir de photos. La lettre suivante est datée dimanche.

« Cher petit Nicolas,

Ce ne sont pas ces photos que je cherche… Je crains qu'elle se soit égarée… Bon, si elle est introuvable, je m'en passerai.

Alain a disparu au cours de l'hiver 70, sauf erreur. On l'a retrouvé probablement en mars, avec la fonte des neiges, et on l'a enterré tout de suite après à Paris, ou plutôt au cimetière de Oinville…

Mais je suis incapable de te donner une date.

En général, et bizarrement peut-être, je ne sais aucune des dates concernant ma famille. Mort de ma mère, mort de ma sœur, mort d'Alain. Je sais seulement que, quand il a disparu, il allait avoir trente ans.

Mais en quoi cela peut-il bien t'intéresser ?

Je t'embrasse, mon grand

Fse. »

De fait, si Alain est mort à la veille de ses trente ans, Françoise se trompe déjà sur l'année, qui serait 1971. Mais ses biographes disent toutes : 1972 — du coup, elles le font naître avec un an de retard, en 1942, pour que ça colle rétrospectivement avec son anniversaire…

Caroline, avec l'extrait du registre sous le nez, m'écrit : « décédé à Tignes le 5 mars 1972 » ; c'est le jour où il a disparu, emporté par une avalanche. Les recherches ont duré deux jours et trois nuits avant d'être abandonnées. Il était né le 13 avril 1941, et allait donc fêter ses trente et un ans. Son corps a été retrouvé deux mois plus tard, et rapatrié par la seule Caroline.

S'agit-il d'une licence poétique — ou de l'effet d'un traumatisme ?

Françoise a écrit qu'enterrer son enfant était une expérience inhumaine, et l'épreuve dont elle avait émergé avec le plus de peine.

C'est le troisième point hypersensible que Nicolas touche.

Une autre carte à son épouse, bien plus tard, la dernière, datée d'un 31 mars sans année, montre que Françoise n'a toujours pas désarmé, quant au fond :

« Chère Petite Valérie,

Vous savez que je suis allergique à toutes les manifestations religieuses et que la vue d'un rabbin gardant, devant moi, son chapeau sur la tête me donne de l'urticaire. Mais votre garçon, si charmant, n'a pas de raison de subir ces dispositions particulières.

Il me semble me rappeler que la Bar Mitsva se célèbre aussi avec des cadeaux ? Si je ne me trompe pas, dites-moi ce qui pourrait faire plaisir à ce jeune homme… Quand il sera plus grand, si je suis encore envie, je lui expliquerai pourquoi je n'étais pas à Strasbourg.

J'espère que toute la marmaille est en bonne forme et l'heureux père aussi.

Je vous embrasse. Fse »

Elle a écrit en un seul mot : « envie »… Joli lapsus calami. Quand elle est morte, en janvier 2003, Caleb, l'aîné de ses arrière-petits-enfants, « si charmant », n'avait pas encore atteint ses quatorze ans…

Son souvenir de bar-mitsva est récent : il s'agit de celle de son petit-fils Elisha, en 1998, la première — et la seule — de sa vie ! Et la réception du mariage de Nicolas, où elle avait fait enlever aux rabbins tous leurs grands chapeaux, est restée légendaire dans l'histoire familiale.

Notre correspondance avec Aaron s'oriente désormais vers la recherche de l'histoire familiale dans l'Empire ottoman, où il n'est déjà pas simple de savoir quel jour on est…

— Je n'ai pas *El Tiempo*, le périodique de Constantinople écrit en judéo-espagnol, mais *Le Journal de Salonique* de 1895 à 1910 sur lequel il y a trois dates : grégorienne, julienne et celle de l'hégire. (Anne-Marie)

J'envoyai donc cette nouvelle question à Caroline, la traductrice.

— Quel calendrier utilisait-on à Constantinople avant 1914 ? Était-ce celui de l'hégire ou y en avait-il un autre ?

— Je me demande si le calendrier alors en vigueur dans les affaires civiles n'était pas le calendrier dit « rumî » (adjectif qui à l'origine veut dire « romain », mais signifie également, selon le contexte, « grec » ou « anatolien »). Mis en place après la première période de réformes (« tanzimat ») de 1839, il est fondé sur le calendrier julien, mais son année 1 correspond à l'hégire. Et il me semble qu'il a été utilisé dans la dernière période ottomane et les premières années de la République... Je vais vérifier et vous répondre dans la journée...

Effectivement, me dit-elle plus tard, il doit bien s'agir encore du calendrier « rumî », remplacé en 1926 par le calendrier grégorien, dit « calendrier international » (« beynelmilel takvim »).

Il existe un « convertisseur » grégorien/rumî/hégirien sur Internet. Chouette ! Mais le plus étonnant demeure que la traductrice, contrairement à ses habitudes, m'avait vraiment répondu le jour même !

Et j'ai enfin rencontré la cousine Anne-Marie, que j'avais présentée comme descendant de sa montagne suisse, alors qu'elle vient de Neuchâtel, territoire plat, au bord d'un lac... Pour la reconnaître au restaurant, au cas où elle serait arrivée avant Caroline, elle me donna un signe distinctif : elle avait les cheveux blancs ! Elle fila à 3 heures photographier quelques tombes au cimetière de Bagneux...

Depuis, la cousine Anne-Marie m'a demandé l'adresse d'Aaron-Nicolas (qu'elle ne connaissait pas) pour qu'il lui traduise l'hébreu biblique gravé sur la pierre tombale de son propre arrière-grand-père, Elia, le père d'Elda, au cimetière de Kadiköy, dont elle lui a envoyé la photo. Aaron l'a traduit, et c'est très joli : « Un homme de cœur avec un cœur pur. Un médecin sage et digne de confiance... »

Quant à Djénane, elle avait bien été baptisée volontairement : grâce aux informations contenues sur le faire-part découvert à l'Imec, annonçant que son mariage avec Jean J. Chappat avait été célébré dans l'intimité à la paroisse de Notre-Dame-de-l'Assomption, le 29 septembre 1945, il me suffit de lui téléphoner pour apprendre que Jean Jacques Chappat était veuf de Claire, et Djénane Gourdji, veuve de Georges Sersiron. Les témoins de ce mariage étaient Jean Peyrau et Françoise Giroud.

Remontant de paroisse en paroisse, j'appris que son premier mariage avait eu lieu le 1er août 1933 à Saint-Pierre-de-Chaillot, avec Sersiron Georges, Paul, Albert. Témoins : tous des gens du Nord, du côté du marié. Pas de trace de la famille de Djénane.

Et puisque pour se marier à l'église il faut être baptisé, le registre indiquait aussi que le baptême de Djénane avait été célébré le 27 mai 1933 à Notre-Dame-d'Auteuil (elle avait vingt-deux ans !) sous les noms de Louise, Geneviève, Dejénane (*sic*) Gourdji, fille de Salih Gourdji et d'Elda Faraji, demeurant 5 rue Victorien-Sardou, dans le XVIe arrondissement. Le parrain et la marraine, Louise Leblanc et Marcel Faucheur, étaient de Lille.

Très longtemps, j'avais cru — accréditant la thèse du baptême de 1917 — et plaidé auprès de Caroline que Françoise n'était peut-être pas au courant de ses origines, qui lui auraient été révélées sur le tard par sa mère, comme elle l'avait écrit à son petit-fils, et me l'avait répété sur la plage, ce qui semble aujourd'hui tout à fait invraisemblable.

Impossible que Françoise, baptisée en 1942, ne fût pas au courant du baptême de Djénane, qui, enfant, à Constantinople, portait une étoile de David autour du cou sur la photo que j'avais envoyée à Aaron — et dont le premier mariage n'avait enchanté ni sa sœur ni sa mère…

Mais ni l'un ni l'autre ne l'empêchèrent de faire de la Résistance active, dès les premiers jours, ni d'être déportée pour cela. La renégate assimilée, baptisée et naturalisée française depuis 1930, comme sa mère et sa sœur, s'est comportée en véritable héroïne — sans jamais perdre le sourire. Chaleureuse, exubérante et démonstrative.

Dans ses livres et dans l'intimité, Françoise l'appelait Douce… Dans ses carnets confiés à l'Imec, elle est Djénane, et Françoise l'accompagne dans sa mort, entre mars et avril 1969, comprenant avant elle ce qui lui arrive. « Djénane malade. Son pauvre visage. Elle a probablement une tumeur à la rate. Hospitalisée à Bobigny. Abominable injustice de cette maladie, au moment où elle allait se reposer. Et bêtise. Moi je mourrais si volontiers. »

Mardi 25 : « Ma petite sœur va mourir. Et je ne peux rien faire. Tous les Gourdji meurent jeunes. Elle a un regard merveilleux, enfantin, confiant. Et sa vue de profil, de dos, décharnée, misérable. L'horreur d'être impuissante.

Qu'est-ce qu'elle attend de moi en ce moment ? Mystère des êtres. Que je lui dise la vérité ? Que je sois près d'elle ? Que je remplace Mamy ? Que je représente la vie qui continue ? »

À la fin de la semaine, Djénane est très changée. « Mais son optimisme est fondamental. » Elle pense qu'elle va s'en sortir. À chaque visite, la maladie fait des progrès foudroyants. « Comprendre que la mort fait partie de la vie. Pour moi, c'est fait. Je ne suis pas triste. Je suis complètement calme. Mais je voudrais qu'elle soit chez elle. Et rester à côté d'elle, simplement. L'aider à passer doucement, sereinement. » Un dimanche Djénane lui dit « Je suis foutue ». Le mercredi suivant, arrivée en même temps que l'ambulance qui devait la ramener à la maison, Françoise entre dans sa chambre. « Les médecins s'escriment avec une sorte de pompe qu'ils lui mettent sur le visage. Je dis : "Je vous en prie, laissez-la." » C'est fini.

Après le cimetière, elle note : « J'ai eu très peur d'une longue suite de souffrances. Je suis à la fois très secouée et presque gaie. Je suis bizarre. » Puis en septembre 1969 : « Pour la première fois, je ne fêterai pas l'anniversaire de Djénane. Solitude. La vraie solitude. »

Elle commente dans *Ce que je crois*, presque dix ans plus tard : « J'ai pensé que je n'avais plus rien à faire dans cette chambre d'hôpital, et j'en suis sortie, orpheline, désormais, pour l'éternité. Je n'ose pas écrire : adulte. » Mais, comme pour son père, il lui faudra encore vingt ans pour oser écrire le mot « cancer » à côté du nom de Douce dans *On ne peut pas être heureux tout le temps*, ajoutant : « Depuis ce jour déjà ancien où Douce m'a abandonnée, je sais que je marche à découvert. »

Les carnets de Françoise à l'Imec ne contiennent aucune révélation sur la judéité de sa mère ni sur la maladie de son père, ces deux secrets de famille qu'elle aura tus le plus longtemps possible.

Cependant, le 8 mars 1969, alors qu'elle écrit un article sur Golda Meir, elle note : « J'aurais aimé être juive et aller en Israël. Si mon père avait vécu, qui serais-je aujourd'hui ? » Elle ne s'attarde pas sur cette idée, mais sa question est formulée de façon révélatrice ; elle ne se demande pas ce qu'elle serait devenue, mais qui elle aurait été. Il est certain que, dans cette hypothèse, elle n'aurait pas seulement eu un destin différent, mais aurait été une tout autre personne.

Et, en janvier 1992 : « J'ai peur. Peur du fascisme. Bizarre… Mais j'ai l'impression que je me sens à Vienne en 1938. Pas vraiment peur pour moi. À mon âge, peur de quoi ? Au pire, ils crèveront mes tableaux et me maltraiteront un peu. Il faut que j'essaie d'évacuer cette angoisse stérile. Mais je voudrais qu'ils aient une position de repli, qu'ils aient par exemple une maison à Londres. »

Qui représente ce « ils » indéterminé ? Ses enfants ? Ses arrière-petits-enfants ? Dans *Les*

Taches du léopard, la mère biologique du héros, qui a abandonné son fils à l'adoption pour le soustraire à la tragique fatalité de sa judéité, habite Londres, et elle écrit que tous les Juifs devraient avoir une cabane au Canada…

La piste de l'encre s'arrête là.

Il n'existe à l'Imec aucune trace de correspondance écrite entre Françoise et ses trois derniers petits-enfants, même pas de ces cartes postales de vacances comme elle en a conservé d'Alain, de Caroline, ou de Nicolas adolescent. On sait l'effet que le secret de sa judéité eut sur l'aîné de ses petits-fils, Nicolas, qui déterra cette vieille mine pour fonder sur les décombres de son explosion une famille de neuf enfants — qu'on aurait appelée « traditionnelle » au XXe siècle, mais vraiment révolutionnaire, en l'occurrence, dans son histoire personnelle.

La tradition, c'est ce qui se transmet d'une génération à l'autre. En revendiquant la part invisible d'un héritage caché que Françoise aurait préféré ne jamais lui transmettre, Aaron était parti à la conquête de territoires nouveaux et méconnus de ses propres parents. Quitte à leur faire la classe ensuite…

Et les autres ? Comment avaient-ils appris les secrets de Françoise ? Et quel effet leur avaient-ils fait ? Échelonnés à sept ans de distance, entre l'aîné et le dernier des quatre fils de Caroline s'étend la durée d'une génération : vingt ans.

On les retrouve, mais à sens unique, dans les journaux de Françoise.

Jérémie, né le 10 juin 1971, y est le plus présent ; c'est le seul dont le prénom n'est pas forcément suivi ou précédé de la mention « mon petit-fils » ; il est Jérémie tout court. Ou J. Ou « mon petit Jérémie ». Alors que les deux cadets font plus souvent de la figuration dans les images de groupe en vacances ou pour le réveillon de Noël.

23 avril 1994. « Déjeuner avec J., vingt ans. Il me raconte qu'il a été interpellé alors qu'il avait du hash sur lui, dans une enveloppe. Il portait aussi des tambours de percussion dont il joue à ses heures de loisir. Intelligemment, au lieu d'attendre qu'on le fouille, il a tendu son enveloppe poliment. Les flics l'ont emmené au poste, l'ont interrogé sur ses instruments. Il paraît qu'entre les percussionnistes et les flics, c'est la guerre froide. "Il faut que tu joues pour nous, ont dit les flics. — Volontiers", a dit J., toujours très poli, toujours comme il faut. Il a joué. Ils l'ont laissé repartir. Avec leurs petites drogues et leur désinvolture à l'égard des préservatifs, ces gosses me donnent des sueurs froides. »

Jérémie lui apporte un nouveau vocabulaire : ce « hash », et ce « flic » maintes fois répété, qui semble lui plaire ; il l'aide à apprivoiser l'ordinateur qui a remplacé sa machine à écrire, tout aussi central dans sa vie, et dont il connaît les secrets.

Il est « le rayon de soleil qui éclaire sa journée », ensemble, ils s'amusent sur Internet à chercher le cri du dinosaure… Parfois, elle se force même à jouer les grand-mères, comme en août 1997 : « Je lui fais un sérieux cours de morale, sans trop d'illusions sur les résultats. Un léopard peut-il changer ses taches ? dit Jérémie, le prophète. » Revoilà notre léopard, symbole familial que portait aussi Caroline enfant avec sa peau brûlée. Elle ajoute : « Mais tel qu'il est, il me plaît » ; les mots de l'amour.

La première fois que j'avais vu Jérémie, à la sortie de mon livre sur les anges, il m'avait pris en photo pour un journal, avec Jaja Chrysanthème, mon chat tricolore ; mais les photos n'étaient jamais arrivées à temps à la rédaction… N'importe : il m'avait envoyé des tirages, dont j'ai revu l'un cet été, encadré chez Martine de Rabaudy. Ce jour-là, il m'avait dit : « Je suis le fils arabe ! » Son père est chrétien libanais et psychanalyste lacanien ; il a passé sa petite enfance chez lui avec sa nouvelle femme, avant d'être accueilli par Marin et sa mère, jusqu'à ses seize ans. Jérémie avait beaucoup de charme, les yeux pétillants, un grand sourire, et nous avions descendu une bouteille de porto.

Françoise l'adorait, et s'inquiétait pour son avenir ; dans son testament, elle écrit souhaiter le soutenir. Il était très doué pour la photo, pour l'informatique, pour les drums, pour la plantation et la consommation de cannabis, voire d'autres substances plus raffinées ; il avait exercé différents arts et métiers, mais il avait du mal, comme Françoise à l'époque de son premier livre, à trouver une place pour poser sa tête.

Depuis ces deux dernières années, il explore une forme très particulière de photographies de danseurs, qui lui valut d'être exposé à Biarritz, et bientôt à la Maison européenne de la photographie dans le Marais, rêve de tous les photographes, et dont j'ai reçu le catalogue : *Envols*.

Pour parler d'elle, il m'a invitée un dimanche chez lui, à Belleville. La dernière fois, nous avions déjeuné dans mon quartier, celui de Françoise, que, à l'instar de mes neveux, il trouve « pourri » ; le sien est plus vivant et plus coloré. Comme il s'était couché tard, il transforma le déjeuner en dîner, dans son appartement-atelier, avec sa copine cubaine, improvisant une cuisine de vrai cuisinier : sans recette, à base de ce qu'il avait sous la main, du poisson, des bananes et des épices, délicieuse. Pour cela aussi, il est doué.

Ondine l'abyssine est là, ses boîtes de Gourmet bien empilées, autre témoin d'époque, silencieux. Toujours aussi chic, elle se laisse gratter la tête. Je lui ai apporté des bonbons pour chats, en levure. Blanche avait dit à Jérémie qu'elle ne pouvait manger que sur une nappe blanche… Dans sa bourlingue, il s'est bien occupé d'elle.

« Françoise, tout le monde a stressé sur elle. Je l'ai juste aimée. Je n'ai pas essayé de la changer. Il y avait quelqu'un d'intéressant dans la famille, ça valait le coup d'aller la voir ! Je ne la prenais pas pour une célébrité. Elle n'aimait pas trop les enfants. Mais moi, je n'ai jamais été un enfant… J'ai tout de suite été adulte. Tout petit, je lisais le journal. Mais je lui apportais quand même le point de vue des enfants. »

Telle qu'elle était, elle lui plaisait : comme pour elle ! Ils s'aimaient.

« On parlait de tout, c'était ma grand-mère, mais ce n'était pas une vieille mémé ! Elle était moderne, sa façon de voir était intéressante… Je lisais ses articles dans le *JDD* et dans l'*Obs*. Ses derniers livres. Elle avait ses idées, j'avais les miennes, on se marrait bien… »

Françoise avait deux absolus : l'amour et le travail ; je l'ai connue à une époque où le premier était obsolète, mais pas Jérémie, qui appelle toujours un chat un chat :

« J'aimais beaucoup Alex aussi… Avant lui, Françoise couchait avec des mecs en fonction de leur réussite sociale, mais elle couchait avec Alex pour sa bite. C'était une féministe qui aimait beaucoup les hommes ! Et ça, ça me plaît. »

C'est fin et très bien vu ! Jérémie a tout à fait les moyens de parler autrement ; son viril langage est un choix — et sans doute l'un de ses puissants charmes sur Françoise dont l'entourage ne trouvait pas Alex Grall, son « professeur de bonheur », assez chic pour elle…

— Et la révélation de la judéité ?

— On est juifs ? O.K. ! C'était un plus… Mais avec un père libanais immigré qui veut être plus français que les Français, écrire un français meilleur que celui des Français, et parle grec, latin, espagnol, italien et bien d'autres langues, et de l'autre côté Marin... Tous ces gens très intelligents et très cultivés qui finissent toujours par dire d'énormes conneries les uns sur les autres, antisémites d'un côté, et antiarabes de l'autre, ça m'emmerde ! Ce n'est pas ça qui nous définit, c'est ce qu'on fait qui est important. Nicolas, je le préférais dans sa période beau gosse : il a même vendu son blouson à Françoise...

— Et le grand-père, qui avait la syphilis ?

— La syphilis, ça, c'est classe !

Il éclate de rire.

Il me montre ses photos de danseurs angéliques qui ressemblent à des fusains, et rencontrent un énorme succès ; il semble avoir trouvé sa voie... C'est un vrai miracle ! À Cuba, un psy lui a dit qu'il était toxicomane et que, s'il continuait, il finirait psychotique ; il a arrêté du jour au lendemain. Il aurait détruit sa vie : « Françoise aurait aimé que j'arrête de me défoncer, et que je fasse quelque chose de bien. »

Aucun doute. Il a essayé ce truc vite fait des photos de danseurs qui ont été publiées dans *Travioles*, la revue d'art très pointue de Valérie Grall, la fille d'Alex, ça a plu tout de suite. À la première exposition, c'est lui qui a le mieux vendu. Il n'en revient pas. Il gagne même de l'argent ! Sa mère l'a envoyé voir un psy qui lui plaît bien, et il a commencé une analyse. En fait, il était prêt, il a beaucoup travaillé avant, mais il n'avait pas trouvé sa forme ; l'expression de son monde intérieur.

Le 26 juin 2012, au vernissage de l'exposition de Jérémie, dans le Marais, tous les frères sont passés, Caroline a monté la garde l'après-midi, et son Marin a organisé un dîner au bistrot du coin, pour fêter ça. Jérémie voulait un truc tout simple. Je suis à côté de Marin, Caroline n'est pas là. Les garçons sont tous d'accord sur une chose : ces deux-là se sont trouvés... J'en profite pour dire aux plus jeunes que je veux les voir pour qu'ils me parlent de Françoise. Elisha me répond drôlement que ça ne prendrait pas plus d'un quart d'heure, car il l'avait peu connue.

Au départ, je ne pensais pas les questionner, parce que toute cette enquête était fondée sur la trace des mots et de l'encre. D'après son journal, ses petits-fils, en dehors de Jérémie, avaient peu vu leur grand-mère en tête à tête — et l'avaient sans doute encore moins lue que Caroline.

Cependant, je m'étais aperçue que ce n'était pas du tout l'idée que Françoise elle-même se faisait de son avenir post mortem — bien au contraire.

Pour ses lecteurs, Françoise était tout entière dans ses mots, mais elle n'avait jamais dit, pensé ou écrit qu'ils lui survivraient — contrairement à ses petits-enfants : « Les garçons me sont chers et me laissent espérer qu'ils feront des hommes droits et courageux. Pourquoi dissimuler que je cherche avidement chez eux tel ou tel trait qu'ils tiendraient de moi à travers les fantaisies de la génétique ? Survivre, ce n'est rien d'autre : passer le témoin. »

Caroline avait déclaré dans une interview au *JDD*, en janvier 2011, que Françoise avait été « une grand-mère nulle ». En avaient-ils souffert ? Et quel effet avait eu sur eux la révélation des secrets de famille ? « Eux seuls pourront dire ce qu'elle a représenté dans leur vie. » Dont acte. Car, entre-temps, en juin 2011, ils avaient créé tous ensemble, Caroline, Marin et tous les enfants, à l'exception de Jérémie, un *Fonds Françoise Giroud* pour doter un prix de journalisme. Elle leur importait donc, mais comment ?

Les deux plus jeunes, Nathanaël et Elisha, ont repris MK2, l'entreprise de leur père, Marin Karmitz, et travaillent dans les mêmes bâtiments du XIIe arrondissement dans une jolie cour. L'atmosphère est studieuse et silencieuse. Physiquement, ils se ressemblent beaucoup. Je connais Elisha, le benjamin, que j'avais essayé d'aider à débrouiller un commentaire sur Stendhal quand il était en hypokhâgne. Mais pas l'aîné.

Nathanaël est arrivé dans cette histoire en 1978, le 8 août, dix avant le mariage de Nicolas-Aaron… Un lion, dont il a la généreuse crinière. Le journal de Françoise conserve la trace de quelques déjeuners avec lui, l'un au chinois du coin : « Il me plaît beaucoup. Il hésite sur la façon d'engager son avenir. Nous avons une bonne conversation, sérieuse. Il réfléchit bien.

Et il a été bien élevé. » Sous sa plume, c'est un compliment.

Ensuite, en juillet 1996 : « Mon petit-fils Nathanaël est reçu au bac avec mention. Maintenant est venu le moment pour lui de bien choisir son orientation. Grandes études ou pas ? J'ai confiance en lui. Il est sérieux et d'une rare maturité. » Elle raconte un autre déjeuner, où il lui pose des questions sur son père dont il semble curieux.

Nous nous retrouvons en terrasse, le 3 juillet 2012, au soleil. Son premier souvenir de Françoise : un pouce...

— Petit, je m'amusais beaucoup avec le grand pouce de César dans l'entrée ! J'ai grandi avec ce pouce ; j'ai mis longtemps avant d'en faire le tour, c'était fascinant... Il était énorme. Je me souviens de ce grand appartement, mais Françoise n'était pas la reine des relations chaleureuses façon grand-maman.

— Elle n'a jamais concouru pour le rôle de Mamie Nova...

— Non ! Mais c'étaient des moments agréables. Mes souvenirs avec elle sont des souvenirs plus ado, quand j'allais déjeuner avec elle sur forte suggestion de ma mère qui m'avait expliqué que ma grand-mère n'allait pas être éternelle, qu'il fallait que j'en profite, et m'y incitait fortement... Au départ, c'était : « Ça serait bien qu'elle te raconte des histoires ! » Mais tu connaissais Françoise, raconter des histoires...

— Ah ça...

— Ce n'était pas facile ! J'en tirais ce que je pouvais, mais c'était plutôt des discussions sur ma vie, où j'en étais, et mon quotidien, mes affaires, l'actualité… Sa mort, en tout cas, a libéré ma mère. Dans son rapport aux autres, dans son corps, dans son rapport avec la famille ; je ne sais pas si elle le formule comme ça… Personnellement, je me souviens que sa mort m'a profondément atteint. Pas du tout comme mon autre grand-mère. Je me suis aperçu que ça avait un profond retentissement en moi. On avait des relations, ces quelques déjeuners, les dimanches, qui pourraient paraître des non-relations, mais c'était très impliquant.

— Caroline a écrit que c'était une grand-mère nulle, est-ce que tu en as souffert ?

— Pas du tout ! Je ne la vivais pas comme une mauvaise grand-mère, on avait un peu les deux extrêmes, du côté de Marin, on avait une grand-mère très famille, juive, se plaignant tout le temps, pas ultrapassionnante, et de l'autre côté, dès qu'on franchissait le pas de la porte, ce rapport froid, distant, mais intéressant. Moi je m'amusais plus, et tout m'amusait plus chez Françoise, le peu de fois où je la voyais. Son influence a été beaucoup plus importante. Je ne me suis jamais demandé si c'était une bonne ou une mauvaise grand-mère.

— En quoi t'a-t-elle influencé ?

— Je n'ai quasiment pas lu ses bouquins, j'ai lu quelques journaux, des articles… J'ai des souvenirs d'impressions et de quelques grandes phrases à des moments clés : « Fais ce que tu veux, mais sois le meilleur ! » Ça a été un grand traumatisme. J'ai mis un moment à comprendre ce qu'elle voulait dire vraiment, je prenais ses grandes phrases de façon très littérale… L'autre phrase, c'était : Chacun sa vie ! Sois le meilleur et chacun sa vie !

— Qu'est-ce que tu tiens d'elle ?

— Elle avait une emprise très forte sur la famille sans être dans notre vie quotidienne, avec ces grands non-dits, c'était une espèce de personnage tutélaire. Elle a eu une grande influence sur mon rapport aux autres et aux femmes ! Quand tu as une grand-mère et une mère comme ça, fortes et indépendantes — avec une idée fausse du féminisme… J'ai mis beaucoup de temps à comprendre que le féminisme n'était pas l'inversion des rôles et à ne pas chercher une femme qui puisse rivaliser avec cette idée de brillance absolue. Ça a perturbé mon adolescence.

— Les histoires de religion ?

— Je n'ai pas été circoncis, mais j'ai fait ma bar-mitsva quand même, qui était une bar-mitsva nulle ! Avec un rabbin à Copernic, j'ai pris des cours de chant pendant un an, je ne comprenais pas un mot d'hébreu, mais je ne chantais pas mal. J'y étais sans y être, parce que j'étais juif, mais pas circoncis ; j'avais un léger problème identitaire. Mon lien à la religion est complètement nul : j'ai dû faire shabbat une fois dans ma vie, je n'ai jamais jeûné à Yom Kippour, et j'ai été deux fois à la synagogue avec mon père.

— Quand Nicolas est devenu rabbin, ça a changé ?

— Non, il était à Nice et la religion était le cadet de mes soucis. Quand on me pose la question aujourd'hui, je dis que j'ai un grand frère rabbin et qu'il fait pour toute la famille. Il a neuf enfants, il a rempli le quota... Moi, j'ai bossé, j'ai fait des affaires, et ma valeur-étalon c'était d'être indépendant très vite et très tôt.

— C'était aussi une valeur de Françoise...

— Moi, c'est plutôt ça que j'ai retenu, ce que Françoise a transmis à sa propre fille, d'être indépendant économiquement, dans un rapport plus contractuel avec mes parents, plus évolué que : fais pas ci, fais pas ça, ou fais ci, fais ça. Ils m'ont toujours laissé faire mes propres erreurs.

— Ils te faisaient confiance...

— Après coup, les psys te diraient qu'ils me faisaient confiance à la limite de l'abandon : c'est cool quand tu es ado, mais quand tu attaques ça tout seul à huit ans, parce que tu veux monter à cheval, pendant toutes tes vacances et pendant tous tes week-ends...

— Huit ans, c'est petit pour monter à cheval...

— J'ai commencé à cinq ans ! Ils m'avaient lâché seul un peu tôt, a posteriori. Je prenais le métro tout seul, j'allais au cinéma tout seul, avant dix ans. Manifestement ça allait ! Du coup, j'ai intégré vite l'idée d'être indépendant financièrement, à seize ans et demi. Avec un peu d'aide, mais indépendant quand même. C'était une famille précoce, Françoise a commencé très tôt, Caroline et Marin aussi. Avec le judaïsme d'un côté, où mon père me disait : tu dois faire ta bar-mitsva, tu es l'homme de la famille, tu dois être responsable, croisé avec l'influence de ma grand-mère : quoi que tu fasses sois le meilleur, j'ai démarré très tôt ! C'est un croisement très judaïque, ça se recoupe.

— Et la syphilis du grand-père ?

— C'était un bon vivant... Ça ne me fait ni chaud ni froid, ça ne me crée pas de problème moral. On a grandi avec les MST.

On leur a proposé un documentaire télévisé sur Françoise ; il évoque la possibilité d'en produire un à partir de mon enquête, en partant par le bon bout.

— Garder la mémoire vivante, c'est une question d'énergie des ayants droit et c'est important. Françoise est un personnage qui a des résonances très actuelles !

— Il faudrait que je finisse de l'écrire...

Mon « Verlaine en Pléiade », commencé à l'hiver, dormait sur le bureau de mon ordinateur, et n'avait toujours pas passé le cap du deuxième chapitre avec son histoire de cheveux blancs...

Deux jours plus tard, à une autre terrasse du même quartier, je déjeunai avec le dernier frère, que Françoise décrit fièrement, le dimanche 8 mars 1998 :

« Bar-mitsva d'Elisha, treize ans. C'est un rite

de passage tout à fait remarquable où le garçon est appelé à se sentir désormais responsable, en particulier si son père disparaît, et à former son esprit par l'étude intensive du Livre. Rien de semblable n'existe à ma connaissance pour les filles, présumées, je suppose, irresponsables par nature, bien que les grandes figures de femmes ne manquent pas dans l'Ancien Testament. Elisha est beau, charmant, il lit bien un texte qu'il a longuement travaillé — l'interprétation d'un passage de la Torah —, il m'attendrit fort, ce jeune homme de mon sang… »

On croit rêver ! À part une petite pique au passage pour la religion (il existe une bat-mitsva pour les filles), Elisha est « de son sang » — sans aucun problème. Caroline me précise que Françoise n'avait jamais assisté à une bar-mitsva auparavant, et qu'elle avait eu lieu dans le centre d'études créé par Marin. Elle m'a envoyé le texte lu par Elisha, auquel je n'ai pas compris grand-chose ; il paraît que c'est bon signe.

Peu avant, le 9 avril 1997, Françoise avait évoqué un déjeuner « avec le plus jeune de mes petits-fils, Elisha, douze ans. Il est adorable, cet enfant, intelligent, gai, calme, et il tient la conversation comme un adulte, curieux de tout, informé de tout. » Plus tard, il l'escorte à un spectacle de Robert Hossein sur de Gaulle, où il se comporte à merveille.

De sept ans plus jeune que son frère, et n'ayant pas davantage lu les livres de sa grand-mère, Elisha se souvient de sa bar-mitsva et du déjeuner ensuite chez Françoise, où il y avait du gigot — c'était la première fois qu'il la voyait en tête à tête, et il n'est pas sûr que l'occasion se soit reproduite avant sa mort —, des déjeuners du dimanche, où son père était différent de l'habitude, impressionné ; de son enterrement, l'année de son bac. Et de vacances en Toscane.

— Je me souviens de l'avoir vue bronzer comme un crocodile pendant des heures au soleil ! Sans bouger. C'était très impressionnant.

— Et la religion ?

— Moi, je suis arrivé après la bataille ; j'avais la chance que mes grands frères aient fait une partie du boulot sur pas mal de sujets : Nicolas avait réglé le problème de la religion, Jérémie avait fait toutes les conneries possibles et imaginables, et Natha entre les deux. J'ai fait une bar-mitsva extrêmement originale, une espèce de grand cours de philo qui a duré deux ans sur un sujet passionnant, qui m'a sensibilisé à l'étude et m'a outillé en mécanisme de réflexion, a éveillé mon goût pour la philo et la littérature ensuite, mais tout cela s'est fait de manière naturelle : ma mère était juive et puis basta ! Mais c'est surtout Marin qui nous apportait la religion ; Marin, en revenant vers le judaïsme, nous a emportés avec lui, surtout moi, d'ailleurs.

— Est-ce que tu as souffert que Françoise ne s'occupe pas de ses petits-enfants ?

— Non pas du tout ! Et même aujourd'hui, ce n'est pas une souffrance de me dire qu'on aurait pu en profiter plus, qu'elle aurait pu nous transmettre des choses, c'est comme ça. J'étais heureux dans mon cocon familial. Et j'ai l'impression qu'elle savait qui on était, ce qu'on faisait… Françoise avait un talent pour ressentir les gens, comme Nicolas qui sent les ondes, les âmes des gens.

— Tu te souviens de son enterrement ?

— Surtout du discours de Caroline. Je l'ai trouvé très beau, très touchant. C'était un moment où à la fois elle dévoilait une partie de l'intimité des relations qu'elle avait avec sa mère, tout en en gardant pour elle, mais la voir publiquement parler de sa mère était quelque chose de rare, et encore plus à cette époque-là.

— C'était la première fois…

— Moi, j'ai toujours trouvé très bizarre cette famille où l'on ne se touchait pas, on ne pouvait pas s'embrasser, on ne pouvait pas se prendre dans les bras. Il n'y avait pas d'effusions sentimentales de ce type-là et ça ne me plaisait pas. Donc je l'ai exprimé très vite, j'ai embrassé tout le monde, et j'ai construit mon caractère et mon comportement comme ça : on n'était pas obligés de ne jamais se montrer d'affection !

— Qu'est-ce que tu tiens d'elle ?

— Son féminisme : je ne travaille qu'avec des femmes ! Et la liberté comme une valeur absolue… Françoise a libéré une parole et permis à beaucoup de femmes de s'incarner dans son personnage ; ce qu'elle n'a pas apporté dans sa famille, elle l'a apporté à beaucoup d'autres gens. Il y a peu de génies ou de talents extraordinaires qui ont des rapports équilibrés avec leur famille… C'est difficile de concilier des objectifs professionnels ambitieux avec des objectifs personnels, surtout quand on est une femme. Malgré nos rapports éloignés, je ressens le devoir que la mémoire de Françoise continue à se transmettre et soit protégée ; ça fait partie de nos devoirs en tant qu'hommes, en tant que petits-enfants, surtout à un moment où Caroline en a envie. Et c'est aussi une manière de mieux la comprendre.

Il me parut bizarre que Nathanaël et Elisha parlent de Françoise comme d'un « personnage », jusqu'à ce que je réalise que c'était plutôt naturel chez des garçons qui travaillaient dans le cinéma… Je suis nulle au jeu des ressemblances physiques, mais leur démarche semble sincère et sans doute plus influencée par le profond désir d'entendre parler leur mère que par leur grand-mère en elle-même — ce qui n'a rien de contradictoire ! Visiblement, ils attendaient tous les deux le résultat de notre commune enquête, que j'allais écrire…

Le lendemain de ce dernier déjeuner, j'embarquai sur le *Club Med II*, le cinq-mâts que nous aurions dû prendre ensemble avec Françoise, l'été où nous avions atterri à La Baule, pour une croisière en Méditerranée… Je n'avais aucune idée de la façon de raconter cette histoire, sauf qu'il fallait m'accrocher au fil ténu de ses cheveux blancs que je n'avais jamais vus, à l'encre des mots imprimés, et aux quelque mille cinq cents courriels dans ma boîte intitulée « enquête ».

De Capri, j'envoyai une photo à Caroline sans même penser que c'était là où elle avait atterri en hélicoptère à l'été 1960, avec Françoise et sa machine à écrire, le lieu de naissance de ce manuscrit retrouvé que nous venons enfin de confier aux mains des typographes, cette *Histoire d'une femme libre*, fruit posthume de notre travail commun, qui lui permettra enfin de reprendre la parole pour répondre elle-même de sa vie à ses détracteurs.

Au petit matin du troisième jour, face au Stromboli, je compris que mon cher vieux crocodile était là, parmi ses cendres dispersées, cramant pour toujours, debout dans la Méditerranée, pour me murmurer encore : « Travaillez, travaillez ! »

En cet automne qui s'achève et où j'achève interminablement ce livre, comme j'en achevais interminablement un autre la nuit de sa mort, où commence cette histoire, tandis que je déroule le dernier fil invisible de ses cheveux autour de mon livre bigoudi, une nouvelle exposition s'est ouverte au jeune et vert musée du quai Branly, *Cheveux chéris, frivolités et trophées*, qui réunit, d'une mèche de Louis XVII aux scalps des Indiens, des chevelures venues du monde entier à travers les âges et les continents, tressant une mystérieuse couronne d'humains disparus mais toujours présents déposée au pied de la tour Eiffel, juste à côté de chez Françoise.

Il semble qu'il n'y ait rien qui traverse mieux l'espace et le temps qu'un cheveu blanc.

FIN

P.S.

Chère Françoise,

Merci pour le coup de main !

Laclavetine me réclame le bouquin, et je suis super à la bourre. Je l'ai déjà fait relire à Caroline : on a bossé comme des anges.

J'espère que vous allez bien et que vous pourrez enfin apprendre à vous reposer !

Je vous embrasse très fort.

Alix

DU MÊME AUTEUR

Aux Éditions Gallimard

L'ANGE ET LE RÉSERVOIR DE LIQUIDE À FREINS, 1994 (« Série Noire », *n° 2342* ; « Folio Policier », *n° 6*).

PAPA EST AU PANTHÉON, 2001 (« Folio », *n° 3819*).

MA NANIE, 2003. Prix Terre de France 2003 (« Folio », *n° 4217*).

IL N'Y A PAS DE GRANDES PERSONNES, 2007. Prix Hugues Rebell 2007, prix Charles Oulmont 2007 (« Folio », *n° 4816*).

EN AVANT, ROUTE !, 2010. Prix Ouest 2011 (« Folio », *n° 5264*).

GARDE TES LARMES POUR PLUS TARD, 2013 (« Folio », *n° 5892*).

Chez NiL Éditions

ARCHIVES DES ANGES, 1998 (« Folio », *n° 3355*).

COLLECTION FOLIO

Dernières parutions

5456. Italo Calvino	*Le sentier des nids d'araignées*
5457. Italo Calvino	*Le vicomte pourfendu*
5458. Italo Calvino	*Le baron perché*
5459. Italo Calvino	*Le chevalier inexistant*
5460. Italo Calvino	*Les villes invisibles*
5461. Italo Calvino	*Sous le soleil jaguar*
5462. Lewis Carroll	*Misch-Masch* et autres textes de jeunesse
5463. Collectif	*Un voyage érotique. Invitation à l'amour dans la littérature du monde entier*
5464. François de La Rochefoucauld	*Maximes* suivi de *Portrait de de La Rochefoucauld par lui-même*
5465. William Faulkner	*Coucher de soleil* et autres Croquis de La Nouvelle-Orléans
5466. Jack Kerouac	*Sur les origines d'une génération* suivi de *Le dernier mot*
5467. Liu Xinwu	*La Cendrillon du canal* suivi de *Poisson à face humaine*
5468. Patrick Pécherot	*Petit éloge des coins de rue*
5469. George Sand	*Le château de Pictordu*
5470. Montaigne	*Sur l'oisiveté* et autres Essais en français moderne
5471. Martin Winckler	*Petit éloge des séries télé*
5472. Rétif de La Bretonne	*La Dernière aventure d'un homme de quarante-cinq ans*
5473. Pierre Assouline	*Vies de Job*
5474. Antoine Audouard	*Le rendez-vous de Saigon*
5475. Tonino Benacquista	*Homo erectus*
5476. René Fregni	*La fiancée des corbeaux*

5477.	Shilpi Somaya Gowda	*La fille secrète*
5478.	Roger Grenier	*Le palais des livres*
5479.	Angela Huth	*Souviens-toi de Hallows Farm*
5480.	Ian McEwan	*Solaire*
5481.	Orhan Pamuk	*Le musée de l'Innocence*
5482.	Georges Perec	*Les mots croisés*
5483.	Patrick Pécherot	*L'homme à la carabine. Esquisse*
5484.	Fernando Pessoa	*L'affaire Vargas*
5485.	Philippe Sollers	*Trésor d'Amour*
5487.	Charles Dickens	*Contes de Noël*
5488.	Christian Bobin	*Un assassin blanc comme neige*
5490.	Philippe Djian	*Vengeances*
5491.	Erri De Luca	*En haut à gauche*
5492.	Nicolas Fargues	*Tu verras*
5493.	Romain Gary	*Gros-Câlin*
5494.	Jens Christian Grøndahl	*Quatre jours en mars*
5495.	Jack Kerouac	*Vanité de Duluoz. Une éducation aventureuse 1939-1946*
5496.	Atiq Rahimi	*Maudit soit Dostoïevski*
5497.	Jean Rouaud	*Comment gagner sa vie honnêtement. La vie poétique, I*
5498.	Michel Schneider	*Bleu passé*
5499.	Michel Schneider	*Comme une ombre*
5500.	Jorge Semprun	*L'évanouissement*
5501.	Virginia Woolf	*La Chambre de Jacob*
5502.	Tardi-Pennac	*La débauche*
5503.	Kris et Étienne Davodeau	*Un homme est mort*
5504.	Pierre Dragon et Frederik Peeters	*R G Intégrale*
5505.	Erri De Luca	*Le poids du papillon*
5506.	René Belleto	*Hors la loi*
5507.	Roberto Calasso	*K.*
5508.	Yannik Haenel	*Le sens du calme*
5509.	Wang Meng	*Contes et libelles*
5510.	Julian Barnes	*Pulsations*
5511.	François Bizot	*Le silence du bourreau*

5512.	John Cheever	*L'homme de ses rêves*
5513.	David Foenkinos	*Les souvenirs*
5514.	Philippe Forest	*Toute la nuit*
5515.	Éric Fottorino	*Le dos crawlé*
5516.	Hubert Haddad	*Opium Poppy*
5517.	Maurice Leblanc	*L'Aiguille creuse*
5518.	Mathieu Lindon	*Ce qu'aimer veut dire*
5519.	Mathieu Lindon	*En enfance*
5520.	Akira Mizubayashi	*Une langue venue d'ailleurs*
5521.	Jón Kalman Stefánsson	*La tristesse des anges*
5522.	Homère	*Iliade*
5523.	E.M. Cioran	*Pensées étranglées* précédé du *Mauvais démiurge*
5524.	Dôgen	*Corps et esprit. La Voie du zen*
5525.	Maître Eckhart	*L'amour est fort comme la mort* et autres textes
5526.	Jacques Ellul	*«Je suis sincère avec moi-même»* et autres lieux communs
5527.	Liu An	*Du monde des hommes. De l'art de vivre parmi ses semblables.*
5528.	Sénèque	*De la providence* suivi de *Lettres à Lucilius (lettres 71 à 74)*
5529.	Saâdi	*Le Jardin des Fruits. Histoires édifiantes et spirituelles*
5530.	Tchouang-tseu	*Joie suprême* et autres textes
5531.	Jacques de Voragine	*La Légende dorée. Vie et mort de saintes illustres*
5532.	Grimm	*Hänsel et Gretel* et autres contes
5533.	Gabriela Adameşteanu	*Une matinée perdue*
5534.	Eleanor Catton	*La répétition*
5535.	Laurence Cossé	*Les amandes amères*
5536.	Mircea Eliade	*À l'ombre d'une fleur de lys...*
5537.	Gérard Guégan	*Fontenoy ne reviendra plus*
5538.	Alexis Jenni	*L'art français de la guerre*
5539.	Michèle Lesbre	*Un lac immense et blanc*
5540.	Manset	*Visage d'un dieu inca*

5541.	Catherine Millot	O Solitude
5542.	Amos Oz	*La troisième sphère*
5543.	Jean Rolin	*Le ravissement de Britney Spears*
5544.	Philip Roth	*Le rabaissement*
5545.	Honoré de Balzac	*Illusions perdues*
5546.	Guillaume Apollinaire	*Alcools*
5547.	Tahar Ben Jelloun	*Jean Genet, menteur sublime*
5548.	Roberto Bolaño	*Le Troisième Reich*
5549.	Michaël Ferrier	*Fukushima. Récit d'un désastre*
5550.	Gilles Leroy	*Dormir avec ceux qu'on aime*
5551.	Annabel Lyon	*Le juste milieu*
5552.	Carole Martinez	*Du domaine des Murmures*
5553.	Éric Reinhardt	*Existence*
5554.	Éric Reinhardt	*Le système Victoria*
5555.	Boualem Sansal	*Rue Darwin*
5556.	Anne Serre	*Les débutants*
5557.	Romain Gary	*Les têtes de Stéphanie*
5558.	Tallemant des Réaux	*Historiettes*
5559.	Alan Bennett	*So shocking !*
5560.	Emmanuel Carrère	*Limonov*
5561.	Sophie Chauveau	*Fragonard, l'invention du bonheur*
5562.	Collectif	*Lecteurs, à vous de jouer !*
5563.	Marie Darrieussecq	*Clèves*
5564.	Michel Déon	*Les poneys sauvages*
5565.	Laura Esquivel	*Vif comme le désir*
5566.	Alain Finkielkraut	*Et si l'amour durait*
5567.	Jack Kerouac	*Tristessa*
5568.	Jack Kerouac	*Maggie Cassidy*
5569.	Joseph Kessel	*Les mains du miracle*
5570.	Laure Murat	*L'homme qui se prenait pour Napoléon*
5571.	Laure Murat	*La maison du docteur Blanche*
5572.	Daniel Rondeau	*Malta Hanina*
5573.	Brina Svit	*Une nuit à Reykjavík*
5574.	Richard Wagner	*Ma vie*
5575.	Marlena de Blasi	*Mille jours en Toscane*

5577. Benoît Duteurtre — *L'été 76*
5578. Marie Ferranti — *Une haine de Corse*
5579. Claude Lanzmann — *Un vivant qui passe*
5580. Paul Léautaud — *Journal littéraire. Choix de pages*
5581. Paolo Rumiz — *L'ombre d'Hannibal*
5582. Colin Thubron — *Destination Kailash*
5583. J. Maarten Troost — *La vie sexuelle des cannibales*
5584. Marguerite Yourcenar — *Le tour de la prison*
5585. Sempé-Goscinny — *Les bagarres du Petit Nicolas*
5586. Sylvain Tesson — *Dans les forêts de Sibérie*
5587. Mario Vargas Llosa — *Le rêve du Celte*
5588. Martin Amis — *La veuve enceinte*
5589. Saint Augustin — *L'Aventure de l'esprit*
5590. Anonyme — *Le brahmane et le pot de farine*
5591. Simone Weil — *Pensées sans ordre concernant l'amour de Dieu*
5592. Xun zi — *Traité sur le Ciel*
5593. Philippe Bordas — *Forcenés*
5594. Dermot Bolger — *Une seconde vie*
5595. Chochana Boukhobza — *Fureur*
5596. Chico Buarque — *Quand je sortirai d'ici*
5597. Patrick Chamoiseau — *Le papillon et la lumière*
5598. Régis Debray — *Éloge des frontières*
5599. Alexandre Duval-Stalla — *Claude Monet - Georges Clemenceau : une histoire, deux caractères*
5600. Nicolas Fargues — *La ligne de courtoisie*
5601. Paul Fournel — *La liseuse*
5602. Vénus Khoury-Ghata — *Le facteur des Abruzzes*
5603. Tuomas Kyrö — *Les tribulations d'un lapin en Laponie*
5605. Philippe Sollers — *L'Éclaircie*
5606. Collectif — *Un oui pour la vie ?*
5607. Éric Fottorino — *Petit éloge du Tour de France*
5608. E.T.A. Hoffmann — *Ignace Denner*
5609. Frédéric Martinez — *Petit éloge des vacances*

5610. Sylvia Plath	*Dimanche chez les Minton et autres nouvelles*
5611. Lucien	*« Sur des aventures que je n'ai pas eues ». Histoire véritable*
5612. Julian Barnes	*Une histoire du monde en dix chapitres ½*
5613. Raphaël Confiant	*Le gouverneur des dés*
5614. Gisèle Pineau	*Cent vies et des poussières*
5615. Nerval	*Sylvie*
5616. Salim Bachi	*Le chien d'Ulysse*
5617. Albert Camus	*Carnets I*
5618. Albert Camus	*Carnets II*
5619. Albert Camus	*Carnets III*
5620. Albert Camus	*Journaux de voyage*
5621. Paula Fox	*L'hiver le plus froid*
5622. Jérôme Garcin	*Galops*
5623. François Garde	*Ce qu'il advint du sauvage blanc*
5624. Franz-Olivier Giesbert	*Dieu, ma mère et moi*
5625. Emmanuelle Guattari	*La petite Borde*
5626. Nathalie Léger	*Supplément à la vie de Barbara Loden*
5627. Herta Müller	*Animal du cœur*
5628. J.-B. Pontalis	*Avant*
5629. Bernhard Schlink	*Mensonges d'été*
5630. William Styron	*À tombeau ouvert*
5631. Boccace	*Le Décaméron. Première journée*
5632. Isaac Babel	*Une soirée chez l'impératrice*
5633. Saul Bellow	*Un futur père*
5634. Belinda Cannone	*Petit éloge du désir*
5635. Collectif	*Faites vos jeux !*
5636. Collectif	*Jouons encore avec les mots*
5637. Denis Diderot	*Sur les femmes*
5638. Elsa Marpeau	*Petit éloge des brunes*
5639. Edgar Allan Poe	*Le sphinx*
5640. Virginia Woolf	*Le quatuor à cordes*
5641. James Joyce	*Ulysse*
5642. Stefan Zweig	*Nouvelle du jeu d'échecs*

5643. Stefan Zweig	*Amok*
5644. Patrick Chamoiseau	*L'empreinte à Crusoé*
5645. Jonathan Coe	*Désaccords imparfaits*
5646. Didier Daeninckx	*Le Banquet des Affamés*
5647. Marc Dugain	*Avenue des Géants*
5649. Sempé-Goscinny	*Le Petit Nicolas, c'est Noël !*
5650. Joseph Kessel	*Avec les Alcooliques Anonymes*
5651. Nathalie Kuperman	*Les raisons de mon crime*
5652. Cesare Pavese	*Le métier de vivre*
5653. Jean Rouaud	*Une façon de chanter*
5654. Salman Rushdie	*Joseph Anton*
5655. Lee Ṣeug-U	*Ici comme ailleurs*
5656. Tahar Ben Jelloun	*Lettre à Matisse*
5657. Violette Leduc	*Thérèse et Isabelle*
5658. Stefan Zweig	*Angoisses*
5659. Raphaël Confiant	*Rue des Syriens*
5660. Henri Barbusse	*Le feu*
5661. Stefan Zweig	*Vingt-quatre heures de la vie d'une femme*
5662. M. Abouet/C. Oubrerie	*Aya de Yopougon, 1*
5663. M. Abouet/C. Oubrerie	*Aya de Yopougon, 2*
5664. Baru	*Fais péter les basses, Bruno !*
5665. William S. Burroughs/ Jack Kerouac	*Et les hippopotames ont bouilli vifs dans leurs piscines*
5666. Italo Calvino	*Cosmicomics, récits anciens et nouveaux*
5667. Italo Calvino	*Le château des destins croisés*
5668. Italo Calvino	*La journée d'un scrutateur*
5669. Italo Calvino	*La spéculation immobilière*
5670. Arthur Dreyfus	*Belle Famille*
5671. Erri De Luca	*Et il dit*
5672. Robert M. Edsel	*Monuments Men*
5673. Dave Eggers	*Zeitoun*
5674. Jean Giono	*Écrits pacifistes*
5675. Philippe Le Guillou	*Le pont des anges*
5676. Francesca Melandri	*Eva dort*

5677. Jean-Noël Pancrazi — *La montagne*
5678. Pascal Quignard — *Les solidarités mystérieuses*
5679. Leïb Rochman — *À pas aveugles de par le monde*
5680. Anne Wiazemsky — *Une année studieuse*
5681. Théophile Gautier — *L'Orient*
5682. Théophile Gautier — *Fortunio. Partie carrée. Spirite*
5683. Blaise Cendrars — *Histoires vraies*
5684. David McNeil — *28 boulevard des Capucines*
5685. Michel Tournier — *Je m'avance masqué*
5686. Mohammed Aïssaoui — *L'étoile jaune et le croissant*
5687. Sebastian Barry — *Du côté de Canaan*
5688. Tahar Ben Jelloun — *Le bonheur conjugal*
5689. Didier Daeninckx — *L'espoir en contrebande*
5690. Benoît Duteurtre — *À nous deux, Paris !*
5691. F. Scott Fitzgerald — *Contes de l'âge du jazz*
5692. Olivier Frébourg — *Gaston et Gustave*
5693. Tristan Garcia — *Les cordelettes de Browser*
5695. Bruno Le Maire — *Jours de pouvoir*
5696. Jean-Christophe Rufin — *Le grand Cœur*
5697. Philippe Sollers — *Fugues*
5698. Joy Sorman — *Comme une bête*
5699. Avraham B. Yehoshua — *Rétrospective*
5700. Émile Zola — *Contes à Ninon*
5701. Vassilis Alexakis — *L'enfant grec*
5702. Aurélien Bellanger — *La théorie de l'information*
5703. Antoine Compagnon — *La classe de rhéto*
5704. Philippe Djian — *"Oh..."*
5705. Marguerite Duras — *Outside* suivi de *Le monde extérieur*
5706. Joël Egloff — *Libellules*
5707. Leslie Kaplan — *Millefeuille*
5708. Scholastique Mukasonga — *Notre-Dame du Nil*
5709. Scholastique Mukasonga — *Inyenzi ou les Cafards*
5710. Erich Maria Remarque — *Après*
5711. Erich Maria Remarque — *Les camarades*
5712. Jorge Semprun — *Exercices de survie*
5713. Jón Kalman Stefánsson — *Le cœur de l'homme*

Composition Nord Compo
Impression Maury Imprimeur
45330 Malesherbes
le 16 janvier 2015.
Dépôt légal : janvier 2015.
Numéro d'imprimeur : 195593.

ISBN 978-2-07-046249-0. / Imprimé en France.

274435